Montréal – Toronto

Stadtkultur und Migration in Literatur, Film und Musik

herausgegeben von
**Verena Berger, Fritz Peter Kirsch
und Daniel Winkler**

D1724691

WEIDLER Buchverlag Berlin

Umschlagabbildung:
La Casa del Chorizo – Latino-Laden, Toronto © Verena Berger

Die Reihe „Internationale Forschungen zur Allgemeinen und Vergleichenden Literaturwissenschaft" wird seit dem Jahr 2005 gemeinsam von Editions Rodopi, Amsterdam – New York, und dem Weidler Buchverlag, Berlin, herausgegeben. Die Veröffentlichungen in deutscher Sprache erscheinen im Weidler Buchverlag, alle anderen bei Editions Rodopi.

From 2005 onward, the series „Internationale Forschungen zur Allgemeinen und Vergleichenden Literaturwissenschaft" will appear as a joint publication by Editions Rodopi, Amsterdam – New York and Weidler Buchverlag, Berlin. The German editions will be published by Weidler Buchverlag, all other publications by Editions Rodopi.

ISBN 978-3-89693-492-5
www.weidler-verlag.de

Inhalt

‚Littérature migrante‘ oder ‚littérature tout court‘?

Straßenplan, Toronto © Verena Berger

Verena Berger, Peter Kirsch, Daniel Winkler

Montréal – Toronto: Stadtkultur und Migration

Im Vorfeld des XXIX. Kongresses der RomanistInnen aus den deutschsprachigen Ländern, die im Jahr 2005 in Saarbrücken stattfinden sollte,
wies der Vorsitzende des Fachverbandes in einem Rundbrief auf die Ge-
fährdung der romanischen Sprachen durch eine Tendenz zur Monokultur
hin – gemeint war damit natürlich das Primat des Anglo-Amerikanischen.
Zugleich betonte er die prekäre Situation der Romanistik an den Universitäten des deutschen Sprachraums. Im Rahmen dieser Tagung, die unter
dem Motto ‚Europa und die romanische Welt' stattfand, sollte die Bedeutung der romanischen Sprachen und Kulturen in der Welt von heute hervorgehoben werden. Die Mitwirkenden der Sektion ‚Montréal und Toronto: Mediale und literarische Spiegelungen von Migration im urbanen
Raum' haben diese Anregung aufgegriffen und anhand eines Forschungs-
gebietes aus der Kanadistik künftige Entwicklungsmöglichkeiten der Romanistik zur Diskussion gestellt. Denn nicht zuletzt im Bereich der Frankophonieforschung hat sich während der letzten Jahrzehnte an etlichen
Romanischen Seminaren eine Neuorientierung im Sinne der Inter- und
Transkulturalität sowie der Einbeziehung der ‚Neuen Romania' in Über-
see abgezeichnet. Das derzeit aktuellste Beispiel für diese Entwicklung
liefert der Frankoromanistentag 2006 in Halle an der Saale mit dem Motto ‚Kontakt – Sprachen, Literaturen, Kulturen'.[1]

Dennoch ist die institutionelle Verankerung der Frankophonie in Lehre
und Forschung noch nicht an allen deutschsprachigen Universitäten eine
Selbstverständlichkeit. In Zeiten knapper Ressourcen und manchmal über-
eilter Reformen gerät die Behandlung der außereuropäischen Romania in
Forschung und Lehre nicht selten ins Hintertreffen. In diesem Kontext
beabsichtigt der vorliegende Band, romanistische und angloamerikanisti-
sche Forschungsinteressen aus den Bereichen der Literatur-, Medien- und
Sprachwissenschaft zu vernetzen und damit ein Zeichen der Erneuerung
des Faches zu setzen. Für ein solches Vorhaben bot sich für die genannten Disziplinen Kanada mit seinen vielfältigen, nicht immer spannungs-
freien Verflechtungen von Anglophonie und Frankophonie als geeignetes
Terrain der Zusammenarbeit an. Den Schwerpunkt sollte die Beschäfti-

---

1 Hier sei beispielsweise auf die von Winfried Busse und Ronald Daus an der Freien Universität Berlin herausgegebene Zeitschrift *Neue Romania* sowie zwei rezente Grundlagenwer-
ke hingewiesen: Erfurt, Jürgen 2005, *Frankophonie: Sprache – Diskurs – Politik*, Tübinge;
Lüsebrink, Hans-Jürgen (Hg.) 2004, *Konzepte der interkulturellen Kommunikation,* St.
Ingbert. Vgl. auch die von Jürgen Erfurt herausgegebene Nummer „Curriculum, Module,
neue Medien: Romanistik im Umbruch" der Zeitschrift *Grenzgänge. Beiträge zu einer modernen Romanistik* 17/2002 .

gung mit den beiden Metropolen Montréal[2] und Toronto im Zusammenhang mit der wachsenden Bedeutung von Migration und transkultureller Verflechtung bilden.

Montréal und Toronto

Montréal, das gemäß einem alten Stereotyp oft als zweitgrößte ‚französische' Stadt der Welt definiert wird, ist nur unter Berücksichtigung gewisser Nuancen als frankophone Metropole zu bezeichnen. Eine Besonderheit Montréals im Vergleich zu allen anderen Großstädten Nordamerikas besteht darin, dass es von der großen Mehrheit der frankophonen Bevölkerung Québecs als Garant für den Erhalt der französischen Sprache und Vehikel des gesamtgesellschaftlichen Lebens angesehen wird. Diese Situation birgt insofern einen fundamentalen Widerspruch in sich, als die Frankophonen zwar in der ‚Belle Province' eine Mehrheit von über 80 % bilden, in der Metropole Montréal hingegen mit ganz anderen Verhältnissen konfrontiert sind. Dies beruht einerseits auf dem starken Assimilationsdruck des vom Englischen dominierten Kontinents, welcher der anglophonen Minderheit in Québec stets eine über ihre demographische Stärke weit hinausreichende Bedeutung verschaffte. Andererseits gereicht die in Montréal besonders starke und dynamische Immigration dem Französischen in seiner Funktion als Vehikularsprache nur bedingt zum Vorteil. Noch in den 1970er Jahren wendete sich die Mehrheit der Einwanderer dem Englischen zu, da sie hoffte, auf diese Weise ihre Chancen auf sozialen Aufstieg zu verbessern. Auf legistischem Wege ist es der Québecer Provinzregierung gelungen, dieser Tendenz entgegenzuwirken und dem Französischen als Integrationssprache mehr Gewicht zu verleihen. Dennoch spielt das Englische als Verkehrssprache nach wie vor eine entscheidende Rolle. RomanistInnen, deren Interessengebiete im Bereich der Frankophonieforschung liegen, befassen sich zwangsläufig mit der Sprachenfrage in ihrer ganzen Komplexität, während sich die Problematik für die AngloamerikanistInnen nicht mit derselben Dringlichkeit stellt.

Festzuhalten ist, dass der urbane Alltag Montréals in besonders hohem Maße von Spannungen geprägt ist. Von grundlegender Bedeutung ist hierbei der Gegensatz zwischen dem defensiven Dirigismus Québecs und den gegenläufigen Tendenzen der kanadischen Bundesregierung. Letztere kann sich auf die gesamtstaatlich geltenden Leitlinien der Zweisprachigkeit einerseits, das Modell des Multikulturalismus andererseits stützen und auf dieser Basis versuchen, den ‚Partikularismus' der mehr-

---

2   In den Beiträgen findet sich, entsprechend der disziplinären Zugehörigkeit oder Themenwahl der AutorInnen, der Name ‚Montréal' sowohl mit als auch ohne ‚accent aigu'. Hingegen wurde die Schreibweise des Substantivs bzw. des Adjektivs ‚Québecer' im Sinne der Duden-Schreibweise vereinheitlicht.

heitlich frankophonen Provinz einzudämmen. Diese Ambivalenz zwischen politischem Anspruch und gesellschaftlicher Praxis hat u.a. der Sozialwissenschafter Charles Castonguay auf den Punkt gebracht:

> Il existe un écart considérable entre la force réelle du français en situation de contact sur le terrain et le discours officiel voulant que le français soit la langue commune de la société québécoise. […] il semble que l'avantage de l'anglais sur le français dans le monde du travail à Montréal et dans l'univers connexe des cégeps et des universités fasse contrepoids à la francisation par la langue de scolarisation. (Castonguay 2003)

Während der urbane Alltag Montréals von dem Spannungsverhältnis zwischen Anglophonie, Frankophonie und Migrationssprachen geprägt ist, stellt sich in Toronto der Konflikt zwischen den Sprachen der beiden Gründernationen nicht. Gleichzeitig ist die Stadt noch offensichtlicher als die frankokanadische Metropole von Migration geprägt. Etwa die Hälfte der heutigen Bevölkerung der Stadt am Ontariosee wurde außerhalb Kanadas geboren. „Im Jahre 1996", so schreibt der kanadische Stadtpolitiker Tim Rees, „hatten 48 verschiedene ethnische Gruppen mindestens 5.000 Vertreter in Toronto. Weitere 84 ethnische Gruppen hatten jeweils mindestens 1.000 Vertreter. In der Stadt werden mehr als 100 verschiedene Sprachen gesprochen." (Rees 2001: 9) In einer Metropole, in der die ‚sichtbaren Minderheiten' heute die Mehrheit bilden, scheint das Konzept des kanadischen Multikulturalismus fest im urbanen Alltag verankert zu sein. Im Gegensatz zum US-amerikanischen Melting Pot-Modell soll hier die Eigenart jeder Kultur und damit die Vielfalt Kanadas im Zeichen wechselseitiger Toleranz gewährleistet werden. Dass diese Pluralität aber auch Widersprüche in sich birgt und eine permanente Herausforderung an alle Beteiligten darstellt, wird in der Fachliteratur zur Stadtforschung immer wieder betont.[3] Wenn die kanadischen Bundesstellen nach und nach dazu übergegangen sind, ihre Subventionen eher jenen Organisationen zu geben, die für ein transkulturelles Konzept eintreten (z.B. Kampf gegen Rassismus) und zugleich jene Vereine benachteiligen, die für die ‚Pflege' des kulturellen Erbes der einzelnen Gruppen zuständig sind[4], so zeugt dies

---

3   „Il reste du travail à faire sur le plan du multiculturalisme, ce qui n'est pas une surprise, les promoteurs du multiculturalisme le voyant depuis longtemps comme une politique et un travail en cours." (Derouin, Jodey Michael, „Les Asiatiques et le multiculturalisme dans les trois plus grandes villes du Canada. Constats tirés de l'Enquête sur la diversité ethnique", in: Andrew, Caroline (Hg.), *Nos diverses cités 1*, 60, URL: http://www.canada. metropolis.net/research-policy/cities/publication/diverse_cite_magazine_e.pdf (20.08.06)).

4   Vgl. die Präsentation einer von Marie Mc Andrew geleiteten Studie im Internet-Forum der Université de Montréal (17. Januar 2005): „La politique canadienne du multiculturalisme tourne à l'antiracisme. Ottawa a abandonné en douce le soutien aux cultures minoritaires et privilégie désormais les campagnes de lutte au racisme et de promotion de la compréhension interculturelle." URL: http://www.iforum.umontreal.ca/Forum/ArchivesForum/2004-2005/050117/article4258.htm (20.08.06).

einerseits von Realismus, andererseits aber auch von gewissen Grenzen, an welche die Politik des kanadischen Multikulturalismus offenbar stößt.

Historisch betrachtet nehmen Montréal und Toronto Schlüsselpositionen in geopolitischen Spannungsfeldern von kontinentaler Tragweite ein. Im Prozess der Festigung eines frankophonen Selbstbewusstseins in Nordamerika spielte Montréal eine zentrale Rolle. Wie sich an der Literatur und der Kulturgeschichte Québecs zeigen lässt, entwickelten die Frankophonen im Bestreben, sich in einer als feindlich empfundenen Umwelt zu behaupten, nachhaltig wirksame Abwehrreflexe gegenüber allem ‚Fremden‘. Erst in den letzten Jahrzehnten des 20. Jahrhunderts wurde diese Defensivhaltung allmählich aufgegeben. Dieser Öffnungsprozess, der im urbanen Milieu besonders rasch und nachhaltig verlief, hat der Provinz seit der Beendigung der ‚Theokratie‘ im Laufe der ‚Révolution tranquille‘ viele Charakteristika eines modernen Gemeinwesens der westlichen Welt beschert, andererseits aber keineswegs zu einer allgemeinen Anerkennung des Französischen als ‚langue dominante‘ in Québec geführt. Seit langem stellen die ‚Premières nations‘ in Québec den Vorrang des Französischen in Frage. Auch unter den MigrantInnen wird der Umgang mit der Sprache der zweiten ‚Gründernation‘, die im Kontext Nordamerikas eine untergeordnete Rolle spielt und gegenwärtig auch als Weltsprache an Gewicht verliert, immer wieder thematisiert.

Sollten sich unter diesen Vorzeichen die Mehrheitsverhältnisse in Montréal eines Tages zuungunsten des Französischen verändern, hätte dies weitreichende politische Konsequenzen, bis hin zur Beendigung der offiziellen Zweisprachigkeit Kanadas. Natürlich würde demgegenüber eine nationale Sezession Québecs die Vorherrschaft des Französischen in Montréal absichern. Die Eigenstaatlichkeit der Provinz hätte aber gleichzeitig auch gravierende Veränderungen geopolitischer Art zur Folge. Betroffen wären in diesem Fall sowohl die Überlebenschancen der kleinen frankophonen Gruppen zwischen dem Atlantik und den Rocky Mountains als auch das Selbstverständnis Kanadas als kultureller und politischer Gegenpol zu den USA.

Stadtkultur und Migration

Literatur und Kunst vermögen die hier angedeuteten Fragen nicht zu lösen. Soziopolitische und kulturelle Phänomene wie Migration und Sprachenwahl sind aber aus der zeitgenössischen literarischen und künstlerischen Produktion kaum wegzudenken. Wie die Kapitel „Multikulturalität als Stärke der kanadischen Literatur" und „Transkulturalität und écritures migrantes" in der 2005 im Metzler Verlag erschienenen *Kanadischen Literaturgeschichte* deutlich machen, ist der Beitrag von SchriftstellerInnen mit Migrationshintergrund für die anglophonen und frankophonen Ge-

genwartsliteraturen Kanadas von entscheidender Bedeutung (Groß et al. 2005: 310ff., 392ff.). Montréal als interkulturelles Spannungsfeld übt eine besondere Faszination auf AutorInnen aus, gleichgültig in welcher Sprache sie schreiben. Somit ist es auch nicht weiter verwunderlich, wenn selbst die Mehrheit der Nicht-RomanistInnen unter den SektionsteilnehmerInnen sich in ihren Beiträgen vorrangig dieser Stadt widmete. Schließlich hat die Québecer Metropole nicht nur eine beeindruckende ‚littérature migrante‘ inspiriert, sondern ist auch Entstehungsort und Gegenstand zahlreicher Essays und wissenschaftlicher Studien zur Stadtliteratur und zur Migrationsthematik.

Ganz in diesem Sinne sollten Montréal und Toronto im Rahmen der Sektionsarbeit nicht als Platzhalter einer globalen Kultur verstanden werden. Vielmehr ging es um den, einem permanenten Wandel unterworfenen und dennoch spezifischen Charakter der beiden Städte. Kultur- und Sozialwissenschaftler wie Rolf Lindner bzw. Rüdiger Korff haben betont, dass die Globalisierung der Eigenart der Metropolen keineswegs abträglich sein muss (vgl. Korff 1997; Lindner 1999). Auf der Ebene der kulturellen Repräsentation spricht Lindner von einem urbanen Imaginären, das sich in der Form von literarischen Texten, Liedern, Filmen oder sogar Postkarten manifestiert. Die immer wieder in solchen Kulturprodukten präsenten Orte und Sujets einer Stadt sind in diesem Sinne eng mit deren spezifischer sozioökonomischer Entwicklung verbunden und wirken auch auf das Identitätsbewusstsein der Bevölkerung prägend ein – trotz oder gerade wegen der zunehmenden sozialen und räumlichen Fragmentierung der Metropolen.

Stadtkultur und Migration – die Auseinandersetzung mit diesem Themenkomplex reicht im Kontext von Montréal und Toronto weit in die Vergangenheit zurück, hat jedoch im Verlauf der 1970er und 1980er Jahre beträchtlich an Intensität gewonnen. Hier sei z.B. an die Pionierrolle von Émile Ollivier erinnert, der nicht nur sein literarisches Werk der Migrationsproblematik widmete, sondern sich auch im Rahmen der Alphabetisierung von MigrantInnen engagierte. Erwähnt sei auch der Aufbruch der Schriftsteller, Wissenschafter und Verleger italienischer Herkunft – Lamberto Tassinari, Fulvio Caccia, Antonio D'Alfonso, Marco Micone usw. – die sich im Kontext der Zeitschrift *Vice-Versa* sowohl mit dem eigenen Migrationshintergrund als auch mit der kulturpolitischen Problematik Québecs kritisch auseinandersetzten und damit ähnliche Denkanstöße lieferten wie Régine Robin mit ihrem Erfolgsroman *La Québécoite* (1983). Manche Beiträge lösten Polemiken aus wie Monique LaRues *L'Arpenteur et le navigateur* (1996) und Neil Bissoondaths Kritik an Konzept und Praxis des kanadischen Multikulturalismus (1994).

Insbesondere ab den 1990er Jahren entstanden in Kanada, aber auch in Belgien, Frankreich, Italien sowie im deutschsprachigen Raum eine Fülle von literaturwissenschaftlichen Monographien, Sondernummern von Zeitschriften und Sammelbänden zum Migrationsthema. Im Folgenden sollen einige rezente Werke von grundlegender Bedeutung für die Etablierung der ‚littérature migrante' und Neudefinition des ‚Kanons' (vgl. Ringuet 2005: 309ff.) kurz angesprochen werden: Zusammen mit Chantal Ringuet und Véronique Pépin hat Daniel Chartier 2006 einen dem vorliegenden Buch verwandten Sammelband zu *Littérature, Immigration et Imaginaire au Québec et en Amérique du Nord* bei L'Harmattan herausgebracht. Chartier ist auch das 2003 bei Nota bene neu aufgelegte Lexikon *Dictionnaire des écrivains émigrés au Québec. 1880-1999* zu verdanken. In der Einleitung dieses Werks macht der Herausgeber darauf aufmerksam, dass immerhin ein Fünftel der Québecer SchriftstellerInnen im Ausland geboren ist, was „le double de la proportion que l'on trouve dans la population en général" darstellt (Chartier 2003: 7). Dementsprechend ist es sein Anliegen, anknüpfend an bereits existierende Datenbanken und bibliographische Arbeiten auf die Entwicklung und Bedeutung der ‚littérature migrante' im Kontext des gesamten literarischen Lebens in Québec über eine lange Periode hinweg aufmerksam zu machen. In diesem Sinn behandelt er in seinem Lexikon 628 AutorInnen, die im Ausland geboren und in Québec ansässig sind, bzw. hier zumindest ein Werk publiziert haben. Diese zweifellos als Pionierleistung zu qualifizierende Grundlagenforschung beschränkt sich auf kurze bibliographische Angaben. AutorInnen der zweiten Generation, die ‚Kinder der Immigration' (vgl. Ruhe 1999), bleiben unerwähnt.

Die Studie *Ces étrangers du dedans. Une histoire de l'écriture migrante au Québec* von Renate Hildebrand und Clément Moisan ergänzt Chartiers Lexikon durch einen grundlegenden literaturhistorischen Beitrag. Wie bei Chartier wird zwar auch hier auf bibliographische Studien und Datenbanken zur Erfassung der ‚écriture migrante' im Zeitraum von 1937 bis 1997 zurückgegriffen (Hildebrand/Moisan 2001: 19ff.). Das Hauptgewicht liegt jedoch nicht auf der Präsentation des Corpus, sondern auf einer konzeptuellen Analyse des Migrationsthemas in der Literatur. Die beiden AutorInnen machen vier Perioden aus, die unterschiedliche Umgangsweisen mit den „étrangers du dedans" markieren. Dabei beschreiben sie einen Weg der ‚écriture migrante', der über eine uni-, pluri- und interkulturelle Phase führt und schließlich in Transkulturalität mündet. Hildebrand und Moisan ist es zu verdanken, dass die literarische Beschäftigung mit dem ‚Anderen' erstmals analytisch aufgearbeitet wurde. Ihr Werk stellt, anknüpfend an die Systemtheorie, die einzelnen AutorIn-

nen und ihre literarischen Texte auf eine für ein breites Publikum ver-
ständliche Weise in den Kontext des Québecer Literatursystems.[5]

Simon Harels Studie *Les passages obligés de l'écriture migrante*
(2005) führt den zuletzt skizzierten Ansatz weiter und bietet ein komplexes Deutungsmuster auf der Grundlage exemplarischer Analysen ausge-
wählter Werke von Antonio D'Alfonso, Naïm Kattan, Émile Ollivier und
Régine Robin. Harel bietet darüber hinaus in mehreren allgemeiner orientierten Kapiteln einen Überblick über die gesellschaftspolitischen Debatten rund um Fragen der Migration bzw. der von ihr inspirierten Literatur
und leistet auf diese Weise einen umfassenden kulturwissenschaftlichen
Beitrag. Er analysiert hier nicht nur die Transformation Québecs und seiner Literaturszene durch die Migrationsbewegungen der letzten Jahrzehnte, sondern betont auch die Problematik einer zuweilen zu starken Fokussierung auf die ethnokulturelle Komponente und die damit verbundene
Gefahr einer ‚Exotisierung' der ‚écriture migrante'. Harel distanziert sich
damit von theoretischen Ansätzen, welche das Phänomen der Hybridisierung überbewerten und akzentuiert demgegenüber die lokalen Spezifika
dieser Literatur: Neben den psychischen Aspekten der Migrationserfahrung sind für ihn die starken Bindungen an einen „lieu habité" in Québec
ein zentrales Charakteristikum der ‚littérature néo-québécoise'. Für Harel
ist die ‚écriture migrante' im Kontext dieses „lieu habité" zu lesen und als
Teil der Québecer Literatur(-geschichte) im Sinne einer Neuverhandlung
traditioneller Sujets der frankokanadischen Literatur zu betrachten. Somit
leistet sein Buch sowohl eine kulturpolitische Kontextualisierung der Literatur als auch eine (oft vernachlässigte) ästhetische Analyse exemplarischer Werke. Die Beiträge des vorliegenden Bandes situieren sich im
Umfeld dieser kanadischen Forschungsergebnisse zur Migrationsliteratur
und sind bestrebt, deren Erkenntnisse mit Forschungsinteressen der europäischen Romanistik und Angloamerikanistik zu vernetzen.

Zu den Beiträgen

Den Anfang macht ein Essay von Peter Klaus, der daran erinnert, dass die
Literaturszene Montréals sich bereits vor der Etablierung der ‚littérature
migrante' der literarischen (Post-) Moderne geöffnet hat. Mindestens seit
der ‚Révolution tranquille', so der Beitrag, ist die Québecer Metropole zu

---

5   Zur Kritik am Ansatz von Moisan/Hildebrand vgl. Gruber, Iris (2003), „Transdifferenz-
     phänomene am Beispiel der littérature migrante in Québec", in: *Trans. Internet-Zeitschrift
     für Kulturwissenschaften* 14, URL: http://www.inst.at/trans/14Nr/gruber_quebec14.htm
     (20.08.06) und Wesselhöft, Christine (2003), „Clément Moisan/Renate Hildebrand (2001):
     Ces étrangers du dedans. Une histoire de l'écriture migrante au Québec (1937-1997).
     Québec: Éditions Nota bene", in: PhiN. Philologie im Netz 23, URL: http://web.fu-
     berlin.de/phin/phin23/p23i.htm (20.08.06).

einem Raum der Entgrenzung und Polyphonie geworden. Die Bereitschaft zum Wandel manifestiert sich in der Dynamik des urbanen Alltags ebenso wie in der Neigung der Québécois, als ‚voyageurs' neuen Typs den Kontinent zu erschließen. Die Texte der MigrantInnen setzen diese Entwicklung fort und leisten so ihren Beitrag zur Überwindung traditioneller „pure laine"-Ideologien. Peter Klaus sieht Montréal als Gesamtkunstwerk, in dem sich jede nationale Verfestigung ‚dekonstruiert', sowohl jene Québecs als auch jene Kanadas. Auf diese Weise wird sein Text freilich zur Liebeserklärung an den Genius Loci einer Stadt, die unversehens – wenn auch in einem durchaus antikonformistischen Sinn – eine mythische Dimension erhält.

Auch der Lyriker Abraham Moses Klein (1909-1972), den der Anglist-Amerikanist Ludwig Deringer in seinem Beitrag präsentiert, setzt sich mit dem Stadtbewusstsein und dem Imaginären Montréals auseinander. In Kleins Lyrik manifestiert sich eine Art Schichtenmodell des imaginären Stadtraumes, das die Erinnerung an das *shtetl* mit anderen erlebten und erinnerten Stadtvisionen kombiniert und letztlich eine Verbindung zwischen der Québecer Metropole und der sakralen Stadt Jerusalem herstellt. Aus romanistischer Sicht wäre anzumerken, dass Klein für die Anliegen der frankophonen Gemeinschaft viel Verständnis aufbrachte, so dass seine Vision von Montréal durch ein Streben nach interkultureller Harmonie gekennzeichnet erscheint.

Ganz anders präsentiert sich das Stadtbild Mordecai Richlers in dem Beitrag von Elisabeth Damböck. Der Romancier erregte durch seine erbitterten Diatriben gegen die Québecer Sprachpolitik in den 1980er Jahren viel Aufsehen. Richlers autobiographisch geprägtes Montréal beschränkt sich hauptsächlich auf einige wenige Straßenzüge und Viertel, was RomanistInnen an den Beginn des französischsprachigen Stadtromans (z.B. bei Gabrielle Roy und Roger Lemelin) erinnert. Gleichzeitig unterscheiden sich Richlers Protagonisten deutlich von denen des traditionellen Québecer Romans. Sie handeln von jüdischen Migranten, für die Montréal manchmal nur eine Etappe auf dem Weg zum Erfolg darstellt. Die Sympathie des Autors gilt dabei insbesondere den Vertretern der Unterschicht. Von Richlers beißendem Spott, den er insbesondere gegen die in seinen Augen allzu selbstherrliche Oberschicht des frankophonen Québec richtet, bleiben am ehesten die ‚kleinen Leute' verschont.

In ihrer Studie über die Québecer Metroliteratur verweist Ursula Moser auf die relativ späte Entstehung des Metrosystems von Montréal und unterscheidet in diesem Zusammenhang die Metrovisionen der frankokanadischen AutorInnen von jenen, die sich in anderen Großstädten mit weiter zurückreichender Tradition der Massentransporte manifestierten. Den analysierten Texten zufolge macht das unterirdische Beförderungssystem jedes Kollektiverlebnis zunichte und löst Identität und Geschichte durch die Reduktion des Zwischenmenschlichen völlig auf. Die beziehungslosen Menschen werden sozusagen auf unkontrollierte, erst nachträglich reflektierbare Bewusstseinsinhalte zurückgeworfen. Zuletzt wirft Moser die Frage auf, ob das Metrosystem als „Non-lieu" Raum für das Migrationsproblem bietet.

Die folgenden Beiträge, die sich der Auseinandersetzung von anglophonen AutorInnen mit der Immigration nach Toronto widmen, weisen beträchtliche Unterschiede im Umgang mit den behandelten Fragen auf. In der Darstellung von Paul Morris wird Toronto insofern eine Sonderstellung zuerkannt, als das traditionelle Konzept des Multikulturalismus, so wie es das offizielle Kanada seit 1971 in die Praxis umzusetzen versucht, in dieser Stadt besonders erfolgreich und radikal verwirklicht und zugleich weiterentwickelt wurde. An den untersuchten Texten zeigt sich laut Morris, wie sich der Gegensatz zwischen ‚Einheimischen' und ‚Fremden' auflöst, während der Freiraum des Individuums, das sich ‚neu erfinden' kann, ständig an Bedeutung gewinnt. Auch hier handelt es sich um eine Liebeserklärung an eine Stadt und damit eine Mythisierung Torontos, die sich allerdings deutlicher als jene von Peter Klaus am gängigen Leitbild der Postmoderne orientiert, weniger facettenreich und ironisch wirkt.

Die Studie von Robin Curtis liefert gleich zu Beginn ein nuanciertes Bild der ethnischen Vielfalt Torontos. Hier werden die Konkurrenz unter den diversen Gruppen und der ‚Preis', den die MigrantInnen im Verlaufe ihres Integrationsprozesses ‚zahlen' müssen, thematisiert. Jenseits der Daseinsfragen materieller Art eröffnet sich das weite Feld der mentalen Probleme und insbesondere des Umgangs mit Erinnerungen an die Herkunftskultur. Curtis legt ihrer Analyse zweier Filme von kanadischen Cineasten mit armenischem Hintergrund eine detaillierte Auseinandersetzung mit Gedächtnistheorien kulturwissenschaftlicher Provenienz zugrunde. Dabei wird einerseits den Mechanismen des Vergessens große Aufmerksamkeit gewidmet, andererseits aber auch das Fortdauern emotionaler Prägungen durch das Vergangene diagnostiziert. Die Filmanalyse wird so zur Bestandsaufnahme eines Entfremdungsprozesses, der einen leidvollen Aspekt bewahrt, auch wenn das Konstrukt einer kollektiven Identität gerade in der künstlerischen Bearbeitung seinen artifiziellen Charakter offenbart.

Noch expliziter zeigt die Studie von Lutz Schowalter, die sich dem Zusammenleben von MigrantInnen im urbanen Raum widmet, wie englischsprachige Romane anhand von ProtagonistInnen europäischer Herkunft den Migrations- und Integrationsprozess als einen schwierigen, an Rückschlägen und Niederlagen reichen Weg beschreiben. Die diversen

Gemeinschaften Torontos sind – von Generation zu Generation – einem Wandlungsprozess ausgesetzt, der ihre Bindungen an ethnische Traditionen schwächt. Da die Wirksamkeit derselben aber nie völlig außer Kraft tritt, bleibt der Gedanke an eine große kulturelle Synthese illusorisch und wird allenfalls in eine ferne Zukunft projiziert.

Die folgenden Beiträge handeln vorzugsweise von MigrantInnen, die aus Mittel- und Südamerika sowie aus der Karibik stammen. Ein nicht allzu gefälliges Bild der Stadt zeichnet hier der Romanist und Soziolinguist Jürgen Erfurt, wenn er kulturelle Normierungstendenzen durch die Québecer Behörden in Montréal thematisiert. Das Prinzip der Förderung von Vielfalt schien sich durchzusetzen, als in den Anfängen der haitianischen Einwanderung Alphabetisierung durch Selbsthilfegruppen institutionell vorangetrieben und dabei die kreolische Muttersprache der MigrantInnen bevorzugt wurde. In jüngster Zeit zeichnet sich in der Kulturpolitik Québecs hingegen eine Tendenz zur Durchsetzung des Standardfranzösischen ab. Bürokratisierung von oben vollzieht sich im Stadtraum somit parallel zur Einschränkung von gelebter Solidarität.

Ein positives Beispiel für die Identifizierung von MigrantInnen mit der Stadt Montréal findet sich in der auf Feldforschung basierenden Studie von Magdalena Schweiger zur Jugendkultur. Aus Interviews mit Jugendlichen geht hervor, wie stark die Rap-Texte durch Modelle des amerikanischen HipHop geprägt sind. Gleichzeitig hebt Schweiger hervor, dass der ‚Montreal Rap' diese Vorbilder an die Besonderheiten der frankokanadischen Metropole anpasst und die Vielfalt der Sprachen und Kulturen in Montréal widerspiegelt. Damit wird offensichtlich, dass die Hybridität des Genres mit einer starken emotionalen Bindung an die Stadt korreliert.

Verena Berger ergänzt die vorangegangenen Beiträge durch Betonung des Konfliktpotentials zwischen den diversen Gruppen von MigrantInnen. Statt sich in eine neue, pluriethnisch orientierte Identität im Rahmen Québecs bzw. Kanadas zu integrieren, bilden die jugendlichen MigrantInnen in Montréal, so wie sie mitunter in der ‚écriture migrante' präsentiert werden, Jugend-Gangs, mit deren Rückhalt sie ihre ethnische Herkunft auch aggressiv behaupten. Der Roman *Côte-des-Nègres* (1998) von Mauricio Segura wird in diesem Beitrag mit dem Dokumentarfilm *Zéro Tolérance* (2004) von Michka Saäl konfrontiert. Im Kontext der transnationalen ‚Global cities' steht für die jugendlichen MigrantInnen weniger die Frage nach der Anglo- oder Frankophonie als vielmehr jene nach der eigenen Verortung im urbanen Alltag im Vordergrund.

Im letzten Abschnitt spitzt sich der Gegensatz zwischen der Identifikation mit der Herkunftskultur und der Bereitschaft zur Öffnung im Rahmen der Aufnahmegesellschaften noch einmal zu. Klaus-Dieter Ertler erinnert an die nachhaltige Prägung der Québecer Literatur – besonders zur

Zeit der ‚Révolution tranquille' – durch lateinamerikanische Kulturmodelle. Gleichzeitig überprüft er anhand literarischer Beispiele die Thesen von Simon Harel hinsichtlich der doppelten Wirksamkeit der ‚littératures migrantes': Einerseits stellen diese traditionalistische Identitätskonstrukte in Frage, andererseits gelingt es den MigrantInnen in der Fiktion, Montréal als „lieu habité" zu akzeptieren und damit ethnizistische Tendenzen innerhalb der eigenen Gruppe einzudämmen.

Martin Kuester präsentiert mit seiner Analyse des englischsprachigen Gegenwartstheaters sowohl Montréal als auch Toronto im Lichte der Grenzerfahrungen zwischen den Amerikas. Die hier besprochenen Theaterstücke, *Mambo italiano* (2004) von Steve Galluccio und *Fronteras americanas* (1997) von Guillermo Verdecchia, rücken den multilingualen und kulturell hybriden Alltag der MigrantInnen ins Zentrum. Statt analog zu soziopolitischen und ökonomischen Entwicklungen psychische Grenzen zu überwinden und kulturelle Unterschiede einzuebnen, lässt der Hybridisierungsprozess auf mentaler Ebene Gegensätze fortbestehen. Die Alltagserfahrungen der ProtagonistInnen machen deutlich, dass der Begriff der Grenze keineswegs nur auf den Bereich der Topographie anwendbar ist, sondern das Zusammenleben der Menschen gerade im urbanen Raum auf vielfältige Weise prägt.

In diametralem Gegensatz zu dieser Sicht der Dinge behandelt Daniel Winkler die anscheinend relativ problemlose Integration einer Migrantin friaulischer Herkunft, wie sie Bianca Zagolin in ihren Romanen thematisiert. Dem äußeren Schein erfolgreicher Anpassung steht die innere Depersonalisierung der Protagonistin in *Une Femme à la fenêtre* (1988) und *Les Nomades* (2001) gegenüber. Zagolin fokussiert in den Texten weniger auf Fragen der Integration im Zusammenhang mit der Migration von Italien nach Québec als auf psychische Konflikte universeller Art. Die Autorin bringt damit ihre allgemeine Skepsis gegenüber Konzepten einer gesellschaftlichen Partikularisierung zum Ausdruck.

Die HerausgeberInnen danken all jenen, die bei der Erstellung dieser Publikation ihre tatkräftige Unterstützung gewährt haben. Genannt seien besonders Norbert Bachleitner und Ernst Grabovszki vom Institut für Allgemeine und Vergleichende Literaturwissenschaft der Universität Wien, die die Veröffentlichung dieses Bandes in der Reihe ‚Internationale Forschungen zur Allgemeinen und Vergleichenden Literaturwissenschaft' ermöglicht haben. Chantal Adobati, Elisabeth Damböck, John Heath und Françoise Delignon haben durch sorgfältiges Korrekturlesen der Resümees wichtige Beiträge geleistet.

Bibliographie

Bazié, Issac/Klaus, Peter (Hg.) 2005, „Canon national et constructions identitaires: les Nouvelles Littératures francophones", *Neue Romania* 33.

Beaucage, Pierre 1992, *L'étranger dans tous ses états: enjeux culturels et littéraires*, Montréal.

Bissoondath, Neil 1994, *Selling Illusions. The Cult of Multiculturalism in Canada*, Toronto.

Castonguay, Charles 2005, „Quelle est la force réelle du français au Québec? Analyse critique de l'amélioration de la situation du français observée en 2001", in: *Le Devoir*, 10.12.2003, URL: http://www.vigile.net/ds-actu/docs3a/03-12-10-1.html (20.08.06).

Chartier, Daniel 2003, „Introduction", in: Chartier, Daniel (Hg.), *Dictionnaire des écrivains émigrés*, Montréal. 5-12.

Chartier, Daniel/Ringuet, Chantal/Pépin, Véronique (Hg.) 2006, *Littérature, immigration et imaginaire au Québec et en Amérique du Nord*, Paris.

Erfurt, Jürgen (Hg.) 2002, „Curriculum, Module, neue Medien: Romanistik im Umbruch", *Grenzgänge. Beiträge zu einer modernen Romanistik* 17.

Erfurt, Jürgen (Hg.) 2005, *Transkulturalität und Hybridität. L'espace francophone als Grenzerfahrung des Sprechens und Schreibens*, Frankfurt a.M. u.a.

Ertler, Klaus-Dieter/Löschnigg, Martin (Hg.) 2004, *Le Canada sous le signe de la migration et du transculturalisme. Du multiculturalisme au transculturalisme*, Frankfurt a.M. u.a.

Gasquy-Resch, Yannick (Hg.) 1991, *Marseille-Montréal. Centres culturels cosmopolites*, Paris.

Giguère, Suzanne (Hg.) 2001, *Passeurs culturels. Une littérature en mutation. Entretiens avec Neil Bissoondath, Fulvio Caccia, Joël Des Rosiers, Nadia Ghalem, Mona Latif-Ghattas, Hans-Jürgen Greif, David Homel, Naïm Kattan, Émile Ollivier, Gilberto Flores, Régine Robin*, Sainte-Foy.

Grimm, Reinhold R./Nies, Fritz (Hg.) 1988, *Ein ‚unmögliches' Fach. Bilanz und Perspektiven der Romanistik*, Tübingen.

Groß, Konrad/Klooß, Wolfgang/Nischik, Reingard M. (Hg.) 2005, *Kanadische Literaturgeschichte*, Stuttgart.

Harel, Simon 1989, *Le voleur de parcours. Identité et cosmopolitisme dans la littérature québécoise contemporaine*, Montréal.

Harel, Simon 2005, *Les passages obligés de l'écriture migrante*, Montréal.

Hutcheon, Linda/Richmond, Marion (Hg.) 1990, *Other Solitudes. Canadian Multicultural Fictions*, Toronto.

Kirsch, Fritz Peter 2000, „Quelques réflexions sur le rôle des immigrés dans le roman québécois", in: Bagola, Béatrice (Hg.), *Le Québec et ses minorités*, Tübingen. 87-100.

Klaus, Peter (Hg.) 1997, „Québec – Canada. Cultures et littératures immigrées", *Neue Romania* 18.

Korff, Rüdiger 1997, „Globalisierung der Megastädte", in: Feldbauer, Peter/Husa, Karl/Pilz, Erich/Stacher, Irene (Hg.), *Megacities. Die Metropolen des Südens zwischen Globalisierung und Fragmentierung*, Wien/Frankfurt a.M. 21-35.

LaRue, Monique 1996, *L'Arpenteur et le Navigateur*, Montréal.

Lindner, Rolf 1999, „The Imaginery of the City", in: BMWK/IFK (Hg.), *The Contemporary Study of Culture*, Wien. 289-294.

Marcotte, Gilles/Nepveu, Pierre (Hg.) 1992, *Montréal imaginaire. Ville et littérature*, Montréal.

Moisan, Clément/Hildebrand, Renate 2001, *Ces étrangers du dedans. Une histoire de l'écriture migrante au* Québec (1937-1997), Montréal.

Rees, Tim 2001, „Multikulturalismus in Städten. Das Beispiel Toronto", in: Harzig, Christiane/Hoerder, Dirk/Lieby, Annika/Schmitt, Irina (Hg.), *Bunte Metropolen. In der Vielfalt liegt die Zukunft*, Bremen. 9-14.

Ringuet, Chantal 2005, „Impact des voix migrantes sur les représentations de l'identité dans la littérature québécoise au tournant du XXIe siècle", in: *Neue Romania* 33. 309-320.

Robin, Régine 1983, *La Québécoite*, Montréal.

Ruhe, Ernstpeter 1999 (Hg.), *Die Kinder der Immigration/Les enfants de l'immigration*, Würzburg.

Siemerling, Winfried (Hg.) 1996, *Writing Ethnicity. Cross-Cultural Consciousness in Canadian and Québécois Literature*, Toronto.

Verduyn, Christl (Hg.) 1998, *Literary Pluralities*, New York.

Wesselhöft, Christing 2006, *Erzählte Migration. Literarische und biographische Deutungsmuster im Einwanderungskontext (Québec, 1983-2003)*, Frankfurt a.M.

Downtown, Montréal © Verena Berger

Mythos Montréal –
Orte und Nicht-Orte der Fiktion

Canal de Lachine, Montréal © Verena Berger

Peter Klaus

Montréal, ein unvollendetes literarisches Kunstwerk?

Il était une fois   Lothar Baier gewidmet
un fleuve des prairies
et une douce montagne
qui devinrent métropole.
(Giguère 1991: 74)

Montréal-Bilder

Montréal im Jahre 1967, dem Jahr des legendären de Gaulle-Besuches und seines unüberhörbaren „Vive le Québec libre!". Vor allem aber ist dies das Jahr der *Expo 67*, mit dem Montréal Gastgeber der Welt geworden ist, ein unübersehbares Signal der Öffnung gegen Ende der ‚Révolution tranquille'. ‚Montréal américain': Montréal, der Zufluchtsort für US-amerikanische Vietnam-Kriegsgegner; Montréal multiethnisch: Montréal und seine ‚minorités visibles', wie man damals allerdings noch nicht sagte. Im Gedächtnis bleiben Assoziationen musikalischer Provenienz: Einerseits die schwermütig-nostalgischen Chansons eines Leonard Cohen (jazzunterlegte Lyrik), andererseits die perlenden Pianoläufe des Montréaler Jazzpianisten Oscar Peterson.

Diese vorwiegend anglo-kanadisch geprägten Assoziationsmuster streifen das literarische Montréal nur am Rande. Doch vielleicht entspricht dies der damaligen Wahrnehmung der Stadt als nordamerikanischer Metropole, in der noch das Englische dominierte.

Antoine Sirois hat in seinem 1968 erschienenen Buch *Montréal dans le roman canadien* eine überraschend homogene Montréaler Literaturlandschaft ausgemacht. Seine Welt ist noch überschaubar, denn er listet Literatur mit Montréal-Bezug nur auf, wenn sie aus frankophoner, anglophoner bzw. jüdischer Feder stammt. Trotzdem stellt er sich bereits die Frage:

> Que reflète cette ville en devenir, qu'exprime ce chantier perpétuel? Quelle secrète ambition y rassemble ces hommes d'origines ethniques si variées? [...] Les aspirations de l'ensemble des groupes sont polarisées sur la possession de l'argent, avec les biens matériels qu'elle procure, et sur l'obtention du prestige social. Déjà les fils et les filles des ouvriers de la deuxième génération ont les yeux rivés sur les hauteurs de Westmount ou sur les vitrines de la rue Sainte-Catherine. Presque tous les conquérants lorgnent vers la puissance économique. Ceux qui sont installés au sommet de l'échelle veillent jalousement à la conservation de leurs privilèges et de leur prestige. La Montagne incarne à la fois la réussite et la séparation [...] (Sirois 1968: 143)

Die Symbole sind benannt, die Trennungslinien gezogen. Das Unvollendete, Unfertige wird hervorgehoben, aber auch das noch verhalten Multiethnische. Zugleich werden die sozialen und ökonomischen Grenzen in der Metropole thematisiert, die stadtgeographisch zu verortenden Indikatoren des Erfolges. Solche Charakteristika Montréals sind nun sicherlich keine Überraschung für die LeserIn von Hugh McLennan, Gabrielle Roy, Gérard Bessette, Jean-Jules Richard oder auch von Mordecai Richler. In Hugh McLennans emblematischem Roman *Two Solitudes* (1945) wird Montréal zum positiv besetzten Fluchtpunkt, an dem sich sowohl das individuelle Schicksal der beiden ProtagonistInnen, als auch das Schicksal des von McLennan favorisierten gesamtkanadischen Zukunftsprojekts entscheiden. Die beiden ProtagonistInnen des Romans, der frankophone Paul und die anglophone Heather, erwählen Montréal als den Ort, an dem sie ihr gemeinsames künstlerisches und privates Zukunftsprojekt über alle ethnischen, sprachlichen, kulturellen und politischen Grenzen hinweg realisieren wollen. Montréal erscheint bei McLennan als der Inbegriff eines gesamtkanadischen Traums zweier Künstlerseelen.

Gabrielle Roys im gleichen Jahr erschienenes, spätnaturalistisches Fresko *Bonheur d'occasion* scheint mit einem solchen Entwurf einer gesamtkanadischen Bestimmung Montréals nichts gemeinsam zu haben. Die Gegensätze könnten stärker nicht sein. ‚Unten' in Saint-Henri die arbeitende frankophone Bevölkerung: Landflüchtlinge wie die Familie der Heldin Florentine, die in der Großstadt nicht zurechtkommen (dies gilt besonders für ihren Vater Azarius) und zum Teil der Verelendung und dem tristen Vorstadtleben ausgeliefert zu sein scheinen. ‚Oben' in Westmount herrscht dagegen paradiesische Ruhe und Gediegenheit. Die Grenzen sind klar gezogen und Projekte des Zusammenführens der beiden Welten existieren nicht oder werden im Roman nicht thematisiert. Sirois hat diese Gegensätze bereits deutlich genug herausgearbeitet. Für die Helden von Gabrielle Roy ist selbst ein Ausflug zur Rue Sainte-Catherine etwas Besonderes. Das anglophone Westmount, ja sogar ‚la Montagne' scheinen einer anderen, fremden Welt anzugehören.

In seinem 1958 veröffentlichten Montréal-Roman *La Bagarre* versammelt Gérard Bessette eine bunte Mischung von Protagonisten in der Metropole. Dort bekommen ihre Lebensentwürfe entscheidende Impulse, nur dort ist die Verwirklichung dieser Entwürfe möglich oder zumindest hat dies den Anschein. Da ist die zentrale Figur mit Amerika-Erfahrung, Jules Lebœuf, der zum Studium nach Montréal zurückgekehrt ist; da ist ferner der US-Amerikaner Ken Weston, der ein Dissertationsprojekt zum gesprochenen Französisch und zum Sprachverhalten der Franko-Kanadierinnen (noch nicht Québécois!) in der Tasche hat. Zu dieser intellektuellen Kleingruppe gesellt sich Augustin Sillery, der wohlhabende, bürgerliche und nicht nur latent homosexuelle Müßiggänger. Die Auswahl der Hauptpersonen lässt Rückschlüsse auf das Funktionieren des sozialen Gefüges im damaligen Montréal zu. Die Sprachkompetenz und Amerika-Erfahrung des Jules Lebœuf (er ist kein Rückkehrer aus Frankreich, kein „retourné d'Europe", wie Jacques Godbout sagen würde) sind herausragende Merkmale. Dies verschafft ihm Anerkennung und Förderung von Seiten seines anglophonen, bilingualen Chefs und Achtung bei seinen Arbeitskollegen.

Darüber hinaus wird die historische sprachliche Situation im Montréal um 1950 auch über den urbanen Alltag verdeutlicht, wie z.B. über eine Szene in der Straßenbahn: Die Hinweise des ‚zweisprachigen' Straßenbahnschaffners wären in dieser Form heute wohl nicht mehr zu erwarten: „Des deux côtés, bôte sides: avancez en avant :.. attention aux portes, mine de door! ... Laissez débarquer, let go down; prenez vot'e temps; y a d'la place en masse: hurry up, dépêchez-vous ..." (Bessette 1958: 176)

Der Einfluss von Jules Lebœuf stößt jedoch an Grenzen, wenn er wie selbstverständlich an gewachsenen Strukturen rüttelt, indem er der begabten Tochter eines frankophonen Arbeitskollegen dringend rät, ihre Ausbildung an der besten Institution, d.h. einer anglophonen, fortzusetzen. Ähnlich wie in Hugh McLennans Roman sind die retardierenden Kräfte, aber auch die existenziellen Ängste stärker und verhindern eine Entscheidung für das ‚bessere', ‚zukunftsorientierte' Projekt. Eine Entscheidung für eine anglophone Institution wird von Eltern und Pfarrer mit Identitätsverlust gleichgesetzt. Montréal erscheint auch hier als Brennpunkt, an dem sowohl die sozialen als auch die ökonomischen und kulturellen Weichen gestellt werden, an dem sich das Auseinanderklaffen der Wertvorstellungen aufzeigen lässt. Dabei spielen die beiden Sprachen eine herausgehobene Rolle, besonders was ihre jeweilige Wertigkeit in der Gesellschaft betrifft.

Letztlich scheitern die Projekte der ProtagonistInnen ausnahmslos. Die Doktorarbeit wird nicht geschrieben. Der verhinderte Dissertant Ken Weston wird Provinzjournalist im Mittleren Westen; das vom Protagonisten geförderte Mädchen ordnet sich dem Druck von Elternhaus und Kirche unter. Sillery geht nach Afrika. Als verhinderter Intellektueller bricht Jules Lebœuf sein Studium ab und übernimmt die ihm angediente Vorarbeiterstelle, träumt allerdings weiterhin von einer Rückkehr zur Schriftstellerei. Ähnliche Sittengemälde mit realistischer Tendenz finden sich in Jean-Jules Richards *Faites leur boire le fleuve* (1970). Der Roman spielt im Hafenarbeitermilieu und erinnert an Gabrielle Roys Darstellung des Viertels Saint-Henri. Mit dem großen Unterschied, dass die frankophonen Hafenarbeiter jeden Tag als Zuwanderer ins eigene Land strömen, als

‚Fremde' sozusagen. Der Frankophone als ‚Fremder' im eigenen Land, im Exil:

> Mais des milliers d'hommes de tout âge, plus ou moins gras, bien vêtus, souvent beaux, suivent partout et à peu près des pistes d'un bout à l'autre du port [...] Ces êtres sont des Bordeleaux. Chaque matin, ils quittent les faubourgs où ils vivent en exil pour regagner le pays. Drôle de pays! Un pays d'où l'on part souvent et d'où l'on voudrait partir plus souvent encore pour aller en voir d'autres. Mais c'est une patrie quand même s'il faut en avoir une au lieu de la chercher. C'est aussi un état à lui tout seul, situé sur la rive de Montréal [sic!] ... (Richard 1970: 11)

Von Stadtindianern und ‚coureurs des villes'

Jacques Renaud hat in seinem Kurzroman *Le Cassé* (1964) erstmals kraft einer ungewöhnlichen sprachlichen Form die Marginalität, Verloren- und Gebrochenheit des frankophonen Helden in seiner eigenen Stadt herausgestellt. Nichts beschönigt die Aussichtslosigkeit, welche die Situation des der Gewalt ausgelieferten Außenseiters kennzeichnet. Manche schockierte seinerzeit diese Darstellung eines ‚joualisierenden' Menschens in der Revolte. Aber durch diesen Roman hat Jacques Renaud eine wichtige Vorreiterrolle eingenommen. Denn der klischeebehaftete kanadische Held von einst, der ‚coureur des bois', ist mittlerweile zum ‚coureur des villes' mutiert. An diesem Entwicklungsprozess neuer ProtagonistInnen, nahezu ausnahmslos Randfiguren der Gesellschaft im Gefolge der *Beautiful Losers* (1966) von Leonard Cohen, ist die Entwicklung Montréals abzulesen. Michel Michauds Roman *Coyote* (1988) und Christian Mistrals Romane *Vamp* (1988) und *Vautour* (1990) sind Beispiele dieser neuen Art von Großstadtliteratur, in der die Titel der Romane und die Namen der ProtagonistInnen (Coyote, Vautour ...) bei der LeserIn Assoziationen im Sinne einer besonderen Art des ‚Recyclings' erwecken. Jacques Godbout hebt in seinem kurzen, sehr persönlich gehaltenen Vorwort zur Taschenbuchausgabe von *Vamp* (1995) Mistrals „amour immodéré de Montréal" hervor: „Montréal, la Vamp de notre vie." (Mistral 1995: 16) Der Erzähler selbst beginnt seinen Roman mit folgenden Worten: „J'aimais Montréal, j'en étais fou. Je la baisais insolemment sur toutes les bouches de métro [...]" (Mistral 1995: 29).[1]

Die Außensicht auf Montréal in der Literatur hat bereits Ende der 1950er Jahre eine interessante Bereicherung erfahren, und zwar durch einen zugewanderten, ruhelosen Franzosen. Patrick Straram alias ‚le Bison ravi' (1934-1989), der Prototyp eines französischen Linksalternativen,

---

1   Dazu passt tendenziell Lucien Francœurs Protestsong aus dem Jahre 1975: „La tête qui gèle / Le crâne qui craque / Cé moé l'freak / De Montréal / J'ai mis des ailes / À mes bretelles / Un stéréo / Dans mon cerveau / J'ai l'univers / Dans ma cuillère." (Roy 1991: 311)

den es an die Gestade des Sankt-Lorenz-Stromes verschlagen hat, schafft in der Evokation seiner Flânerie durch Montréal eine Atmosphäre, die an den Moloch der Großstadt bei Georg Heym erinnert oder an Döblins *Berlin Alexanderplatz*, aber auch an das ‚Symphonische‘ in John Dos Passos' *Manhattan Transfer*. Die Hektik der Großstadt, die Unruhe und ständige Bewegung der Massen, die Kakophonie auf den Straßen vermag Straram in rhythmische Satzgebilde zu fassen und durch Vergleiche mit Paris, Washington, London und Calgary eine quasi universelle Wertigkeit zu vermitteln. Der ‚contre-culture‘ verpflichtet, ist der Autor mit dem Jazz auf Du und Du, verbindet Prosa und Poesie mit Musik:

> Ste Catherine hurle, trépigne, étincelle, charrie ses flots dégorgés dans le tintamarre, cavale en trombes et en fanfares, suicidés vivants s'y bousculant, s'y précipitant, s'y accrochant, dans la fièvre hystérique qui les automatise pour qu'ils gagnent leur vie et sachent civilement défendre la cause juste de leur pays, de leur honneur, de leur famille, de leur travail, de leur hystérie automatique pour gagner sa vie. Aussi dégueulasse et effrayant que le boulevard des Italiens ou Georgia Street, que Piccadilly ou la 8e avenue à Calgary. Mais il y a aussi les nuits de la rue Ste-Catherine, nuits d'une vie à fleur de peau, à fleur de drame, à fleur cancéreuse mais vivante [...] (Straram 1992: 377)

Bislang waren die Schauplätze der Québecer Stadtromane jeweils mehr oder weniger geographisch eingegrenzt, man denke an die Helden in *Bonheur d'occasion*, die Saint-Henri so gut wie nie verlassen, desgleichen die Akteure in Michel Tremblays Roman *La grosse Femme d'à côté est enceinte* (1978), dessen mythisch überhöhter Schauplatz sich auf die Rue Fabre und ihre Umgebung konzentriert, wo eine Straßenbahnfahrt über die Grenzen des Viertels hinaus bereits den Charakter einer Reise ins Ungewisse annimmt. Aber Tremblay verfremdet das Vertraute, Provinzielle, das Volksnahe seines Viertels durch den Rückgriff auf die mythischen Figuren der Strickerinnen, der Parzen, die unsichtbaren Beobachterinnen des menschlichen Treibens, so dass sich der Roman bei aller räumlichen ‚Enge‘ zum Universellen hin öffnet. Patrick Straram geht noch weiter, indem er seinen Text zu einem Stakkato von Bewegung, Geräuschen, Licht- und Farbeindrücken werden lässt und diese Flut von Eindrücken nicht unbedingt positiv konnotiert. Der Italo-Montréalais Fulvio Caccia hingegen verlässt die Niederungen von Downtown/Centre-Ville und die Rue Sainte-Catherine, um einen Eindruck von Montréal aus der Höhe, von der beherrschenden ‚Montagne‘ aus zu vermitteln. Nicht verwunderlich, dass hier die Sinneseindrücke verhaltener, gedämpfter wirken. Hier herrschen vage ‚rumeurs‘, aber auch die Verlockung ferner Sirenengesänge. Der Blick von oben auf die Stadt versinnbildlicht auch den Blick des ‚Anderen‘ von außen, der dem Vertrauten eine differenzierte Wertigkeit einhaucht:

Vue du mont
Odeurs déliées
Montréal là-bas
est une tapisserie de rumeurs
La terre en haleine
travaille l'horizon
bruissant de senteurs
et du chant griffu
des sirènes (Royer 1987: 210)

Caccias Montréal erscheint poetischer, positiver konnotiert als die Texte, die davor erwähnt wurden. Das Bild der Metropole scheint sich zu wandeln, wird differenzierter und zugleich verwechselbarer, universeller. Angesichts dieser Auswahl von Montréal-Eindrücken, die die reichhaltige Stadtliteratur, sowohl die anglophone als auch die frankophone, zu bieten haben, kann es verwundern, wenn Jean-François Chassay zur 350-Jahr-feier Montréals folgendes überraschende Fazit zieht: „Mais l',inexistence' de cette ville sera toujours aussi importante, tant qu'on ne cherchera pas à comprendre ce qui la fonde et d'abord à fouiller son passé. Malgré son indéniable rôle de catalyseur dans la littérature québécoise, Montréal est toujours à la recherche de son existence romanesque." (Chassay 1992: 171)

‚Pure laine' und ‚littérature migrante'

Inwiefern soll Montréal noch immer auf der Suche seiner Existenz im Roman sein? Chassay hatte doch gerade eine beeindruckende Liste von Montréal-Romanen der vergangenen 25 Jahre aufgestellt: *Le Matou* (Yves Beauchemin), *French Kiss* (Nicole Brossard), *Le Nez qui voque*, *L'Hiver de force*, *Dévadé* (Réjean Ducharme), *La Folle d'Elvis* (André Major), *L'Hiver au cœur* (André Major), *Maryse*, *Miriam Première* (Francine Noël), *La vie en prose* (Yolande Villemaire), *Chroniques du Plateau Mont-Royal* (Michel Tremblay). Somit hatte sich Montréal im Laufe der zweiten Hälfte des 20. Jahrhunderts auf nachhaltige Weise im Roman ,verewigt'. Die genannten, bei Kritik und LeserInnen durchwegs erfolgreichen Werke belegen die Existenz einer besonders vielfältigen Montréal-Literatur. Was Chassay möglicherweise noch fehlte, das war ein Dos Passos oder ein Döblin, ein ‚Montréal Transfer' oder ein ‚Montréal – Place Ville-Marie'. Aber die Auswahl Chassays ist in anderer Hinsicht bezeichnend: Sie ist ausschließlich ,de souche', ,pure laine' und zieht den Blick des ‚Anderen' auf die Stadt nicht in Betracht, indem sie den Beitrag der ,littérature anglo-montréalaise' und den Beitrag der MigrantInnen ignoriert. Doch AutorInnen wie zum Beispiel Straram und Caccia haben ein Anrecht auf ihr literarisches Montréal. Gerade sie sind aus der Diskussion um die zentrale Rolle Montréals seit den 1980er Jahren nicht mehr wegzudenken und verleihen der Metropole den Status einer Stadt der kulturellen Differenz.[2]

Ein Titel fehlt übrigens in Chassays Liste aus dem Jahre 1992: Régine Robins *La Québécoite* (1983). Oder ist Robins Werk etwa kein Montréal-Roman? Chassays Liste verzeichnet zudem keinen einzigen Titel aus der allophonen MigrantInnen-Szene, wie er auch die zahlreichen anglophonen Montréal-Romane und einschlägigen Novellensammlungen (die zumeist in französischer Übersetzung vorliegen) schlichtweg ignoriert. Ist es denn immer noch zu früh für den Refrain des Chansons von Gilles Vigneault aus dem Jahre 1976 „*I love you vous ne m'entendez pas / I love you vous ne m'entendez pas*"?[3] Wie es scheint, sind die Berührungsängste zwischen anglo- und frankophonen LiteratInnen längst überholt, gibt es doch mittlerweile zahlreiche Übersetzungsaktivitäten gerade in Montréal, und zwar von anglo- wie auch von frankophoner Seite. Man denke an die im doppelten Sinne künstlerischen Experimente von Jacques Brault und Ted Blodgett: Sie kommunizieren nicht nur mit Hilfe ihrer Lyrik, die sie gegenseitig übersetzen, sie kommunizieren auch künstlerisch im Bereich von Malerei und Musik.

Dazu gesellen sich literarische Ereignisse wie ‚Spoken world', wo Frankophone und Anglophone gemeinsam die gegenwärtige Poesie zelebrieren, aber auch die späte Anerkennung, die Mordecai Richler inzwischen als großer Montréaler Schriftsteller englischer Sprache erhält, oder die Zeitungskolumne, die der Übersetzer und Schriftsteller David Homel in der Montréaler Tageszeitung *La Presse* regelmäßig sonntags mit Informationen zur Literatur der Nachbarn füllt. Erwähnt werden soll auch der späte, überraschende Bestsellererfolg der englischen Übersetzung von Hubert Aquins Roman *Prochain Épisode* (1965; engl. Übersetzung 2003).[4]

Inzwischen gerät allerdings die ‚institution littéraire québécoise' in Bewegung. *Voix & Images*, die einzige Zeitschrift, die sich ausschließlich der ‚littérature québécoise' widmet, hat eine ganz entscheidende Initiative ergriffen. Der Band 90 vom Frühjahr 2005 trägt den Titel *La Littérature anglo-québécoise*. Gemeint ist aber eigentlich ‚la littérature anglo-montréalaise'. Diese „nouveaux regards sur la littérature anglo-québécoise", so der Untertitel des Bandes, werfen ein bezeichnendes Licht auf den Ausschließlichkeitsanspruch einer gewissen ‚littérature québécoise'. In diesem Zusammenhang sind die Kommentare von Gilles Marcotte sehr

---

2   Eine Parallele lässt sich hier auch zur Karibik ziehen: So kritisiert Maryse Condé (in *Penser la Créolité*) die Autoren des Manifests von 1989 *Éloge de la Créolité*, weil sie in ihre Überlegungen weder die englisch- noch die spanischsprachige Karibik einbeziehen.

3   Der Titel des Chansons lautet *I went to the market*.

4   Robert Richard, „Littérature – Hubert Aquin, bestseller au Canada anglais", in: *Le Devoir*, 9. Juni 2003.

erhellend. Ihn interessiert die ‚littérature anglo-montréalaise' als Ausdruck einer Alterität; durch sie entdeckt er ein Montréal „à la fois diffé-
rent et familier, qui m'appartient et ne m'appartient pas" (Leclerc/Simon
2005: 17). Angesichts der (interessanten) Tatsache, dass die ‚pure laine'-
Literaturkritik Québecs während der letzten Jahrzehnte die Anglo-Texte
als ‚corpus étranger' behandelt hat, ist die folgende Feststellung Marcottes
bemerkenswert: „[...] il n'existe évidemment pas une telle chose qu'une
littérature anglo-québécoise [...]" (Marcotte 1998/99: 6). Dieses recht un-
missverständliche Urteil scheint aber inzwischen nicht mehr unbedingt
konsensfähig zu sein, wenn man die Behandlung Mordecai Richlers in Betracht zieht, der zwar als großer Schriftsteller gewürdigt worden ist, aber
eben nicht als Repräsentant der ‚littérature québécoise'. Wenn wir die
Zeugnisse von anglophonen SchriftstellerInnen Montréals in Betracht ziehen, wird vielleicht eher einsichtig, weshalb sich die Québecer Literaturkritik bisher abschottete. Denn für Gail Scott ist das Schreiben „tributaire
d'une culture francophone forte" (Leclerc/Simon 2005: 20). Und Robert
Majzels (Leclerc/Simon 2005: 20) zitiert u.a. das berühmte Manifest *Refus
global* von Paul-Émile Borduas (1948) als Beispiel, um zu unterstreichen,
wie wichtig die Nähe des Französischen für die Experimentierfreudigkeit
der englischen Sprache in Québec ist (Leclerc/Simon 2005: 20).

Die anglo-Québecer SchriftstellerInnen sind zunehmend zweispra-
chig, sie sind häufig ÜbersetzerInnen und daher gewohnt „à naviguer
d'une langue à l'autre" (Leclerc/Simon 2005: 20). Sherry Simon betont
die besonders enge Beziehung, welche die anglo-Montréaler Literatur mit
dem Übersetzen unterhält (Leclerc/Simon 2005: 21).[5] Im Falle von Robert Majzels, einem der erfolgreichsten anglophonen Schriftsteller, Dramatiker und Übersetzer im Montréal der letzten Jahre, ist es umso weniger verständlich, dass er von der Québecer Literaturkritik nicht entsprechend gewürdigt wird. Dabei ist sein Roman *City of Forgetting* (1997) eine Ode an Montréal und eine ‚quête', die versucht die Demarkationsli-
nien der Zugehörigkeiten zu verwischen (er verwendet den Ausdruck
‚brouiller'). Sein Roman ist bevölkert von mittel-, ziel- und heimatlosen
Helden, die so schön evokative Namen tragen wie Clytemnaestra, Pablo
Neruda, Che Guevara oder Mao Tse Tung.

Aber kommen wir kurz zurück zu Régine Robin und *La Québécoite*.
Madeleine Frédéric (1991: 129f.) schreibt, dass *La Québécoite* eigentlich
ein Roman über Paris sei – das ist möglicherweise der Grund für das Fehlen dieses Werks in Chassays Liste. Und doch situiert Régine Robin ihren
Roman in Montréal. Allerdings entwickelt sie in *La Québécoite* ein gänzlich anderes, verfremdetes Bild der Stadt. Sie spielt mit der Topographie

---

5   Simons letzte Veröffentlichung trägt den Titel *Translating Montreal: Episodes in the Life
     of a Divided City*, Toronto 2006.

der Metropole, die sie den LeserInnen längs der U-Bahn-Linie mit den Stationen Snowdon, Outremont und Jean-Talon entdecken lässt. Doch die angeblich kartographisch genaue Bestimmung des erzählten Ortes täuscht. Montréal ist lediglich eine ‚toile de fond‘, vor der sich andere Stadtreminiszenzen aufbauen (New York und vor allem Paris). Dem dritten Teil des Buches ‚Autour du marché Jean-Talon‘ ist ein längeres Zitat aus Döblins *Berlin Alexanderplatz* vorangestellt, ein indirekter Hinweis und eine Brücke zwischen diesen beiden Stadtgeographien, die der Autorin so wichtig sind. Eines der Merkmale des Romans *La Québécoite* ist das Auflösen traditioneller Erzählstrukturen, wobei die Autorin gleichzeitig auch mit vertrauten Erkennungsmustern der Stadtgeographie bricht. Beide Aspekte bedingen einander. Die Verfremdung des Vertrauten, die neue Polyphonie und Vielfarbigkeit sind es wohl, die Chassay in seinem Aufsatz vermisst bzw. noch nicht entdeckt hat. Eine neue Ruhelosigkeit, ein neues Nomadentum, ‚une errance urbaine‘, Aspekte der Dekonstruktion, des Unfertigen, aber auch des Unheilvoll-Bedrohlichen sind es damit, die in die Montréal-Literatur Einzug halten.

Gérard Étienne, der exilhaitianische Autor, war mit seinem Roman *Un Ambassadeur macoute à Montréal* (1979) in dieser Hinsicht ein Vorreiter. In der Form einer postkolonialen Parabel situiert Étienne seine Romanhandlung zwar topographisch und geographisch genau, ohne dass jedoch der Schauplatz Montréal dadurch an Vertrautheit und Realität gewänne. Die Ankunft des namenlosen Protagonisten erlaubt dem Autor, das gesamte Instrumentarium des ‚imaginaire haïtien‘ zusammen mit Versatzstücken aus Geschichte und politischer Aktualität in den nordamerikanischen, Montréaler Kontext einzubringen. Es ist sicherlich kein Zufall, dass der Roman indirekt die Oktoberereignisse von 1970, die sich ja vornehmlich auf Montréal konzentrierten, als Hintergrund verwendet, ohne sie allerdings explizit zu nennen. Die Verfremdung des Vertrauten am Beispiel von Montréal hat Gérard Étienne auch in einem seiner neuesten Romane *La Romance en do mineur de Maître Clo* (2001) thematisiert. Montréal wird hier zwar nicht ausdrücklich benannt; die Straßennamen erlauben auch keine allzu präzise Verortung der Fabel. Die Metropole des Nordens fungiert einerseits als Fluchtpunkt und Ausweg, andererseits aber auch als alptraumbehafteter Ort, an dem die Mächte der Vergangenheit und die Dämonen des Vaudou ihren vermeintlichen Einfluss geltend machen und eine Integration in den neuen kulturellen Kontext zunächst verhindern, so wenigstens die ‚obsessionelle‘ Befürchtung des Titelhelden. Ebenso wie in Marilú Mallets[6] Kurzerzählungen von Einwanderer-

---

6   Marilú Mallet, aus Santiago de Chile stammend, eigentlich Filmemacherin, hat ihr Land nach dem Sturz Allendes im September 1973 und dem Beginn der Pinochet-Diktatur verlassen. Diese Erfahrungen hat sie in zwei Novellensammlungen verarbeitet, die, zunächst

schicksalen und Bürgerkriegsflüchtlingen entwickelt die neue Heimat der Exilierten bei Gérard Étienne ihre Möglichkeiten der Integration für den Einzelnen erst, wenn die Alpträume der Vergangenheit ausgelöscht und die gelebte kulturelle Erfahrung durch ein Sich-Öffnen und die Bereitschaft, sich auf eine neue Lebenswirklichkeit einzulassen, relativiert wird.

Auch der Haitianer Stanley Péan[7] hat in seinen Kurzgeschichten und Romanen von den Möglichkeiten profitiert, welche seine Helden, die mehrheitlich ländlicher Herkunft sind, im Kontext der Großstadt vorfinden. Anonymität und Entwurzelung einerseits, die Belastungen durch die Folgen von Diktatur und Verfolgung andererseits, können nicht mit einer ‚neo-realistischen' Darstellung gemeistert werden. Es sind die Mittel des Fantastischen mit all seinen potentiellen Abgründen, die Péan am Schauplatz Montréal zum Einsatz bringt. Die MigrantInnen haben nicht nur demographisch die Metropole erobert. Auch das ‚imaginaire montréalais' wird inzwischen nachhaltig geprägt von den ‚importierten' Einflüssen unterschiedlichster Herkunft. Doch gibt es nicht nur Vereinzelung und Entwurzelung bei den ProtagonistInnen aus fernen Ländern, die sich Montréal als neue Heimat erobern müssen.

‚Montréal, la blanche'

Ein Seitenblick auf Toronto ergibt interessante Vergleichsmöglichkeiten: Michael Ondaatje porträtiert in seinem Roman *In the Skin of a Lion* (1987) einen vom Land in die neu zu erbauende Stadt zugewanderten kanadischen Helden: „Patrick Lewis arrived in Toronto as if it were land after years at sea [...] He was an immigrant to the city [...]" (Ondaatje 1987: 53). Maxine Hong Kingston fasst ihr Urteil über diesen Roman in folgende Worte: „*In the Skin of a Lion* is a poem to workers and lovers. Their labors change them; their skin comes off, and they put on a new skin, becoming someone else." (Ondaatje 1987: Klappentext) Durch die Arbeit verändern sich die Protagonisten, sie nehmen mit der Zeit eine andere Haut, sprich: Identität an. Der einsame, zugewanderte Held wird mit der Zeit integriert, allerdings nicht in die Gemeinschaft der Alteingesessenen, sondern in die ethnisch bunte Mischung der zugewanderten MazedonierInnen und anderer ‚Néo-Canadiens'.

---

auf Spanisch geschrieben, in französischer Fassung in Montréal erschienen sind: *Les compagnons de l'horloge pointeuse, Nouvelles*, Montréal 1981 und *Miami Trip. Nouvelles*, Montréal 1986.

7 Stanley Péan ist zwar in Haiti geboren, aber bereits ein Jahr nach seiner Geburt mit seinen Eltern nach Québec übersiedelt. Er hat bereits mit seinem ersten Novellenband *La Plage des songes et autres récits d'exil.Nouvelles*, Montréal 1988 auf sich aufmerksam gemacht. Als weiteres Werk, das eine ähnliche Thematik verfolgt, sei genannt: *Sombres allées et autres endroits peu hospitaliers. Treize excursions en territoire de l'insolite*, Montréal 1992.

Diese Erfahrung macht in ähnlicher Form der jugendliche Titelheld von Monique Proulx' Novelle *Les Aurores montréales* (1996).[8] Der 16-jährige Laurel, in der neuen Heimat Montréal vereinsamt, ohne Freunde und verunsichert, flüchtet sich ins Schreiben als einzig sicherem Ort und lädt dort seine Phobien und Inhibitionen ab, auch gegen die eigene Mutter und den abwesenden Vater. Die Begegnung mit Gleichaltrigen, die ihn aus seiner Einsamkeit erlösen könnten, erweist sich in seiner Vorstellung zunächst als bedrohlich, es sind jeweils nur Angehörige von ethnischen Minderheiten, die noch dazu geballt als Gruppe auftreten. Solange er den Code der Gruppe nicht erfasst hat, bleibt er der Außenseiter, der Ausgegrenzte. Er ist der vereinzelte Québécois, der Fremde, der aber letztlich von den vermeintlichen 'Gegnern', den Migrantenkindern in seiner eigenen Stadt willkommen geheißen und integriert wird. Er ist angekommen; das Schreiben als Flucht hat dann ausgedient. Sein Leben hat einen anderen Sinn und Zweck bekommen. Die Signale, die von Monique Proulx' Novellensammlung ausgehen, sind unüberhörbar. Sie fokussiert unübersehbar auf die Erneuerung, die sowohl in der demographischen als auch in der künstlerischen Entwicklung Montréals dank der Einwanderer festzumachen ist.

Ein bedeutender Aspekt der Montréal-Literatur ist bisher gar nicht evoziert worden: das Theater. Dabei haben gerade DramatikerInnen aus dem MigrantInnen-Milieu dem 'théâtre montréalais' neue, wichtige Impulse gegeben. Man denke nur an Marco Micones Dramatisierung der sozio-ökonomischen Implikationen der Sprachenproblematik, an Wajdi Mouawads und Abla Farhouds exillibanesischen Beitrag, an den Chilenen Alberto Kurapel und seine mehrsprachigen theatralischen Performances, an Pan Bouyoucas und Miguel Retamal, griechischer bzw. chilenischer Herkunft.

In ihrem Artikel „Representing Montreal's Algérians on Stage and Screen" berichtet Jane Moss, dass die Gruppe der Montréaler AlgerierInnen von etwa 2.000 Personen im Jahre 1990 auf inzwischen etwa 40.000 angewachsen ist. Man kann sich leicht vorstellen, dass es die Angst vor dem Terror war, welche viele dieser AuswanderInnen motivierte, nach Kanada zu emigrieren. Die von den frankophonen AlgerierInnen eingebrachten Erlebniswelten, ihre Träume und Erwartungen, aber auch ihre realen Integrationsprobleme zusammen mit politischen und administrativen Hürden – besonders nach den Attentaten vom 11.9.2001 – werden in Dokumentarfilmen und vor allem im Dokumentartheater wirkungsvoll verarbeitet. Im Mai 2004 wurde das Doku-Drama *Montréal, la blanche*

---

8 *Les Aurores montréales. Nouvelles*, Montréal 1996. In dem Band, der Kurzgeschichten vereinigt, erfährt der Titel durch die Geschichte *Les Aurores montréales*, die von der Initiation des jungen Helden Laurel erzählt, seine eigentliche Bedeutung.

von Bachir Bensaddek in Montréal uraufgeführt und von den Medien durchweg positiv beurteilt. Der Filmemacher Bensaddek, der selbst 1994 Algerien verlassen hat und nach eigenen Worten „un Québécois d'origine algérienne" geworden ist, entdeckte seine eigene ‚algérianité' wieder, als er sich die aufwühlenden Geschichten der gerade angekommenen Flüchtlinge anhörte: „Leurs mots rapportent l'Algérie que je n'ai pas vue, celle du sang, de la honte, de la hogra (attitude dictée par le mépris et le pouvoir sur autrui), celle qui les a chassés. Ils rapportent leur immigration, Montréal vue et vécue par eux." (Moss 2005: 29)

Der Theaterkritiker Matt Radz schreibt dazu in *The Gazette*: „Alger dans le rétroviseur, the play's subtitle, wraps nostalgia in a wry reference to many Algerian professionals who got to know Montreal by driving cabs around the streets." Das Taxi als Symbol der eingeschränkten beruflichen Möglichkeiten für MigrantInnen ist spätestens seit der zweiten haitianischen Einwanderungswelle in den 70er Jahren kein neues Phänomen. Was aber in Bensaddeks Theaterstück innovativ erscheint, ist die Tatsache, dass die algerischen Taxifahrer nicht zu vergleichen sind mit den früheren Einwanderern, die über keine Aus- und Schulbildung und über beschränkte Sprachkenntnisse im Englischen und Französischen verfügten. Die algerischen Migranten fahren Taxi, weil ihre Ausbildung, ihre Diplome und ihre Berufserfahrung auf dem engen Québecer/Montréaler Arbeitsmarkt nicht viel zählen (Moss 2005: 30).

Wichtig in Bensaddeks Stück ist der besondere Akzent, den er auf Frauen- und Genderprobleme bei der Dramatisierung dieser algerischen Einwanderergeschichte gelegt hat. Die inneralgerische und innerislamische Auseinandersetzung gewinnt durch die Einbettung in den nordamerikanischen Rahmen eine neue Qualität. Denn hiermit wird die überkommene Rollenverteilung in Frage gestellt und den Frauen in *Montréal, la blanche* eine Subjektposition zugestanden. Dies ist natürlich in der besonderen Situation, in der sich muslimische Einwanderer in Nordamerika befinden, in diesem ‚age of suspicion', das die islamistischen Terrorakte ausgelöst haben, umso bemerkenswerter.[9]

---

9 Wie blass nehmen sich gegen die komplexe Welt von *Montréal, la blanche* die Liebeserklärungen einer Marie-Sissi Labrèche an Montréal aus. Ganz im Sinne der *Prénoms de Paris* von Jacques Brel versieht sie Montréal mit den erstaunlichsten Beinamen: „Montréal, ma salope, / mon album de photos d'enfance / mon accoucheuse/mon amante religieuse / mon internée/ma truande, et tes bunkers de Hell's Angels ... / ma putain culturelle / ma rockeuse / mon ivrogne / ma grande accoucheuse / mon Himalaya / ma frigide / ma frontpage / mon amour / mon entêtée / mon bonheur." (Labrèche 2004: 43-66)
Anlässlich des *27. Salon du livre de Montréal* (18.-22.11.04) wurde ein viel beachteter Artikel mit dem Titel „I went to the salon mon p'tit panier sous le bras" (Robert Laplante) veröffentlicht. Die Leitlinie des Artikels wurde gebildet durch die wachsende Zusammenarbeit von anglo-, franko- und allophonen SchriftstellerInnen und ÜbersetzerInnen, darunter David Homel, Naïm Kattan und viele andere, die sich stark machen für eine neue Vi-

Das ‚Gesamtkunstwerk‘

Wenn wir Berlin mit der rauchigen Stimme der Knef und mit der Techno-Musik der *Love-Parade* assoziieren, wenn uns Paris mit Debussy und dem Anarcho-Poeten Léo Ferré nähergebracht wird, erleben wir Montréal heutzutage mehr und mehr als ein Gesamtkunstwerk, in dem Literatur, vor allem Poesie und Musik (Jazz, aber nicht nur) eine zumeist glückliche Verbindung eingehen. Gedacht sei hier an die zahlreichen sommerlichen Literaturereignisse im Rahmen des so genannten *Mondial de la littérature* und an die musikalisch-poetischen Lesungen im Rahmen der *Cinq à souhait* genannten Events in einem Café der Rue Saint-Denis. Erinnert sei auch an Gaston Miron, der bis kurz vor seinem Tod, begleitet von Montréaler Musikern, mit einer seiner Gedichtsammlungen, *La marche à l’amour*, durch Montréal und durch die Lande ‚getingelt‘ ist. Nicht unerwähnt bleiben in diesem Zusammenhang dürfen die musikalisch-rhythmischen Signale des ‚Montréal multiculturel‘, die an Wochenenden unüberhörbaren ‚Tam-Tams‘ zu Füßen des Mont-Royal, nahe der Avenue du Parc. Die ‚littérature québécoise‘ spielt in diesem Konzert zwar immer noch die erste Geige, aber sie spielt kein Solo mehr. Zumindest in Montréal ist der anglophone Kontrabass inzwischen mehr und mehr präsent und die Schalmeienklänge der ‚voix venues d’ailleurs‘ sind ein Markenzeichen dieser neuen literarischen Polyphonie.

Bibliographie

Chassay, Jean-François 1992, „Un imaginaire amnésique“, in: Boivin Robert/ Comeau Robert (Hg.), *Montréal. L’Oasis du Nord*, Paris. 167-171.

Frédéric, Madeleine 1991, „Montréal, Paris: mégapoles schizophrènes? La Québécoite de Régine Robin ou quand la stylistique s’ancre dans l’Histoire“, in: Frédéric, Madeleine (Hg.), *Montréal, mégapole littéraire. Actes du Séminaire de Bruxelles (Septembre-Décembre 1991)*, Bruxelles. 129-132.

Giguère, Roland 1992, „Vue de Montréal“, in: *Montréal-Agenda d’art 1992*, Montréal. 74.

Leclerc, Catherine/Simon, Sherry 2005, „Zones de contact. Nouveaux regards sur la littérature anglo-québécoise“, in: *Voix & Images* 90, Bd. XXX. 15-29.

Majzels, Robert 1997, *City of Forgetting*, Toronto.

---

sion des kanadischen Bilinguismus. Sie betonen den privilegierten Platz, den die Literatur in der Begegnung zwischen den zwei offiziellen Kulturen des Landes einnimmt, und geben der Hoffnung Ausdruck, dass das gegenseitige Unverständnis (‚l’incompréhension mutuelle‘) endgültig überwunden werden kann. Dieser positive Appell findet seine Ergänzung in einer Formulierung Marco Micones: „Au Québec, la littérature ne s’écrit pas qu’en français. Plurilingue et territorialement définie, elle est la meilleure illustration de la nouvelle identité québécoise fondée autant sur des valeurs civiques et l’appartenance à un territoire que sur le partage des imaginaires et des mémoires.“ (Leclerc/Simon 2005: 17, Fußnote 18)

Majzels, Robert 1998/1999, „Anglophones, francophones, barbarophones: écrire dans une langue rompu", in: *Québec Studies* 26, 17-21.

Mallets, Marilú 1981, *Les Compagnons de l'horloge-pointeuse. Nouvelles*, Montréal.

Mallet, Marilù, 1986, *Miami Trip. Nouvelles*, Montréal.

Proulx, Monique 1996, *Les Aurores montréales*, Montréal.

Marcotte, Gilles 1998/99, „Neil Bissoondath disait", in: *Québec Studies* 26/6. 6-12.

Moss, Jane 2005, „Representing Montréal Algérians on Stage and Screen", in: *Québec Studies* 38. 25-35.

Ondaatje, Michael 1987, *In the Skin of a Lion*, Toronto.

Péan, Stanley, 1988, *La plage des songes et autres récits d'exil. Huit nouvelles fantastiques*, Montréal.

Péan, Stanley 1992, *Sombres allées et autres endroits peu hospitailers. Treize excursions en territoire de l'insolite*, Montréal.

Richard, Jean-Jules 1970, *Faites leur boire le fleuve*, Montréal. 11.

Roy, Bruno 1991, *Pouvoir chanter. Essai d'analyse politique*, Montréal.

Royer, Jean (Hg.) 1987, *La poésie québécoise contemporaine*, Montréal/Paris. 210.

Simon, Sherry 1996, *Gender in Translation. Culture and Identity and the Politics of Transmission*, London.

Sirois, Antoine 1968, *Montréal dans le roman canadien*, Montréal.

Straram, Patrick 1992, „Tea for One (1959)", in: Fredette, Nathalie (Hg.), *Montréal en prose 1892-1992*, Montréal. 357-380.

Ludwig Deringer

„It Is a Fabled City That I Seek": Zum Bild Montréals in der Lyrik A.M. Kleins

Kontexte

In einer künftigen Geschichte der kanadischen Lyrik dürfte der (Groß-) Stadtdichtung unschwer eine bedeutende Stellung zukommen. Über Städtebilder der Lyrik liegen bisher ungleich weniger Arbeiten vor als über die Stadt in der kanadischen Erzählliteratur. Dabei erscheint nicht unwesentlich, dass gerade die Lyrik diejenige Gattung darstellt, in der sich die literarische Moderne in Kanada Bahn brach.[1] Spätestens mit dem Schaffen der *Montreal Group of Poets* während der 1920er Jahre, insbesondere der von ihnen herausgegebenen avantgardistischen Zeitschrift *McGill Fortnightly Review* (1925-1927), ist eine Tradition der (Groß-)Stadtdichtung in dem Sinne anzusetzen, dass die Metropole Wirkungsstätte und zugleich Gegenstand der Dichtung darstellt. Bei den um 1900 geborenen Dichtern, deren Schaffensbeginn noch in die Zwischenkriegsperiode fällt, sowie bei der darauf folgenden Generation stehen Montréal und Toronto im Mittelpunkt; mit Blick auf Montréal sind in erster Linie A.M. Klein, F.R. Scott und Louis Dudek, mit Blick auf Toronto Raymond Souster und Irving Layton zu nennen. Erst später erlangt Vancouver seine Stellung als Zentrum der neuen *West Coast Poetry*, während der 1950er/1960er Jahre etwa mit Earle Birney, in der Postmoderne etwa mit George Bowering oder John Newlove. Nicht zuletzt ist stil- und gattungsgeschichtlich mit der Québecer Metropole der kanadische Beitrag zum Imagismus im Dreieck Montréal – Chicago – London und damit zur Erneuerung der anglophonen Lyrik in Richtung Moderne verbunden – eine frühe internationale Orientierung, die in der Geschichtsschreibung nicht nur der britischen und amerikanischen, sondern eben auch der kanadischen Literaturen bisher meist übersehen wurde.

Der Zusammenhang zwischen dem Motiv ‚Stadt' und den spezifischen Gestaltungsmöglichkeiten der Gattung ‚Gedicht' ist für DichterInnen ebenso wie für ihre KritikerInnen von besonderem Reiz. In ihrer genuinen Verdichtung der vielschichtigen kulturellen Archäologie der Großstadt besitzt Lyrik hohe Aussagekraft. Montréal – Weltstadt, Brennpunkt Nordamerikas, Metropole Kanadas, Spiegel der Provinz Québec

---

[1]   Die im Jahre 1942 anlässlich der 300-Jahr-Feier der Stadt in Montréal unter Federführung der *Canadian Authors Association* erschienene Sammlung *Montreal in Verse: An Anthology of English Poetry by Montreal Poets* enthält konventionelle Jubiläumsgedichte. Die Avantgardisten sind nicht vertreten.

und eine der ältesten Städte des Kontinents (kolonisiert 1642) – ist Inbegriff und Paradigma von Interkulturalität. Aus der Sicht interdisziplinär, transnational und vergleichend orientierter Sprach-, Literatur- und Kulturwissenschaften stellt Montréal einen geradezu idealtypischen Forschungsgegenstand dar, der beispielsweise unter den Aspekten ‚Migration', ‚Sprachkontakt', ‚Kosmopolitismus' und ‚Gedächtniskultur' längst noch nicht ausgelotete Desiderate enthält. Als besonders ergiebig dürften sich Fragestellungen der *Comparative Culture Studies* und der *Postcolonial Studies* mit ihren interdisziplinären Ansätzen erweisen.

Einen Modellfall literarischer Spiegelung von Migrationserfahrungen bietet das Bild Montréals in der Versdichtung des jüdisch-kanadischen Lyrikers, Erzählers und Kritikers Abraham Moses Klein (1909-1972), und zwar aus mehreren Gründen. Klein wird in Ratno in Wolhynien, einem Gebiet der heutigen Ukraine, geboren; seine Familie wandert 1911 nach Montréal aus, das bis zu seinem Tode seine Heimatstadt bleibt. Zum einen repräsentiert der Autor in Leben und Werk zugleich die Erfahrung jüdischer ImmigrantInnen vor dem Ersten Weltkrieg und die Wirklichkeit des Menschen der Moderne als Wanderer. Zum anderen überlagern sich im Montréal des Dichters Repräsentationen anderer Städte unterschiedlicher historisch-kultureller Identität. Herkunfts- und Sehnsuchtsorte sind Kleins Bild der kosmopolitischen Großstadt somit eingeschrieben, Montréal erscheint in seiner kulturellen und literarischen Vielschichtigkeit als Ausdruck spezifischer und universaler Wirklichkeit zugleich. Im Rahmen der Konferenz *Festival of Regional Cultures*, die 1979 an der University of Regina stattfand und an der teilzunehmen der Verfasser der vorliegenden Arbeit Gelegenheit hatte, hob der bereits erwähnte Literaturwissenschaftler und Lyriker Louis Dudek (McGill University) auf die Dichotomie zwischen Regionalismus und Universalität mittels Hegels Begriff des „Konkret-Allgemeinen" ab.[2] In seinem Vorwort zu Kleins erstem Gedichtband *Hath not a Jew* ... (1940) hatte Ludwig Lewisohn unter Bezug auf Goethe und explizit im Hinblick auf A.M. Klein ähnlich argumentiert und das Partikulare, d.h. das ‚Konkrete', in Kleins Ethnizität gesehen (Lewisohn in Waddington 1974: 350). In diesem Sinne schließlich versteht Leslie Fiedler das jüdische Ghetto nordamerikanischer Großstädte als Schnittstelle, „as a barrier between regionalism and universalism" (Greenstein 1981: 127). Das ‚konkrete', ethnisch-regionale Montréal A.M. Kleins hebt sich gegen einen religiös-universalen Horizont ab. Verbindendes Motiv ist die (lebensweltliche und mythische) Figur der Migrantin bzw. des Migranten. Die Gestaltung der Großstadt Montréal in

---

2   Weitere Beiträger waren u.a. Earle Birney, Robert Harlow, Henry Kreisel, Robert Kroetsch, Eli Mandel und Ken Mitchell. Saskatchewan Writers Guild, University of Regina. Conference *Festival of Regional Cultures*, University of Regina, 3.-6. Mai 1979.

Kleins Lyrik kann daher nicht losgelöst von literarischen Städtebildern und deren Traditionen gesehen werden, die er in der jüdischen Kultur vorfindet. In die folgenden Gedichtanalysen werden herangespiegelte Städte wegen ihrer Funktionalität für Kleins Bild von Montréal, seinem Lebens-Mittelpunkt und Identifikationsort, einbezogen, weil dieses ohne jene nicht angemessen beurteilt werden kann. Gelebte und imaginierte Wirklichkeiten konvergieren in Wahrnehmungen urbaner Kulturen, in deren Mittelpunkt Montréal steht.

Das frühe Montréal-Bild des jüdisch-ukrainischen Immigranten

Dialogue (ca. 1930)[3]

Thema dieses frühen Gedichts, bestehend aus zehn paarreimenden Distichen, ist die Fremdheitserfahrung zweier jüdischer Einwanderinnen in der Großstadt. Die Momentaufnahme schildert humorvoll-ironisch eine Alltagssituation auf dem Markt. Es ist die Atmosphäre, die Klein als „our city's local colour" bezeichnet und deren treffende Wiedergabe in Irving Laytons Lyrikband *Here and Now* er noch 1945 als Rezensent schätzt (Klein 1987: 213). Der Beobachter der Szene, der nicht näher bezeichnete Sprecher des Gedichts, wird hellhörig für „jede Wendung" in der Unterhaltung der beiden Frauen (v. 6). Der nicht namentlich genannten Großstadt wird das ‚shtetl' ihrer Herkunft, das ukrainische Ratno (v. 15), als Folie explizit entgegengesetzt. Das Gedicht ist klar strukturiert: Jeweils drei Verspaare bieten die Situationsbeschreibung durch den Sprecher und die kritischen Äußerungen der beiden Frauen, bevor ein Kommentar des Sprechers das Gedicht beschließt. Speisen aus Konservenbüchsen, Wolkenkratzer, ein undurchschaubares Straßenbahnnetz – all dies ruft Desorientierung im Alltag hervor und weckt Sehnsucht „sogar nach den Sümpfen Ratnos" (v. 15). Vor allem aber die sprachliche Fremdheit bewirkt Ausgrenzung: „I chaffer English, and I nearly choke, / O for the talk of simple Russian folk!" (vv. 11-12). Die Erfahrung des kulturellen Zusammenpralls zwischen Alter und Neuer Welt vermittelt das Gedicht durch seinen tragikomischen Ton sowie durch die Juxtaposition von Sprachgebrauchsebene und Wortherkunft. Ironie entsteht durch die Gegenüberstellung von förmlicher Sprache in romanischer und Alltagssprache in germanischer Etymologie: „They laud" (v. 3), „reprimand" (v. 6), „impels / Me hence" (vv. 13-14) als Kontrast zu „foods [...] from cans" (v. 4), „gossip at the wells" (v. 14), „song that tore/The heart so clear it did not ask for more" (vv. 17-18). Ironisch-humorvoll schließlich wirkt das religiöse Vokabular zur Kommentierung banaler Alltäglichkeiten als

---

3   Zitiert wird nach A.M. Klein 1990, *Complete Poems*. Hg. von Zailig Pollock. Verszitate werden dokumentiert wie folgt: Strophe, Vers.

Ausdruck völliger Ablehnung dieser Neuen Welt durch die Immigrantinnen: „each one *bans* / The heathen foods the moderns eat from cans" (vv. 3-4), „I [...] *curse* the traffic" (v. 10), „they both conspire / To *doom* Columbus to *eternal fire*" (vv. 19-20, meine Hervorhebungen). Die Repräsentation sprachlicher Wirklichkeit als gesprochener bzw. gehörter Sprache wird über seine gesamte Schaffenszeit hinweg eine Konstante im Montréal-Bild des polyglotten Dichters Klein bleiben.

Autobiographical (ca. 1942)

Die wesentlichen Unterschiede dieses etwa zwölf Jahre später entstandenen, acht Strophen umfassenden Gedichts zu dem vorhergehenden liegen in Perspektive, Ton und Stimmung. *Autobiographical* hat nichts mehr von der Frische der Marktszene in *Dialogue*. Melancholie kennzeichnet das Empfinden Kleins zwischen der Erinnerung an eine glückliche jüdische Kindheit im Ghetto Montréals und einer aus ungenannten Gründen sich verdüsternden Gegenwartserfahrung des etwa 33-Jährigen:

> [...] Never was I more alive.
> All days thereafter are a dying off,
> A wandering away
> From home and the familiar. The years doff
> Their innocence. (7, 6-10)

Autobiographical ist zyklisch gebaut. Der Gedichtanfang beschreibt in dreifacher Spielart und in syntaktischem Parallelismus die Empfindungsrichtung weg von einer sehr unmittelbar erlebten, behüteten und in zahlreichen Einzelheiten und Nuancen erinnerten Stadtheimat als Verlusterfahrung: „Out of the ghetto streets [...]" (1, v. 1), „Out of the Yiddish slums [...]" (1, v. 3), „Out of the jargoning city [...]" (1, v. 6). Der Gedichtschluss deutet dagegen nur vage die Erinnerungsrichtung an: „It is a fabled city that I seek; / It stands in Space's vapours and Time's haze" (8, vv. 5-6). Den gedanklich-gefühlsmäßigen Rahmen des Gedichts bilden also die Erinnerungen des Ich, den strukturellen Rahmen die Motivsymmetrie zwischen Anfang und Schluss: „Like Hebrew violins / Sobbing delight upon their Eastern notes" (1, vv. 10-11) – „The Hebrew violins, / Delighting in the sobbed Oriental note" (8, vv. 10-11). Das Leben im Ghetto wird mit allen Sinnen, von der Alltagskultur bis hin zu orthodoxer Gläubigkeit, nicht aber als Isolation erfahren. Identität und Sinn werden durch die ethnisch-religiöse Gemeinschaft gewährleistet. Die andauernden Pogrome in Wolhynien während des Zweiten Weltkriegs stellen eine aktuelle Realität dar, die nur durch die Berichte gelegentlicher Besucher („strangers"; 3, v. 8) in das Bewusstsein dringt. Die Mannigfaltigkeit von Sprachen, Sprachebenen und Varietäten, „the jargoning city", und die jiddische Musikkultur bilden zentrale Merkmale einer auch in diesem Ge-

dicht deutlich vom Klanglichen, Hörbaren durchzogenen Großstadtwahr-
nehmung. Ohne in Sentimentalität abzugleiten, ist das Bild Montréals in
Autobiographical ein subjektives, rückblickendes Stimmungsbild einer in
der ersten Hälfte des 20. Jahrhunderts lebendigen ‚yiddishkayt'.

Gegen-Bilder: Jerusalem als Gedächtnis- und Sehnsuchtsort in *Yehuda Halevi, His Pilgrimage* (ca. 1941) und *Elegy* (ca. 1947)

Der Sehnsuchtsort, „a fabled city that I seek", hat in der Geistes- und
Glaubenswelt Kleins einen festen Platz. In seiner von den Psalmen und
der religiösen jüdischen Literatur bestimmten Verskunst gewinnt das Motiv etwa gleichzeitig mit der Entstehung des Gedichtes *Autobiographical*
Gestalt. Handelt es sich in *Autobiographical* auch konkret um das erinnerte Montréal seiner Kindheit, schwingt in der Formulierung doch zugleich die weiterreichende Sehnsucht nach Jerusalem mit. Das Gedicht
Yehuda Halevi, His Pilgrimage steht auf den ersten Blick mit der Mont-
réal-Dichtung in keiner Beziehung, erweist sich jedoch gedanklich als
Bindeglied zwischen Kleins traditionsverhafteten und seinen zeitgenös-
sisch geprägten Gedichten. Gemeinsame Motive beider Entwicklungs-
stränge sind ‚Wanderer' und ‚Stadt'. Das Langgedicht in 42 Strophen zu
je neun Versen erzählt balladesk die geschichtlich verbürgte Pilgerreise
des spanisch-jüdischen Gelehrten Yehuda ben Samuel Halevi (geb. vor
1075 in Toledo, gest. 1141 in Ägypten) nach Jerusalem zur Zeit der
Kreuzzüge. Das Gedicht greift intertextuell auf den Minnesang zurück: Im
Traum vernimmt Halevi den Ruf einer Prinzessin in Gefangenschaft nach
Befreiung. Er erkennt in ihr eine Personifikation Jerusalems, pilgert von
Spanien zur heiligen Stadt und trägt in der Manier des Minnesängers seinen Lobpreis Gottes vor. Obwohl – auch dies geschichtliche Tatsache –
Halevi in der Fremde zu Tode kommt, hat Jerusalem seinen Lobpreis ver-
nommen und ist – dies das letzte Wort des Gedichts – ‚getröstet' („comfor-
ted", 42, v. 9). Toledo, Cordova, Cairo, Demieyet und Iskandahar (Alexan-
dria) bezeichnen die Stationen, die Halevi durchwandert, unterwegs nach
„the glorious Hierusalem" (31, v. 9), zur „princess Zion" (33, v. 2), präfi-
guriert in den urzeitlichen Stätten der Begegnung Israels mit Jahwe: „Pe-
niel!Bethel!Mahanayim!sod / Where walked thy saints, where rests the
Immanence, / Whose gates are open to the gates of God" (35, vv. 1-3).
Wanderung und Zufluchtsstätte, aber auch bleibende Sehnsucht sind Aspekte, die Kleins Bild von Jerusalem mit seinem Bild von Montréal verbinden; sie gewinnen höchste Aktualität im Zionismus des Dichters während der Judenverfolgungen des 20. Jahrhunderts und zur Zeit der Grün-
dung des Staates Israel. Schon etwa zehn Jahre vor *Yehuda Halevi, His
Pilgrimage* hatte Klein das alte und das moderne Jerusalem zusammenge-
sehen, seinerzeit als Übersetzer des Gedichts *Mother Jerusalem* von Uri

Zvi Greenberg (1894-1981), der Mitglied einer Gruppe von Dichter-Emigranten aus Osteuropa nach Israel zur Zeit der Staatsgründung war (Pollock 1990, *Part 2*: 1036-1037). Das Urbild der Stadt in den Weltkulturen bleibt in der Imagination des Montréaler Dichters Jerusalem.

Antagonistische Gegenentwürfe in Kleins Städtebildern stellen die Stätten des Unheils dar: die Orte der Ermordung der Juden durch die Nazis, in *Elegy* als Abbilder von Sodom und Gomorrah bezeichnet (5, v. 2 und 5, v. 7). Die Schärfe der Anklage und die Bitte des Dichters an Gott zielen auf die Sammlung der zerstreuten Überlebenden in der Stadt Gottes: „Forgo the complete doom! The winnowed, spare!" (9, v. 3) und: „Towered Jerusalem and Jacob's tent / Set up again […]" (9, vv. 9-10). Der Zerfall der Humanität und Zivilisation ereignet sich in den Konzentrationslagern und auf den Schlachtfeldern des Zweiten Weltkriegs. In expressiver Bildersprache stellt Kleins Umdichtung des vierten Psalms den Weiden Abrahams als Orten des Friedens die Schauplätze des Luftkrieges entgegen: „The fierce carnivorous Messerschmidt, / The Heinkel on the kill" („Psalm IV", 2, vv. 3-4). Es sind diese Städte und Stätten, die unausgesprochen als extremer Gegenhorizont zu Montréal in Kleins Dichtung stets gegenwärtig bleiben.

Kleins Identifikationsort

Der Mikrokosmos: *Montreal* (ca. 1944)

Als eines der bekanntesten und am häufigsten anthologisierten Gedichte Kleins lässt sich das autobiographische *Montreal* unter verschiedenen Gesichtspunkten als Modelltext lesen. Im Gedicht kommen in mancherlei Hinsicht Techniken des Imagismus zur Verwendung, es unterscheidet sich von diesem aber in seinem Verzicht auf radikale Abstraktion und in der Annahme einer transzendenten Wirklichkeit: „City, [...] you are vision'd as / A parchemin roll of saecular exploit / Inked with the script of eterne souvenir!" (8, vv. 1-3).

Im Gebrauch des ‚image' als Strukturelement und/oder als Intertext sowie im Gebrauch stilisierter Alltagssprache liegt ein zentrales Charakteristikum der Modernität Kleins. Hierin zeigt sich der Einfluss Ezra Pounds. Die Vertrautheit Kleins mit Pounds Werk ist der Forschung wohlbekannt. Klein lehrte zeitweilig amerikanische Lyrik und ließ in seinen Lehrveranstaltungen seine Studierenden als ‚Creative Writing'-Übungen u.a. Parodien auf Pounds *Cantos* schreiben[4]; er selbst verfasste das sarkastische, von ihm als ‚Rezension' bezeichnete Gedicht *Cantabile: A Review of the Cantos of Ezra Pound* (1948). In der Diskussion eines

---

4   Caplan Usher/Steinberg M.W. 1987, Anm. zu Kleins „Cantabile", in: Klein 1987, *Literary Essays*, 410.

möglichen, wahrscheinlichen oder tatsächlichen Einflusses Pounds auf Klein überzeugt das abgewogene Urteil Darlene Kellys, die Pound als „Klein's teacher, guide, and mentor" sieht (Kelly 1998: 99) und folgert: „Even if Klein had so wished, he could not have escaped Pound's influence." (Kelly 1998: 71) Damit ist Klein künstlerische Unabhängigkeit natürlich in keiner Weise abgesprochen. Ohne Zweifel stellt *Montreal* ein eigenständiges Werk von Rang dar.

Ein zweiter Grund, der es erlaubt, *Montreal* als modernistisches Gedicht im Sinne Pounds zu verstehen, liegt in der Absicht des Dichters der *Cantos*, die Vergangenheit für die Gegenwart bedeutsam werden zu lassen (Cookson 2001; Link 1984): „[…] All present from your past!" (3, v. 8). Dies geschieht auf formkünstlerischer Ebene nicht weniger eindringlich als auf thematisch-gehaltlicher. Montréal ist zur Heimat des gläubigen jüdischen Einwanderersohnes geworden, die mit seiner persönlichen Identität untrennbar verbunden ist – „For all my mortal time", wie der letzte Vers betont (8, v. 8). Das acht Strophen zu je acht Versen umfassende Gedicht reiht einzelne ‚images' gewissermaßen als Stationen der Stadtgeschichte aneinander und zeigt in Aufbau und Themenführung die Durchdringung der Gegenwart durch die Vergangenheit, verbildlicht gleichsam als Umzug (‚pageant') der Geschichte bis ins Heute des Sprechers. Doch ebenso durchdringt Vergangenheit die Gegenwart in der intertextuell-ironischen Abwandlung von Formmustern der klassischen Rhetorik sowie im Spiel mit dem Multilingualismus Montréals. Der Gedanke der ‚Migration' wird damit zu einem metapoetischen Konzept. Nicht zuletzt verweist es auf die Grenzüberschreitung und Internationalität Montréals und seiner Literatur.

Montreal als Ganzes stellt in Form der Invokation und Apostrophe eine Travestie des klassisch-humanistischen Städtelobgedichts (‚laus urbis') dar. Alle Strophen – gelegentlich auch einzelne Verse – enden in Ausrufen. Erneut herrschen das Sichtbare und das Hörbare vor, was der Dichtungstheorie des Imagismus entspricht: „[…] I do languish for your scenes and sounds" (7, v. 2). Der Aufbau spiegelt geschichtliche Epochen von der Kolonialzeit bis zum 20. Jahrhundert im ‚Lauf der Geschichte', erinnert vor allem aber an die Menschen Montréals und vergegenwärtigt sie: „You populate the pupils of my eyes:" (2, v. 2), „the Indian" (2, v. 2), „*Coureur de bois*" (3, v. 3), „Seigneur", „Scot" (3, v. 4), „voyaged mariners" (3, v. 6), „and personage departed" (3, v. 7). Die Vergangenheit der Ureinwohner, der ‚Entdecker', der Waldläufer als Dolmetscher, Kulturmittler und ‚Vor-Läufer' der Eroberung, die Vergangenheit der Grundbesitzer und Kaufleute – all dies manifestiert sich in der Wahrnehmung des Ich insbesondere als die Vergangenheit von Sprachen als Kontakt und Interferenz, eine Multilingualität, die in der Gegenwart fortbesteht. Dieses

Ich charakterisieren Sprachgefühl und Sprachreflexion, zudem seine
wertschätzende Haltung gegenüber Fremdsprachen und der weltoffenen
Atmosphäre, die sie erzeugen. Dies bringt konzentriert die vierte Strophe
zum Ausdruck, die als Gelenkstück die Bewusstseinswirklichkeit von
Vergangenheit und Gegenwart überblendet und Montréal spielerisch-iro-
nisch als Begegnungsstätte von Weltsprachen imaginiert:

> Sonnant though strange to me; but chiefest, I,
> Auditor of your music, cherish the
> Joined double-melodied vocabulaire
> Where English vocable and roll Ecossic,
> Mollified by the parle of French
> Bilinguefact your air! (4, vv. 3-8)

Metaphorisch kommen mit den Handelsschätzen ‚Wortschätze' („lexicons", 4, v. 2) in ihrer ‚Vielfalt' in der Hafenstadt an: „Grand port of na-
vigations, multiple / The lexicons uncargo'd at your quays" (4, vv. 1-2).
Es ist vorrangig die *Klangwirkung* der Sprachen, die das Ich gleichsam
‚anspricht'. Im Vordergrund steht das sprachliche *Miteinander*, nicht die
Konkurrenz: englisches Wort in schottischem Akzent, ‚abgemildert'
(„Mollified", 4, v. 7) durch frankophone Klangbilder.

Mit der Wahrnehmung des urbanen Raumes als atmosphärische Verdichtung lautlicher, intonatorischer und lexikalischer Wirklichkeit erhält
das Gedicht metapoetische Züge. Die sprachlich-kulturelle Vielstimmigkeit Montréals findet in der Sprachkunst Kleins einen besonderen Widerhall als ‚jeux d'esprit', in launigen, gleichwohl funktionalen Sprachexpe-
rimenten. Im *Wortschatz* evozieren die authentischen Ortsnamen „Hochelaga" (5, v. 1) und „Ville-Marie" (2, v. 3) die Multiethnizität der Stadt. In
der *Wortbildung* erreichen dies zusammengesetzte Wörter, jeweils als
‚stunt', also als Einmalprägung Kleins, wie das französisch-englische
Pseudopartizip „escalier'd" (1, v. 6) oder die finite Form „Bilinguefact"
(4, v. 8), die als Portmanteau-Wort französische, englische und lateini-
sche Morpheme verschmilzt. Ferner verwendet Klein französische Syntax
bei nachgestellten Adjektiven, etwa „archives architectural" (3, v. 2). In
Verbindung mit Positionsfiguren der klassischen ‚elocutio' wird die Stil-
wirkung des modernen Gedichts noch einmal gesteigert, wenn das Adjek-
tiv in „Splendour erablic" (1, v. 4) als ‚epitheton ornans' fungiert oder
wenn im Chiasmus englisch-französischer Etymologien die Polyphonie
Montréals anklingt: „English vocable and roll Ecossic" (4, v. 7). Obwohl
selbst vielsprachig, schrieb Klein ausschließlich in Englisch (Caplan zit.
nach Anctil/Caldwell 1984: 219).

Die Gegenwart Montréals ist ebenso wie seine Geschichte für das Ich
Anlass des Feierns. Nun übertönt die Realität von Industrieproduktion,

Fabrikabläufen und Arbeitswoche die zum Verstummen gebrachte indigene Vergangenheit („hushed Hochelaga!", 5, v. 1):

> But for me also sound your potencies,
> Fortissimos of sirens fluvial,
> Bruit of manufactory, and thunder
> From foundry issuant, all puissant tone
> Implenishing your hebdomad [...] (5, vv. 2-6)

Hydroelektrik, Maschinenlärm und das Getöse im Gießhaus werden metaphorisch und onomatopoetisch als Industriemusik stilisiert: „Fortissimos of sirens fluvial" (5, v. 2), hervorgehoben durch [f]-Alliteration; „Bruit of manufactory, and thunder / From foundry issuant, all puissant tone" (5, vv. 3-4), ebenfalls unter Verwendung von [f]-Alliteration, Lautmalerei („issuant"), Assonanz und Konsonanz („issuant" – „puissant"). In dem Gedicht herrschen insgesamt das Wortfeld ,Musik' und die Musikalität des Stils – in der Rhetorik der Klangfiguren – vor, die in technischer Präzision eingesetzt werden. Das Ich bezeichnet seine Beziehung zu Montréal – baukünstlerisch herausgehoben in der Gedichtmitte – folgendermaßen: „I, / Auditor of your music" (4, vv. 3-4) und definiert am Gedichtschluss in symmetrischer Entsprechung und trilingualer Etymologie einen Wesenszug seiner Stadt: „You are in sound, chanson and instrument!" (8, vv. 4) In der avantgardistischen Zeitschrift *Preview* schreibt „A.M.K." im September 1944 über *Montreal*:

> Suiting language to theme, the following verse [...] is written in a vocabulary [...] so that any Englishman who knows no French, and any Frenchman who knows no English (save prepositions – the pantomime of inflection) can read it intelligently. It contains not a word, substantive, adjectival, or operative, which is not either similar to, derivative from, or akin to a French word of like import; in short, a bilingual poem. (Pollock 1990, *Part 2*: 997f.)

Die Wiedergabe visueller Eindrücke endet mit der Vision als Metapher: „City, O city, you are vision'd as / A parchemin roll of saecular exploit / Inked with the script of eterne souvenir!" (8, vv. 1-3). Im Bild der ,säkularisierten Schriftrolle' verwebt der Dichter eine modernistische Komponente, die die Stadt als ,Text' begreift, eine historische, die wie im Motto Québecs – „Je me souviens" – Montréal als Ort des kulturellen Gedächtnisses evoziert, und eine zeitlose, die der religiösen Vorstellung Kleins entstammt. Ist es ein Widerhall von Psalm 48, eines Lobpreises Zions? Die Formulierung „you rest *forever* edified / With <u>tower</u> and dome" *könnte* eine Anlehnung darstellen. Zudem handelt es sich sowohl im Gedicht als auch im Psalm um den Schluss: „Walk about Zion [...] tell the <u>towers</u> thereof. Mark ye well her bulwarks, consider her palaces [...] For this God is our God *for ever and ever* [...]" (Psalm 48, vv. 12-14). Es ergäben sich also folgende Entsprechungen: „eterne" – „for ever and ever",

„tower and dome" – „towers", „edified" – „bulwarks". In dieser Lesart
stünde Jerusalem als Urbild in der Archäologie von Kleins Montréal.

Gesellschafts- und Rassismuskritik in *Parade of St. Jean Baptiste* (ca. 1947), *Pawnshop* (ca. 1942) und *Indian Reservation: Caughnawaga* (ca. 1945)

Klein beschreibt das Gedicht *Parade of St. Jean Baptiste* ähnlich wie zuvor *Montreal*: „This is one in a series of experimental poems making trial
of what I flatter myself to believe is a ‚bilingual language' since the vo-
cabulary [...] is mainly of Norman and Latin origin." (Pollock 1990, *Part
2*: 1021) Ferner verwendet er auch hier das gleiche Strukturmotiv, allerdings im konkreten Sinne: als Umzug, der den ‚Lauf der Geschichte' zum
alljährlichen Volksfest am Johannistag, dem inoffiziellen ‚Nationalfeier-
tag' der Provinz, veranschaulicht. *Parade of St. Jean Baptiste* betont den
Charakter Québecs als „nation" (5, v. 8) von seinen kolonialen Anfängen
unter dem Toponym „*infidelium partes*" (6, v. 2) bis zur Gegenwart. Anders als in *Montreal* steht die Gegenwart im Vordergrund; Tagespolitik
und Gesellschaftskritik dominieren; der Ton ist stärker satirisch und ironisch. Die Zuschauer am Straßenrand werden vom Ich als „habitants of
the fumed and pulverous city / immured in granite canyons and constrict"
(4, vv. 8-9) gegrüßt, die anwesenden Lokalpolitiker von den Bürgern satirisch unter Beschuss genommen: „These are not allegorical; the people /
familiar still, as if with candidates, cry out allusions, scandals; parodize /
the clichés and the rhetoric suave" (7, vv. 7-10). Ironisiert werden vom
Sprecher des Gedichts schließlich die neureichen Emporkömmlinge im
Umzug: „the seigneurie / of capital [...] / [...] the pulp magnifico, / and
this the nabob of the northern mine" (8, vv. 3-6).

In *Pawnshop* wird der sozialkritische Ton zunehmend bitterer, wenn
das Pfandleihhaus als Sinnbild einer Gegenwart präsentiert wird, die
Menschen marginalisiert und zerstört: „Synonym / of all building, our
house, it owns us; [...]" (5, vv. 4-5). Als Auswuchs eines Wucherkapital-
ismus wird es assoziiert mit den alttestamentlichen Urstädten des Übels:
„Shall one not curse it, therefore, as the cause, / type, and exemplar of our
social guilt? / Our own gomorrah house, / the sodom that merely to look
at makes one salt?" (5, vv. 7-10). In *Indian Reservation: Caughnawaga*
wird Klein als Angehöriger einer Minderheit zum Fürsprecher oder Mit-
streiter einer *anderen* Minderheit: Der Dichter klagt an, weil durch Rassismus den Ureinwohnern ihre kulturelle und räumliche Identität genommen worden sei: „With French names" (3, v. 2) – „Their past is sold in a
shop" (4, v. 1) – „This is a grassy ghetto, and no home" (5, v. 1).

Welt-Stadt Montréal: *Grain Elevator* **(ca. 1945)**

Dieses vierstrophige Gedicht arbeitet mit Mitteln moderner Formenspra-
che wiederum bis hin zu metapoetischen Elementen. Das Getreidesilo im
Hafen von Montréal figuriert als lokale, krude Objektivation der Idee
weltumspannender menschlicher Gemeinschaft in multirassischer Vielfalt. Die Schlussstrophe lautet:

> A box: cement, hugeness, and rightangles –
> merely the sight of it leaning in my eyes
> mixes up continents and makes a montage
> of inconsequent time and uncontiguous space.
> It's because it's bread. It's because
> Bread is its theme, an absolute. Because
> Always this great box flowers over us
> With all the coloured faces of mankind…. (Kleins Ellipse)

Der Speicher erscheint als ‚Gefängnis' für den Weizen der Prärieregion
mit Saskatchewan als pars pro toto („prison of prairies", 2, v. 6 bzw.
„beached bastille", 2, v. 8). Personifiziert als „blind and babylonian" (1,
v. 2), wirkt der ‚Kasten' (4, v. 1) in der Wahrnehmung des Ich monströs
und zeitlos. Zeit wird ‚bedeutungslos' (4, v. 4), Räumlichkeit ‚aufgelöst'
(4, v. 4). Verschifft in alle Welt, verbindet Brot als Realsymbol des Lebens
die Menschheit und ist für das Ich „an absolute" (4, v. 6). Sinnträger des
Gedichts ist der metonymische Nexus zwischen einem ‚concretum' und einem ‚universale', im Falle des Brotes einem ‚universale' als biblischem
Symbol. Im Zusammenhang mit dem motivverwandten Gedicht *Bread*
spricht Klein von „a democracy that knows not class nor distinction, the
democracy of humanity, where common elements are taken as the hearts,
the navel cords which bind one to the other […] No one can exist without
bread" (Pollock 1990, *Part 2*: 997, Verweis durch Pollock 1008). Die mittels Alliteration zusammengebundene Wortfolge „mixes up […] makes a
montage" (4, v. 3) spiegelt durch die jeweilige Wortbedeutung der stabrei-
menden Glieder die Aussage des Gedichts und benennt darin gleichzeitig
metapoetisch Verfahrensweisen modernistischer Dichtung.

Die Aussagekraft des Montréal-Bildes in der Lyrik A.M. Kleins

Wie unsere Analysen zeigen, wird durch die Kenntnis seiner Großstadt-
dichtung eine differenziertere Beurteilung der Modernität des Lyrikers
Klein möglich. In seinem lyrischen Gesamtwerk nehmen die Montréal-
Gedichte nicht zahlenmäßig, wohl aber in ihrer paradigmatischen Aussagekraft eine wichtige Stellung ein. An Kleins Bild von Montréal, das stets
Bilder anderer Städte zwischen Ratno und Jerusalem intertextualisiert
und mit ihnen korreliert, lässt sich eine Reihe von Zügen studieren, die

unter werkgeschichtlichen oder literarhistorischen Gesichtspunkten reprä-
sentativ erscheinen. Hervorzuheben ist zuallererst die *Dualität* ethnischer
und kosmopolitischer Identität in Leben und Werk. Im Sinne der Dich-
tungsauffassung der klassischen Moderne, speziell Pounds, dass es Aufgabe jeder Generation sei, sich des Erbes der Vergangenheit je neu zu
vergewissern (Cookson 2001; Link 1984), schreibt Klein jüdische und
Québecer Kulturgeschichte in das kulturelle Gedächtnis Kanadas ein.

Er verkörpert darin den ,poeta doctus‘, der klassische wie moderne
Weltsprachen und Kulturtraditionen, speziell die Gelehrsamkeit *seiner*
theologisch-literarischen Kultur, *analog* den Amerikanern und Anglo-
Iren wie T.S. Eliot, Ezra Pound oder William Butler Yeats, gleichsam als
Montage zusammenbringt.[5] Die multikulturelle, ebenso geschichts- wie
zukunftsträchtige Weltstadt fungiert als Kristallisationspunkt phantasie-
schöpferischer Verdichtung. Überblendungen geschichtlicher und aktuel-
ler Ereignisse, „bilinguale" Lexis, präzise Versprachlichung visueller und
akustischer Wahrnehmungen, sprachliche Konzentration von der phono-
logischen zur textuellen Gestalt des Gedichts und schließlich bis hin zu
metapoetischem Sprachbewusstsein sind Charakteristika modernistischer
Lyrik und Poetik. Die Gestaltung kosmopolitischer Wirklichkeit verlangt
nach realistischer Sprache: der Repräsentation der „jargoning city" (*Autobiographical*, 1, v. 6). Besondere Aufmerksamkeit für Phonetik und Pro-
sodie bildet deshalb einen charakteristischen Grundzug in Kleins Montréal-Bild. Der kosmopolitische Charakter der Stadt findet eine kongeniale
Entsprechung in der Sprachgewandtheit eines Verskünstlers „intimately
familiar with Hebrew, Yiddish, Latin, Italian, and French as well as English" (Golfman 1991: 12), der zugleich als Übersetzer von Versdichtung
aus dem Aramäischen, Hebräischen, Jiddischen und Lateinischen wirkt
(Pollock 1990, *Part 2*: 721-872). Es liegt auf der Hand, dass die Interkulturalität des Sprachkünstlers zuallererst im Medium Sprache fassbar wird.
Kleins Rolle als Kulturmittler zwischen Judentum und kanadischer Gesellschaft, aber auch zwischen kanadischen und amerikanischen Dichter-
schulen ist nicht denkbar ohne seinen Multilingualismus.

Kleins Montréal markiert einen der Anfangspunkte beim Eintritt der
kanadischen Lyrik in die Moderne. Wie unsere Analysen nahelegen,
scheint insbesondere die Wirkung Ezra Pounds auf ihn stärker gewesen
zu sein als bisher angenommen (vgl. auch Kelly, oben). Zwar sieht Bernhard Beutler (1978) Klein „zweifellos" unter denjenigen „Dichtern der
McGill Fortnightly Review, die Eliot mehr verdankten als Pound" und ur-
teilt zu Recht: „Imagismus in seiner reinen Form spielt bei Klein keine

---

5   Der Lyriker Earle Birney schrieb 1941 in einer Rezension zu Kleins *Hath Not a Jew ...*:
     „Who but a Talmudic scholar [...] can enjoy a poem made up of references like the follow-
     ing [...]?", in: *Canadian Forum*, Februar, 354. Zit. bei Golfman 1991, 40, Anm. 22.

[...] Rolle." (Beutler 1978: 87) In einem umfassenderen Sinne allerdings sind die Grundzüge der Poetologie Pounds bei Klein gleichwohl verwirklicht.

Die ästhetische Umsetzung seiner Ethnizität gegen eine bis zur Zwischenkriegszeit konventionelle kanadische Lyriktradition liefert einen weiteren Nachweis der Neuerungskraft Kleins. Selbst innerhalb der *Montreal Group of Poets* war er einer der Ersten, die die Großstadt als Motiv oder Thema durchgängig gestalteten, und er hat auch darin Ernst gemacht mit der Umsetzung programmatischer Auffassungen der Modernisten. Es ist der Dichter aus einer Einwandererkultur, der urbane Lebenswirklichkeit und das Idiom der Großstadt in eine moderne Gedichtsprache transformiert, während selbst noch bei A.J.M. Smith und F.R. Scott Landschaft und Natur im Vordergrund stehen. Sofern bei der vorhergehenden Generation des Fin de Siècle, den *Confederation Poets,* die Stadt überhaupt von Bedeutung wird, ist es die Stadt der Spätromantik wie in Archibald Lampmans *The City*, die apokalyptisch-nihilistische Stadt wie im Gedicht *The City of the End of Things* desselben Dichters (verwandt Poes *The City in the Sea*) oder aber laut Bentley (1984) die moderne *amerikanische* Metropole wie in Sir Charles G.D. Roberts' *New York Nocturnes*. Mit dem Entwurf eines realistischen Großstadtbildes Montréals hat Klein der kanadischen Lyrik einen deutlichen Innovationsimpuls gegeben.[6]

Unter dem Blickwinkel kanadisch-amerikanischer literarischer Wechselbeziehungen lohnt es, über Vergleiche mit einzelnen Lyrikern hinaus, Klein im Rahmen des internationalen Literaturtransfers zu sehen. Als Autor, Übersetzer, Kritiker und Universitätsdozent trägt der Kulturmittler die Funktion seiner Stadt mit, die im weiteren Sinne sozusagen als ‚institutionelle' Mittlerin agiert. In diesem Zusammenhang hoch zu veranschlagen sind die Tatsachen, dass Klein schon früh Beiträger zur *McGill Fortnightly Review* war, dass er immerhin drei Jahre lang, von 1945 bis 1948, als „visiting lecturer in poetry at McGill University" lehrte[7] und dass er 1946 ebendort einen „Modern American Poetry course [sic]" durchführte.[8] Zu seinem Bild der Kosmopolis gehört folglich deren Vermittlerrolle. Durch seine persönliche Mitwirkung hat er selbst indirekt Anteil an einer Entwicklung der nordamerikanischen Lyrik, die noch mindestens ein Jahrzehnt fortdauern und den Rang Montréals als Drehkreuz bedeutsamer Kulturtransfers festigen sollte:

---

6   Einer der wichtigsten kanadischen Dichter-Rezipienten Ezra Pounds dürfte nach dem gegenwärtigen Stand der Forschung Louis Dudek (1918-2001) gewesen sein.

7   Pollock, Zailig, Caplan, Usher, in: Klein 1994, *Notebooks*, xxviii.

8   Siehe Anm. 4.

The American poetry connection [of the *McGill Fortnightly Review*] was
maintained into the 1950s by Raymond Souster, who, with the support of
Louis Dudek and, later, Irving Layton, edited *Contact* (1952-4), which published the work of the American Black Mountain poets Robert Creeley and
Charles Olson. The connection worked both ways, with Layton becoming a
contributing editor of the *Black Mountain Review*, and the American periodi-
cal *Origin* devoting special issues to Layton and Margaret Avison. (O'Brien
2002: 1145)

Eine ähnlich grenzüberschreitende Zusammenarbeit fand an der Westküs-
te, in Vancouver, zwischen den amerikanischen *Black Mountain Poets*
und der kanadischen Gruppe *Tish* statt. Als osteuropäischer Jude in Fran-
kokanada als einem Teil Nordamerikas ist Klein in mehrfacher Hinsicht
marginalisiert, als Mit-Leidender des Holocaust traumatisiert. Die Verflechtungen des Lokalen und Ethnischen einerseits mit dem Kosmopolitischen und Universalen andererseits bilden die Kennmarke einer für ihn
interkulturell tragfähigen Identitätskonstruktion. Klein verleiht der so genannten ‚Judeo Christian Tradition' auf seine Weise neue Bedeutung angesichts der Schrecknisse und Verbrechen des 20. Jahrhunderts. Die religiöse Vorstellung Jerusalems als Urbild, Gedächtnis- und Zukunftsort
bildet die Grundlage für seine Idee einer Weltgemeinschaft als „democracy of humanity". Aufschlussreich erscheint ferner, dass er seine Zustim-
mung zur Dichtung Robert Frosts zum Ausdruck bringt (*Literary Essays*:
186f.), eine Affinität, die in der Verbindung von Partikularität und Universalität begründet sein mag, die beiden Dichtern, jedem auf seine Weise, entscheidend wichtig war. Klein nimmt bereits in der Zwischenkriegsperiode und während des Zweiten Weltkriegs wichtige Fragestellungen
der kanadischen Gegenwartsliteratur und der gegenwärtigen kanadischen
Interkulturalitätsdebatte vorweg, indem er die vielfache wechselseitige
Durchdringung der „limited cultural identities" (J.M.S. Careless) wie
Ethnizität, Klasse und Religion erkennt und die Unabdingbarkeit eines
Zusammenlebens aller Bevölkerungsgruppen und der Weltgemeinschaft
in Respekt und Toleranz einfordert. In dieser Auffassung könnte man ein
Paradigma erblicken, das Heinz Paetzold aus Sicht der interkulturellen
Philosophie als „den Widerstreit zwischen dem egalitär-universellen
Prinzip der gleichen Würde aller Menschen und dem partikularen Prinzip
der Differenz" bezeichnet (Paetzold 2002: 346-47).[9] Paetzold plädiert für
eine Überwindung von Multikulturalität hin zu Interkulturalität, in der die
verschiedenen Partikularkulturen im beständigen Gespräch miteinander
stehen (Paetzold 2002: 356-58).

A.M. Klein war wohl der erste, kanadische Dichter der die Idiome alt-
jüdischer Literatur und moderner anglophoner Lyrik verband und vermit-

---

9   Vgl. Hagenbüchle 2002 und Hagenbüchle 2006.

telte. Als Modernist hat er kulturellen, sprachlichen und literarischen Identitäten neuen Ausdruck gegeben bzw. seine Einwandererkultur der Heimatstadt – und nicht nur ihr – neu bewusst gemacht. Ein zentrales Prisma dieses vielschichtigen Prozesses bildet sein interkulturelles und kosmopolitisches Bild Montréals.[10]

Bibliographie

Anctil, Pierre/Caldwell, Gary 1984, *Juifs et réalités juives au Québec*, Québec.

Birney, Earle 1941, Rev. of „*Hath Not a Jew ... By A.M. Klein*", in: *Canadian Forum*, February. 354.

Bentley, D.M.R. 1984, „Half Passion and Half Prayer: the New York Nocturnes", in: Clever, Glenn (Hg.), *The Sir Charles G.D. Roberts Symposium*, Ottawa. 55-75.

Bentley, D.M.R. 2005, „‚New Styles of Architecture, a Change of Heart'? The Architexts of A.M. Klein and F.R. Scott", in: Dean, Irvine (Hg.), *The Canadian Modernists Meet*, Ottawa (Reappraisals: Canadian Writers 29). 17-58.

Beutler, Bernhard 1978, *Der Einfluß des Imagismus auf die moderne kanadische Lyrik englischer Sprache*, Frankfurt a.M. u.a.

Canadian Authors Association 1942, *Montreal in Verse: An Anthology of English Poetry by Montreal Poets*, Montreal.

Cookson, William 2001, *A Guide to the Cantos of Ezra Pound*, London.

Golfman, Noreen 1991, *A.M. Klein and His Works*, Toronto.

Greenstein, Michael 1981, „Beyond the Ghetto and the Garrison: Jewish-Canadian Boundaries", in: *Mosaic* 14. 121-30.

Hagenbüchle, Roland 2002, *Von der Multi-Kulturalität zur Inter-Kulturalität*, Würzburg.

Hagenbüchle, Roland 2006, „Transcending Hybridity: Recovering Difference", in: *Interculture Journal. Online-Zeitschrift für Interkulturelle Studien* 1. 1-15, URL: http://www.interculture-journal.com/ (17.07.2006).

Kelly, Darlene 1998, „A.M. Klein and the ‚Fibbiest Fabricator of Them All'", in: *Canadian Poetry* 43. 70-102.

Klein, A.M. 1974, *The Collected Poems of A.M. Klein*, Hg. mit einer Einführung von Waddington, Miriam, Toronto.

Klein, A.M. 1982, *Beyond Sambation: Selected Essays and Editorials 1928-1955*. Hg. von Steinberg, M.W. und Caplan, Usher, Toronto.

Klein, A.M. 1987, *Literary Essays and Reviews*. Hg. von Caplan, Usher und Steinberg, M.W., Toronto.

Klein, A.M. 1990, *Complete Poems*. Hg. von Pollock, Zailig. 2 Bde., *Part 1: Original Poems, 1926-1934*; *Part 2: Original Poems, 1937-1955 and Poetry Translations*, Toronto.

Klein, A.M. 1994, *Notebooks: Selections from the A.M. Klein Papers*. Hg. von Pollock, Zailig und Caplan, Usher, Toronto.

---

10 Nach Abschluss des vorliegenden Beitrags erschien: Simon, Sherry 2006, *Translating Montreal: Episodes in the Life of a Divided City*, Montreal

Krochmalnik, Daniel 1992, „Halewi, Jehuda ben Samuel", in: Schoeps, Julius H. (Hg.), *Neues Lexikon des Judentums*, München.

Lewisohn, Ludwig 1974, „Foreword to Hath Not a Jew ...". Appendix to *The Collected Poems*. Hg. von Waddington, Miriam, Toronto. 350-52.

Link, Franz 1984, *Ezra Pound: Eine Einführung*, München.

O'Brien, Susie 2002, „United States and Canadian Literature", in: New, William H. (Hg.), *Encyclopedia of Literature in Canada*, Toronto.

Paetzold, Heinz 2002, „Von der Multikulturalität zur Interkulturalität", in: Schmied-Kowarzik, Wolfdietrich (Hg.), *Verstehen und Verständigung: Ethnologie – Xenologie – Interkulturelle Philosophie*, Würzburg. 343-58.

Pollock, Zailig (Hg.) 1984, *A.M. Klein's Montreal/A.M. Klein à Montréal, Journal of Canadian Studies/Revue d'études canadiennes* 19/2.

Pollock, Zailig 1994, *A.M. Klein: The Story of the Poet*, Toronto.

Pollock, Zailig ²1997, „Klein, A.M.", in: Benson, Eugene/Toye, William (Hg.), *Oxford Companion to Canadian Literature*, Don Mills, Ontario. 599-602.

Steinmetz, Sol 1986, *Yiddish and English: A Century of Yiddish in America*, Tuscaloosa, Alabama.

Trehearne, Brian 1999, *The Montreal Forties: Modernist Poetry in Transition*, Toronto.

Elisabeth Damböck

Drei Mal Montreal: ‚Mordecai's Version'

In ihrer Einleitung zu *Montréal Imaginaire* halten Pierre Nepveu und Gilles Marcotte fest, dass es keine kanadischen AutorInnen gäbe, die auf unmittelbare Weise mit Montreal assoziiert werden, wie dies bei Städten wie London, Dublin oder Paris der Fall ist, die mit Dickens, Joyce oder Balzac literarisch verbunden werden. Dies bedeutet keineswegs, dass Montreal keine AutorInnen von Format hervorgebracht habe, aber, so die Argumentation von Nepveu und Marcotte: „ni Gabrielle Roy, ni Hugh McLennan [sic! E.D.], ni Mordecai Richler, ni Réjean Ducharme, pour rester chez les romanciers, ne se sont approprié le label montréalais. Ils sont propriétaires d'une rue, de quelques rues, d'un quartier, plutôt que de la ville même." (Nepveu/Marcotte 1992: 8) Man könnte hier auch den Umkehrschluss ziehen und behaupten, dass Montreal sich einer literarischen Gesamtbetrachtung entziehe, weil es sich nach Hugh MacLennan aus den ‚Two Solitudes' konstituiert habe und sich seither vorrangig durch Multipolarität auszeichne. In Mordecai Richlers Werk entzieht sich die Stadt mit Sicherheit einer Gesamtdarstellung, allein schon deshalb, weil er sich auf nur drei Stadtteile beschränkt, die jeweils für das frankophone, anglophon-britische und jüdische Montreal stehen. Es stellt sich jedoch die Frage, ob Richler, auch wenn er meist in diesem Kontext betrachtet wird, überhaupt darauf abzielt, die frankokanadische Metropole zu porträtieren.

Ort der Perspektivierung: die St. Urbain Street

Mordecai Richler, selbst jüdischer Herkunft, wuchs in der ‚neighbourhood'[1] um die St. Urbain Street auf. Dieses Viertel bleibt Bezugspunkt und Hintergrund seiner Fiktionen sowie Herkunftsort seiner Protagonisten: „an all but self-contained world made up of five streets, Clark, St. Urbain, Waverley, Esplanade, and Jeanne Mance, bounded by the Main, on one side, and Park Avenue, on the other" (Richler 2002: 10). Analog zu ‚Faulkner County', William Faulkners ‚little postage stamp of native soil' um Oxford, Mississippi, das er in seinem Werk als fiktives ‚Yoknapatawpha County' beschreibt, bezeichnet die Kritik Richlers wiederkehrendes Porträt der St. Urbain Street als ‚Mordecai Richler Country'.[2] Dieser Vergleich bezieht sich nicht nur auf die wiederholte Beschrei-

---

bung eines geographischen und sozialen Raumes, sondern auch auf die
Tatsache, dass in Richlers Romanen – wie auch bei Faulkner – manche
Charaktere immer wieder in Erscheinung treten. So findet sich Duddy
Kravitz, der Protagonist aus Richlers erstem großen Erfolg, *The Apprenticeship of Duddy Kravitz,* in späteren Romanen wie *St. Urbain's Horseman* oder dem letzten Werk *Barney's Version* wieder; Verweise auf die
Familie Kravitz sind auch schon im frühen Roman *Son of a Smaller Hero*
anzutreffen. Darüber hinaus beinhaltet sein Roman *Joshua Then and Now*
bereits einen Verweis auf die Gurskys als Schwarzbrenner, die dann in
Solomon Gursky Was Here als Familienclan ins Zentrum der Aufmerksamkeit rücken.[3] Die Analogie zu Faulkner macht einerseits deutlich,
dass es sich auch bei Richler bewusst um die Wahl eines bestimmten Milieus handelt, dessen soziale und ökonomische Beziehungen räumlich
klar definiert und begrenzt sind. Andererseits verdeutlicht dieses Label
der Kritik auch, dass die Präsentation Montreals, beziehungsweise aller
Räume, die in Richlers Werk vorkommen, eindeutig durch die Perspektive der St. Urbain Street geprägt sind. Es handelt sich also nicht um eine
umfassende Darstellung eines Stadtraumes, sondern um eine persönliche
Perspektive auf Montreal, um ‚Mordecai's Version'.

Soziale und sprachliche Topographien einer Metropole

Die von Richler dargestellte räumliche Aufteilung Montreals hat sowohl
historische als auch linguistische Wurzeln. Die spezifische Gliederung
der Stadt in die ökonomisch dominante anglophone Sphäre im Westen
und die frankophone Mittelklasse im Osten sowie den ‚immigrant corridor' dazwischen, der sich vom Hafen nordwärts zwischen dem Boulevard
St. Laurent und der Avenue du Park hinzieht, bestimmten zu Anfang des
20. Jahrhunderts das Stadtbild. Traditionell lebten diese drei unterschiedlichen Gruppen, obwohl sie im gesellschaftlichen Alltag zur Interaktion
gezwungen waren, im Wesentlichen in Parallelwelten innerhalb der Stadt.
Die soziale Stratifikation, die Richler in seinen Romanen darstellt, sowie
die Migrationsströme der reicher werdenden jüdischen Bevölkerung entsprechen auch den Erkenntnissen der Stadtforschung.[4] Ebenso lässt sich
die räumliche Teilung Montreals, der Richler folgt, auch in zahlreichen
anderen literarischen Porträts der Stadt wiederfinden, wie Deslaurier in
seiner Studie feststellt:

> The spatial cleavage between the areas of residence of the French- and Eng-
> lish-speaking populations is a long-standing and much discussed feature of

---

3   Vgl. u. a. *Son of a Smaller Hero,* 53; *St. Urbain's Horseman,* 91, 145ff., 192ff. und 211;
    Barney's Version, 162f., 203 und 240; *Joshua Then and Now,* 348.
4   Vgl. Germain und Rose 2000: 222f.

the city's landscape. It is still common to speak of ‚the East' as the home of a predominantly working-class French population, while the traditionally more business-orientated English Canadians live in the western area of the city. St. Laurent Boulevard stands as the formal, accepted dividing-line between east and west, as it is at this major north-south artery that street addresses begin to progress in either direction. The central business core, and a south-north corridor along major commercial streets (St. Laurent Boulevard, Avenue du Parc), constitute a buffer zone which has traditionally served as a place both of initial settlement and of transition for immigrant groups. (Deslaurier 1994: 110f.)

Dieser Korridor ist Territorium der Herkunft und zugleich Bezugspunkt von Richlers Protagonisten. Die Beschreibung seiner Heimatstadt aus Sicht der jüdischen Immigranten stellt diese satirisch überzeichnet und dreigeteilt dar: Richler reduziert Montreal auf die drei Stadtteile Westmount, Outremont und St. Urbain Street. Gleichzeitig ist jeder dieser Räume linguistisch, ethnisch und ökonomisch markiert: das wirtschaftlich dominante, reiche ‚WASPs'[5]-Westmount, die bürgerliche frankophone Mittelschicht in Outremont und schließlich das yiddische ImmigrantInnen- und ArbeiterInnenviertel um die St. Urbain Street. Zusätzlich ist auch Richlers Zeichnung dieser Räume eine dreifache. Während besonders die nostalgischen Beschreibungen der St. Urbain Street eng mit Kindheitserinnerungen der jeweiligen Protagonisten verbunden sind, erscheinen die kritischen Beobachtungen der sozialen Interaktion häufig moralisierend konnotiert. Vorrangig aber ist Richlers gesamtes Schreiben – als Romancier, Essayist und Kommentator – von seinem humorvollen, beißend satirischen Stil bestimmt, wodurch sowohl Nostalgie als auch Moralpredigt wiederum dekonstruiert werden.

Doch Richlers Protagonisten stammen nicht nur aus dem Viertel des ‚immigrant corridor', sondern sie betrachten und beurteilen das Leben auch nach dessen Standards. Der geographische Raum Montreal wird in seinen Romanen von der St. Urbain Street ausgehend klar hierarchisch strukturiert: „For Montreal's Jewish inhabitants, movement through the city's territory is a long-term process, closely associated to socio-economic ascension." (Deslaurier 1994: 116) Erfolg im Leben misst sich in Richlers Romanen an dem ‚coming a long way since St. Urbain Street'. Erfolg in diesem Sinne bedeutete für die Generation der ImmigrantInnen, sich innerhalb des ‚Ghettos' von der ‚Main Street'[6] hinaufzuarbeiten. Denn „[the] internal division within the Jewish community where spatial

---

5 WASP ist ein politisch inkorrektes, bei Richler häufig zu findendes Akronym und steht für ‚White Anglo-Saxon Protestante'.

6 Die anglophone Bevölkerung bezeichnet den unteren St. Lawrence Boulevard häufig auch als ‚The Main'. Dieser Name spielt auf die Tatsache an, dass diese Straße als ‚Arterie' der ethnischen Migration nach Montreal dient(e).

segregation reflects socio-economic itineraries is just as strong as that between the different ethnic groups." (Deslaurier 1994: 116) Diese sozio-ökonomische Hierarchie innerhalb des Stadtviertels beschreibt Richler explizit in seinen früheren Werken, etwa der Kurzgeschichtensammlung *The Street* (1969). Obwohl das ImmigrantInnenviertel von außen betrachtet homogen wirken mag, stellte die Wohnadresse innerhalb dieses Stadtteils ebenfalls eine subtile soziale Stratifikation dar. Sie bildete im Kleinen nochmals die ökonomische Verteilung in der Metropole nach. Je weiter ,nördlich',d.h. je näher am Mount Royal die BewohnerInnen lebten, desto besser ausgestattet waren auch ihre Unterkünfte. Jedoch fällt auf, dass sich bei Richlers frühen Protagonisten der St. Urbain Street, die das Viertel nicht verlassen, das Bestreben nach ökonomischem und damit geographischem Aufstieg nicht findet:

> Of the five streets, St. Urbain was the best. Those on the streets below, the out-of-breath ones the borrowers, the *yentas*, flea-carriers and rent-skippers [...] On the streets above, you got the ambitious ones. The schemers and the hat-tippers. The *pusherke*s. (Richler 2002: 18f.)

Dass innerhalb des Viertels die eigene Straße idealisiert wird und ein Streben nach Aufstieg im Stadtteil nicht zu beobachten ist, liegt vermutlich daran, dass die Protagonisten hier nur ihre Kindheit verbringen und damit wenig Einfluss auf die Wohnadresse haben. Für diese Kinder der ImmigrantInnen bedeutete Erfolg im eigenen Erwachsenenleben, aus dem ,Ghetto' wegzuziehen, „[to graduate] from the streets of cold-water flats [...] [and] to buy their own duplexes in the tree-lined streets of Outremont" (Richler 1969: 9), „a pretty Montreal suburb, rich in parks, tree-lined streets, elegant houses and modish boutiques and cafés" (Richler 1991: 70). Eine erfolgreiche zweite Generation lernte die Welt kennen, lebte in London oder Paris und kam schließlich zurück nach Montreal, um sich in Westmount, „a traditionally WASP enclave, the most privileged in Canada" (Richler 1989: 164), niederzulassen. „Westmount was where the truly rich lived in stone mansions driven like stakes into the shoulder of the mountain. The higher you climbed up splendid tree-lined streets the thicker the ivy, the more massive the mansion, and the more important men inside." (Richler 1969: 170) Der soziale Aufstieg und damit der Umzug in einen anderen geographischen Raum verlaufen dabei jedoch keineswegs unproblematisch. Wie auch Preston und Simpson-Housley in der Einleitung zu *Writing the City* (Preston/ Simpson-Housley 1994: 11) festhalten, existieren innerhalb des Stadtraumes sowohl sichtbare als auch unsichtbare Grenzen, deren Überschreitung für die Bewohner mehr bedeutet als nur ihren Wohnstil zu verändern. So führt die Sozialisierung im armen jüdischen ImmigrantInnenviertel häufig zu einem von Unsicherheit geprägten Selbstwertgefühl. Eine weitere Konsequenz ist auch, dass die Charaktere die prägende Funktion ihrer Herkunft abstreiten, wobei gerade diese Verhaltensweise sich selbst Lügen straft.

„What on earth is the Boy Wonder?"

Der angesprochene Generations- und Adressenwechsel sowie der soziale Aufstieg der Protagonisten lassen sich in Richlers gesamtem Werk verfolgen: In den ersten Romanen dominiert das St. Urbain Street-Viertel auch als Schauplatz die Handlung. Während Westmount als soziale Kategorie erst in *Duddy Kravitz* vorkommt, verkörpert beispielsweise im zuvor erschienenen *Son of a Smaller Hero* Outremont als Wohnort der Mittelklasse noch den größtmöglichen sozialen Aufstieg: In diesem Roman hilft Wolf als ältester Sohn seinem Vater beim Schrotthandel, seine jüngeren Brüder haben sich hingegen selbständig gemacht und in Outremont niedergelassen. Auch in *The Apprenticeship of Duddy Kravitz* bleibt Westmount für die jüdische Gemeinschaft außer Reichweite. Duddys Bruder Lenny, der durch ein Stipendium an der McGill Universität Medizin studieren kann, versucht um jeden Preis, bei den anglophonen Studierenden der Oberschicht Anschluss zu finden. Dies kostet ihn schließlich beinahe seine zukünftige medizinische Karriere, da er sich überreden lässt, eine illegale Abtreibung vorzunehmen. Lenny wird manipulierbar und schließlich in seinem Streben, die sozialen Barrieren zu überwinden, ausgenützt. Wirklich deutlich werden die Unterschiede zwischen dem ImmigrantInnenviertel der St. Urbain Street und der reichen ‚WASP'-Siedlung jedoch anhand Duddys Konfrontation mit dem Vater des Mädchens, an dem die Abtreibung vorgenommen wurde. Duddy wuchs mit den Geschichten und Mythen rund um ‚Boy Wonder' auf, einem verkrüppelten Mann aus dem jüdischen Viertel, der, aufgrund seiner teils illegalen Geschäftstüchtigkeit, Respekt und Einfluss im St. Urbain-Viertel erreicht hatte. Vom jungen Duddy wurde er deshalb zum Vorbild stilisiert. Duddy muss jedoch erkennen, dass der ‚Boy Wonder' außerhalb des Viertels keine Macht besaß, ja vielmehr unter den wirklich Einflussreichen und Wohlhabenden in der Stadt noch nicht einmal bekannt war: „‚What on earth is the Boy Wonder?' ‚Jerry Dingle – the *Boy Wonder*. You mean you never heard of him?' What, Duddy though, if the truly powerful people in the city knew nothing abut the Wonder? Could it be that Dingleman was only famous on St Urbain Street?" (Richler 1969: 198)

Die späteren Romane präsentieren jeweils Protagonisten, die diesem Idealbild, das Duddy von seiner Zukunft hat, mehr und mehr entsprechen. Jake Hersh aus dem *St. Urbain's Horseman* hat sich zumindest beruflich vom ‚Ghetto' entfernt und lebt in London im Exil, wobei die St. Urbain

Street-Sozialisation eine große Rolle für den weiteren Verlauf seines Lebens spielt. Gleichzeitig hat auch er sich, wie Duddy, einen Helden und ein Vorbild geschaffen. In Jake Hershs Fall ist dies sein Cousin Joey, der wie der ,Boy Wonder' ein Kleinkrimineller ist, jedoch in Jakes Phantasie Naziverbrecher jagt. In den letzten drei Romanen schließlich, *Joshua Then and Now*, *Solomon Gursky Was Here* und *Barney's Version*, haben die Helden den ,Olymp' erreicht. Während Joshua noch in Lower Westmount wohnt und ihn dies häufig vor finanzielle Schwierigkeiten stellt, residieren die Gurskys ganz oben am Mont Royal. Man könnte also den vereinfachenden Schluss ziehen, dass Richlers Protagonisten mit dem Autor erwachsen, älter und erfolgreicher werden. Diese Interpretation greift jedoch zu kurz und läuft Gefahr, Richlers vielschichtige Darstellung der einzelnen Milieus außer Acht zu lassen.

In ihrem Aufsatz „Richler's Pastoral of the City Streets" hebt Margaret Gail Osachoff hervor, dass Richlers Protagonisten nicht nur aus einem Milieu kommen, dessen Habitus sie nicht ablegen können und das der Referenzrahmen für ihr Handeln und ihre Wertungen bleibt. Vielmehr blicken sie auch nostalgisch auf eine imaginäre Kindheitsidylle im St. Urbain Street-Viertel zurück. Im Gegensatz zur ursprünglichen Bedeutung bleibt das Pastorale[7] bei Richler auf die Stadt bezogen und stellt keine Sehnsucht nach friedvollem Landleben dar, sondern ist als eine auf einen bestimmten Raum bezogene Nostalgie zu verstehen. Manche von Richlers Figuren streben zwar nach einem ruhigen Leben auf dem Land. Dies beschränkt sich jedoch auf Ferienaufenthalte in den Laurentiden, die ein Zeichen wirtschaftlichen Erfolges und ein Statussymbol sind. Richlers Charaktere sind nicht wirklich am Landleben an sich interessiert, es gehört für sie lediglich zum Lebensstil jener reicheren Gesellschaft, der sie angehören wollen. Der die Protagonisten bestimmende Lebensraum ist das urbane Montreal, jedoch häufig nicht in einem gegenwärtigen, sondern in einem nostalgischen Sinn. Die Stadt verkörpert den Stadtraum der Kindheit der Protagonisten, also eine geschützte und sichere Welt, die längst nicht mehr existiert. Denn, wie Osachoff hervorhebt, „[n]ostalgia depends on perceived change, whether the change is one of attitude or artifact" (Osachoff 1986: 35). Richler drückt dies in *The Street* explizit aus:

---

7   Die Anwendung des Begriffes ,pastoral' folgt hier im Wesentlichen der Argumentation von Margaret Gail Osachoff, die Richler einen ,urban pastoralist' nennt: Der Begriff sei zwar ursprünglich nur auf ländliche Gebiete beschränkt gewesen, vorrangig habe er jedoch eine dort stattgefundene Vergangenheit (meist die Kindheit) idealisiert. In diesem Sinne ist er daher auch auf Stadtromane anwendbar (vgl. Osachoff 1986: 33f.).

To come home in 1968 was to discover that it wasn't where I had left it – it had been bulldozed away – or had become, as is the case with St. Urbain, a Greek preserve.

[...] A bank stands where my old poolroom used to be. Some of the familiar stores have gone. There have been deaths and bankruptcies. But most of the departed have simply packed up and moved. (Richler 2002: 9)

Satire und ‚Political Incorrectness'

Wie Arnold Davidson bereits 1983 mit Bezug auf *Joshua Then and Now* feststellt, feiern Richlers erfolgreiche Helden – zumindest an den Maßstäben der jüdischen Gemeinschaft der St. Urbain Street gemessen – ihren sozialen und ökonomischen Aufstieg nie, ohne nicht gleichzeitig auf jene Welt, der sie entkommen sind, zurückzublicken. So endet Joshuas letztes Treffen mit Seymore nach dessen zweitem Herzinfarkt gegen Ende des Romans mit der wiederholten Aussage „We are the Boys of Room forty-two" (Richler 2001: 412), die Schulzeit an der ‚Fletcher's Field High' evozierend. Gerade in den letzten drei Romanen, in denen die Protagonisten den Aufstieg nach Westmount bereits geschafft haben, wird diese Nostalgie auch zu einem strukturierenden Element der Texte. Richlers Erzählweise wird zunehmend fragmentierter, die Geschichten entstehen verstärkt aus einer Montage von Rückblicken. Damit entsteht ein Kontrast zwischen den desillusionierten Weltbildern der Erwachsenen und ihrer verklärten Sicht auf die Kindheit im ‚Ghetto'.

Die Glorifizierung der Kindheit hängt gleichzeitig auch damit zusammen, dass Richlers Erzählungen immer am Rande der Kriminalität oder des moralisch Verwerflichen angesiedelt sind. Seine Protagonisten sind hierbei sowohl Täter als auch Opfer. In diesem Kontext lässt sich wieder ein vereinfachendes Grundmuster ausmachen, das im Prinzip besagt: je erfolgreicher, desto gewissenloser. Es zieht sich von Duddys Weigerung, die Verantwortung für Virgils Verkrüppelung zu übernehmen, bis zur Figur des Barney Parnofsky durch. Im fiktiven Nachwort des Romans *Barney's Version* wird Barney vom Vorwurf des Mordes an seinem besten Freund freigesprochen. Damit erkennt die Leserschaft, dass Barney diesmal tatsächlich nicht gelogen hatte. Dennoch ist er keine reine Opferfigur: Vor allem sein Umgang mit Frauen ist in höchstem Maße selbstgefällig und herablassend. Gleichzeitig sind aber gerade die verwerflichsten Richler-Helden wie Duddy Kravitz und Barney Parnofsky diejenigen, denen die LeserInnen wohl am meisten zugeneigt sind. Und selbst die beiden ‚gescheiterten Existenzen' in Richlers Œuvre, Jack Hersh in *St. Urbain's Horseman* und Joshua Shapiro aus *Joshua Then and Now*, sind nicht nur unverstandene Opfer, sondern sehr wohl zumindest auch moralische Täter, da sie wirkliche Hilfe unterlassen beziehungsweise nicht in der Lage sind, die tatsächlichen Opfer – Harry Stein bzw. Joshuas Frau Pauline – zu verstehen. Wie Demchinsky und Naves hervorheben, ist Richlers Moral dabei als ebenso elementar anzusehen wie sein sarkastischer Humor:

> Richler's scatological inventiveness is fired by a secular moralism that is no less important to an appreciation of his work than is his gleeful ribaldry. Stupidity, hypocrisy, pretentiousness, and greed have always been the cardinal sins in his canon. Targets of the savage wit that is as acidic and uproarious in his latest novel, *Barney's Version*, as it was when he began to write nearly fifty years ago. (Demchinsky/Kalman Naves 2000: 128f.)

Moral und Satire betreffen in Richlers Werk die drei Stadträume gleichermaßen: das Erfolgsstreben der ‚Ghetto'-BewohnerInnen: „School starting age was six, but fiercely competitive mothers would drag protesting four-year-olds to the registration desk and say, ‚He's short for his age.'" (Richler 2002: 1); den Antisemitismus und die Arroganz der Anglophonen in Westmount: „Actually, it was only the WASPS who were truly hated and feared. […] It was, we felt, their country, and given sufficient liquor who knew when they would make trouble?" (Richler 2002: 54); oder die linguistische Verbissenheit mancher ‚Montréalais', „self-appointed vigilantes [...] dutifully search[ing] the downtown streets for English-language or bilingual commercial signs that are an affront to Montreal's *visage linguistique*." ‚Political incorrectness' ist Richlers liebstes Werkzeug für diesen sarkastischen Blick auf Montreal – wie Mark Steyn in einer Art Nachruf auf den Autor im Herbst 2001 hervorhebt,

> ‚Richleriano' has become the accepted shorthand for ‚politically incorrect.' [...] The Richleriano aspects of Mordecai's career fall into three phases: first, he offended Jews; then, English-Canadian nationalists; finally, Quebec separatists. […] He jeered not just at the stunted nationalism of Quebec but at the moral smugness of modern Canada, which was why the state had such difficulty paying tribute to him. (Steyn 2001)

In Richlers ‚Angriffen', sowohl gegen die jüdische als auch gegen die ökonomisch erfolgreiche anglophone Bevölkerung der Stadt, bleibt die Herkunft der Protagonisten bestimmend. Sie sind im Hinblick auf ihr Selbstbild ‚St. Urbain Street-Boys', auch wenn dieser Stadtteil zum jeweiligen Zeitpunkt der Handlung meist schon von neuen Immigrationsgruppen geprägt und nicht mehr Teil ihres eigenen Alltags ist. Diese ‚Ghetto'-Identität bleibt dennoch weiterhin prägend und festigt Gefühle der Minderwertigkeit und der Differenz zur übrigen Gesellschaft, der man nun nach außen hin angehört:

> This is Westmount. Mothers didn't bargain here, or fathers cheat at pinochle. The daughters were blonde and leggy, they were taught horseback-

riding early, if only to break their cherries with impunity, and the sons didn't collect butcher bills on Sunday mornings to earn enough to buy their own two-wheel bikes, but instead were given sports cars. British. The best. (Richler 2001: 108)

‚Tree-lined Outremont'

Der letzte Teil des obigen Zitates ist natürlich auch als spöttischer Seitenhieb auf den anglophon-kanadischen Inferioritätskomplex dem britischen Mutterland gegenüber zu lesen. Während das soziale Scheitern mit Bezug auf Westmount vor allem in den Protagonisten selbst zu suchen ist, die verbissen ihr ‚Anderssein' hervorheben, kommt es mit dem ‚dritten Montreal', jenem der Frankophonie, in Richlers Werk zu so gut wie keiner sozialen Interaktion. Wirtschaftlich erscheint es als erstrebenswert, aus dem ‚Ghetto' nach ‚tree-lined Outremont' zu übersiedeln.[8] Jedoch erhalten, während der weitere Aufstieg immer als Auseinandersetzung mit den Anglophonen thematisiert wird, die in Outremont wohnenden Québecer in den Texten keine Stimme. Man trifft Frankophone höchstens am Rande der Geschichten, z.B. als Landbevölkerung in den Laurentiden. Lediglich in *Duddy Kravitz* begegnet man in Yvette einer wichtigen frankokanadischen Figur. Sie erwirbt für Duddy Grund und Boden, da die Québecer Landwirte nicht an einen jungen Juden verkaufen würden. In Richlers Fiktionalisierung des ‚Ghettos' bleibt das frankophone Kanada bis in die späten 1980er Jahre unwichtig. Die Frankophonie als wesentliches Merkmal Montreals – immerhin die größte frankophone Stadt in Nordamerika – prägte zwar historisch gesehen die Beziehungen der jüdischen Bevölkerung zu ihrer Stadt – unter anderem durch den Ausschluss der jüdischen ImmigrantInnenkinder vom frankophonen katholischen Schulsystem –, in Richlers St. Urbain Street wird dieses Faktum jedoch fast völlig ausgeblendet. Einzig in der Beschreibung des Viertels als Grenzraum zwischen den beiden ‚Founding Nations' wird die Existenz der Frankophonie in Montreal erwähnt, jedoch kaum mehr als die der ethnischen Minderheiten, die ebenfalls keinen wirklichen Platz in seinen Geschichten einnehmen:

> If the Main was a poor man's street, it was also a dividing line. Below, the French Canadians. Above, some distance above, the dreaded WASPS. On the Main itself there were some Italians, Yugoslavs and Ukrainians, but they did not count as true Gentiles. Even the French Canadians, who were our enemies, were not entirely unloved. Like us, they were poor and coarse with large families and spoke English badly.

---

8   Das Stadtviertel Outremont wird in Richlers Texten wiederholt und insistierend mit dem von der St. Urbain Street distinguierenden Attribut der ‚tree-lined streets' erwähnt.

Looking back, it's easy to see that the real trouble was there was no dialogue between us and the French Canadians, each elbowing the other, striving for WASP acceptance. We fought the French Canadians stereotype for stereotype. (Richler 2002: 53)

In gewohnt sarkastischer Weise beschäftigt sich Richler erst seit den späten 1980er Jahren ausführlicher mit dem Sprachkonflikt zwischen dem Englischen und dem Französischen, wie er sich in Montreal abzeichnet. Als Reaktion auf den wachsenden Nationalismus in Québec und vor allem die damit einhergehende Sprachgesetzgebung von 1977 (Loi 101) sowie deren Weiterentwicklung im Jahr 1988 (Loi 178)[9] gründete Richler mit einigen Freunden die ‚Twice-as-Much Society':

At Woody's Pub, it was ordained that the law [...] did not go far enough, and the patrons formed something called the Twice as Much Society. Members of our society, it was decided, would lobby for an amendment to Bill 178 that would call for French to be spoken twice as loud as English, both inside and outside. Inspectors from the language commission would be armed with sound meters to detect Anglophones who spoke above a whisper [...] A member of the [Francophone] collectivity, ordering a meal in a restaurant, would have to be served a double portion, and so forth and so on. (Richler 1991: 68 bzw. 1992: 57)

Mit dem zitierten Artikel aus *The New Yorker* (1991) machte Richler sich schließlich, nachdem er bereits als ‚self-hating Jew' verrufen war, bei den französischsprachigen Québecern unbeliebt, obwohl er sich in diesem Essay, trotz gewohnter Ironie, kaum von geschichtlichen Fakten entfernte. Was man ihm jedoch vorrangig ankreidete, war, dass er die Situation nicht nur sehr einseitig darstellte, sondern durch die Publikation im *New Yorker* sozusagen zum ‚Nestbeschmutzer' wurde. Die Debatte kochte von Neuem auf, als Richler den Essay 1992 erweitert als Buch unter dem Titel *Oh Canada! Oh Quebec! Requiem for a Divided Country* nochmals veröffentlichte. In einem Fernsehinterview nach der Veröffentlichung behauptete Richler zudem, dass man in erster Linie nicht deswegen erbost sei, weil er sich über die Sprachgesetzgebung lustig mache, sondern weil er behaupte, dass vor allem Québec, zumindest in der ersten Hälfte des 20. Jahrhunderts, extrem antisemitisch gewesen sei, was allerdings historisch belegbar ist. Dies lässt sich unter anderem anhand der Schulpolitik aufzeigen: Während die jüdische Bevölkerung in Montreal von Haus aus keine hohe Akzeptanz hatte, blieb vor allem das frankophone, von der katholischen Kirche organisierte Schulsystem

---

9 Dieses Gesetz besagt unter anderem, dass kommerzielle Beschriftungen im Stadtraum ausschließlich in französischer Sprache anzubringen sind und in Gebäuden zumindest auch in französischer Sprache. Französische Beschriftungen müssen zusätzlich auffälliger gestaltet sein als englische.

den JüdInnen verschlossen. Die englischsprachige Erziehung vertiefte in der Folge die schon bestehende Kluft zwischen dem frankophonen und dem jüdischen Montreal.

Deutlich ablehnende Reaktionen der Publikation von *Oh Canada! Oh Quebec!* waren insbesondere aus der frankophonen Bevölkerung Montreals zu vernehmen. Dies ließ für Richler zeitweilig sogar Polizeischutz bei Autogrammstunden ratsam erscheinen, was natürlich wiederum Wasser auf die Mühlen eines Satirikers von seinem Format bedeutete. Besonders seine letzten Romane sind daher gespickt mit kleinen Sticheleien gegen die ‚Québécois pure laine', wie beispielsweise *Joshua Then and Now*: „It was still known to its habitués as The King's Arms, but in deference to unfavorable vibrations, it now boasted a garish new sign, ‚Armes du Roi'." (Richler 2001: 68)

Der Fokus auf ein dreigeteiltes Montreal – anglophon/jüdisch/frankophon – zeigt, dass Richler und seine Romane nicht dem ‚label montréalais' entsprechen. Im Sinne von Nepveu und Marcotte kann noch einmal unterstrichen werden, dass sein Werk nicht als umfassendes Porträt der Stadt zu lesen ist. Richler ist jedoch auch nicht, wie oft behauptet wird, ‚der' Autor des jüdischen ‚Ghettos'. Er betrachtet die Stadt vielmehr aus der Perspektive der St. Urbain Street und der jüdisch-kanadischen ProtagonistInnen. Es geht ihm also nicht in erster Linie darum, den Stadtraum Montreals literarisch zu porträtieren, sondern um ein kritisch-satirisches Gesellschaftsporträt anhand des Entwurfs einer imaginären Stadt, die auf drei ethnisch-religiöse Charakteristika reduziert wird. Dabei nimmt sein persönliches Erleben der frankokanadischen Metropole einen zentralen Stellenwert ein. Dies zeigt sich unter anderem darin, dass Richler in seinen Romanen große Teile Montreals wie z.B. das Arbeiterviertel St. Henry oder das bei Montreal gelegene Mohawk-Territorium Kahnawake völlig ignoriert. Besonders augenscheinlich ist in diesem Zusammenhang auch die lediglich marginale Rolle, die der frankophonen Sphäre der Stadt zugestanden wird. Gerade weil Montreal auch in den Romanen, die vordergründig in der kanadischen Arktis, in der Prärie oder in europäischen Großstädten wie London oder Paris spielen, zentrales Element bleibt, mag es paradox klingen, dass ‚Mordecai's Version' kein Porträt Montreals ist. Vielmehr kann Richler und sein literarisches Bild der Stadt nur im Sinne Saul Bellows (1987: 124) gewertet werden: „The city is the expression of the human experience it embodies, and this includes all personal history."[10]

---

10 Vgl. Saul Bellow, *More Die of Heartbreak*, 124, auch zitiert in der Einleitung zu Preston und Simpson-Housley, *Writing the City*.

Bibliographie

Bellow, Saul 1987, *More Die of Heartbreak*, New York.

Coupal, Michel 1997, „Mordecai Richler: polemiste de la racture canadienne", in: *Anglophonia. French Journal of English Studies* 1. 77-86.

Davidson, Arnold E. 1983, *Mordecai Richler*, New York.

Demchinsky, Bryan/Kalman Naves, Elaine 2000, *Storied Streets. Montreal in the Literary Imagination*, Toronto.

Deslaurier, Pierre 1994, „Very Different Montreals: Pathways through the City and Ethnicity in Novels by Authors of Different Origins", in: Preston, Peter/Simpson-Housley, Paul (Hg.), *Writing the City. Eden, Babylon and the New Jerusalem*, London/New York. 109-123.

Frum, Barbara 1992, „The Last Word: Richler with Barbara Frum. Interview with Mordecai Richler", URL: http://archives.cbc.ca/500f.asp?id=1-68-753-4625 (20.06.2006).

Germain, Annick/Rose, Damaris 2000, *Montreal. The Quest for a Metropolis*, Chichester.

Nepveu, Pierre/Marcotte, Gilles (Hg.) 1992, *Montréal Imaginaire: Ville et Littérature*, Saint-Laurent.

Osachoff, Margaret Gail 1986, „Richler's Pastoral of the City Streets", in: Darling, Michael (Hg.), *Perspectives on Mordecai Richler*, Toronto. 33-51.

Preston, Peter/Simpson-Housley, Paul (Hg.) 1994, *Writing the City. Eden, Babylon and the New Jerusalem*, London/New York.

Richler, Mordecai 1969, *The Apprenticeship of Duddy Kravitz*, Toronto.

Richler, Mordecai 1969, *Son of a Smaller Hero*, Toronto.

Richler, Mordecai 1972, *St. Urbain's Horseman*, Toronto.

Richler, Mordecai 1989, *Solomon Gursky Was Here*, Markham, Ont.

Richler, Mordecai 1991, „A Reporter At Large. Inside/Outside", in: *The New Yorker*, 23. September. 40-92.

Richler, Mordecai 1992, *Oh Canada! Oh Quebec! Requiem for a Divided Country*, New York.

Richler, Mordecai 1997, *Barney's Version*, New York.

Richler, Mordecai 2001, *Joshua Then and Now*, Toronto.

Richler, Mordecai 2002 (1969), *The Street*, Toronto.

Steyn, Mark 2001, „Mordecai Richler, 1931-2001", in: *The New Criterion* 20/1 (September), URL: http://newcriterion.com/archive/20/sept01/mordecai.htm (20.06.2006).

Ursula Mathis-Moser

Montréal ‚in a nutshell‘:
Metrotexte der Québecer Literatur

‚En guise d’introduction‘: Die Metro in Montréal

Die Metro, „lieu d’échange“, „lieu de croisement“, „lieu d’interrogations sociologiques“ (Milon 2004: 693), ist durchaus auch Ort der ‚interrogation littéraire‘, ja Ort der Literatur. Ihre Geschichte in Montréal ist jung: Als sie am 14. Oktober 1966 – in der Amtszeit von Jean Drapeau – eröffnet wurde, hatte London bereits seit 100 Jahren eine Underground (1863)[1], der noch vor der Jahrhundertwende Budapest (1896), Boston (1898) und um 1900 und 1904 die Großstädte Paris und New York folgten. Montréal ist somit die achte Stadt in Amerika und die 26. weltweit, die über ein unterirdisches, für den Massentransport bestimmtes Verkehrsmittel verfügt. Dabei existierten bereits 1910 diesbezügliche Pläne, die auf die sozialen und wirtschaftlichen Veränderungen der Stadt reagierten: Auch Montréal erlebt zwischen 1896 und 1914 eine Belle Époque, begleitet von Wohlstand, Wachstum und Euphorie, und der Massentransport der Tramway steigt nicht zuletzt aufgrund der Immigration zwischen 1899 und 1913 von 40 auf 160 Millionen Passagiere an. Dennoch scheitern sämtliche Pläne (1924, 1930, 1944, 1953), und dies trotz der Tatsache, dass die Verkehrssituation der Stadt dringend nach Abhilfe verlangt und die ‚Rivalin‘ Toronto, wenn auch erst ab 1954, über eine Untergrundbahn verfügt. Stattdessen floriert in Montréal von 1892 bis 1959 die elektrische Tramway, die man aus Paris schon 1936 verbannt. Sie sieht sich ab den 1930er Jahren zunehmend bedroht von der wachsenden Beliebtheit des Autobus’ und dem seit 1937 operierenden elektrischen Trolleybus. Beide sind nicht in der Lage, die Metropole vor dem Verkehrskollaps zu bewahren. Auch sind Autobus und Tram – schenkt man Sansots *Poétique de la ville* Glauben – nicht Verkehrsmittel der Massen: Hinter ihnen verbirgt sich noch viel von jener „sociabilité bourgeoise“ (Sansot 1994: 210), die Komfort, Licht, Service und einen ‚festen Sitzplatz‘ reklamiert.

Die Tatsache, dass sich Montréal erst spät zum Bau einer Metro entschließt, hat Folgen. Während die Metro in Paris bis 1970 noch deutlich von der „production mécanique et électrique du transport en commun“ geprägt ist (Milon 2004: 720) und damit mythologische ‚Orte‘ wie das ‚portillon manuel‘ oder den ‚poinçonneur du ticket‘ kennt, entsteht die

---

1   Vgl. „STM – Mise en place du métro 1910-1966“, URL: http://www.stcum.qc.ca/en-bref/mepmet4.htm (20.07.2006).

Sous la direction de Danielle Fournier et Simone Sauren

l'HEXAGONE

vlb éditeur

lignes de métro

Titelbild des Bandes Fournier, Danielle/Sauren, Simone (Hg.) 2002, Lignes de métro, *Montréal, l'Hexagone/vlb. Maquette de la couverture: Nicole Morin, Photo: Lionel Bertin*

Metro in Montréal unmittelbar vor und gleichzeitig mit der zwischen 1970 und 1985 stattfindenden Automatisierung des Transportwesens, deren Auswüchse die STM (STCUM) seit dem Ende der 1990er Jahre durch Initiativen, die den Lebensraum Metro betonen, zu korrigieren sucht.[2] Die Phantome der Metro von Montréal sind somit andere als die von Paris, und Metrotexte aus Québec, sofern sie sich auf das eigene Land beziehen, sind Texte, die nicht einfach von der Stadt (‚ville', ‚cité'), sondern von der „métropole-monde" (Mathis-Moser 2004: 99) erzählen, zu einem Zeitpunkt, als sich die Herrschaft der Übermoderne angekündigt bzw. bereits durchgesetzt hat.

Historisch-anthropologische Annäherungen an das Phänomen der Metro. Der Nicht-Ort

Der Begriff der „Übermoderne" (Augé 1994: 38) führt zur Frage des Raums. Die Metro – so ihre Etymologie – referiert auf das Habitat der Metropolis, das sich nach Donatella Mazzoleni (1993) von dem der ‚city' und der ‚post-metropolis' unterscheidet. Alle drei entsprechen einer jeweils anderen, doch komplexen physisch-psychischen und ästhetischen Wirklichkeit, in der die Architektur die Aufgabe übernimmt, Metapher des Körpers zu sein. Während aber die Stadt Gesicht, Gestalt und Struktur besitzt und innerhalb der sie begrenzenden, doch durchlässigen Membrane auf organische Weise wächst, ist die Metropolis „a body without measure, a body without limits in all senses of the word" (Mazzoleni 1993: 296). Die Stadt umfängt Leben und Drama von Individuen und sozialen Gruppen, Bewegung entsteht „by natural locomotion of individual bodies" (Mazzoleni 1993: 294). Demgegenüber steht die Metropolis für den grotesken Körper, der sich schamlos nach allen Seiten öffnet „to enjoy its own performance, and [...] the excessive, miraculous [...] fertility of its organs" (Mazzoleni 1993: 296). Anders als der ‚kosmische' Körper der Stadt, bei dem sich apollinische und dionysische Elemente ein dialektisches Spiel von Oppositionen liefern, bestimmen den grotesken Körper der Metropolis Asymmetrie und Absenz jeglicher Gliederung. Er ist nicht mehr über-schau-bar, er ‚fließt' über – „the metropolis is a beast" (Mazzoleni 1993: 296). Ihr entspricht eine neue „total aesthetic", in der

---

2   Unter dem Titel *Espoir* fand 2002/03 in Montréal die Initiative *La poésie prend le métro* statt, nachdem Paris, New York und Dublin, aber auch kanadische Großstädte bereits davor in Metro und Autobus Auszüge aus Gedichten elektronisch affichiert hatten. 2004/05 wiederholte Montréal die Aktion, diesmal mit Gedichten zum Thema *Joie*. Gleichzeitig lief im Sommer 2005 eine zweite Initiative, bei der an drei Metrostationen Texte von *Montréalais d'origine étrangère* in Original und Übersetzung ausgestellt wurden. Vgl. URL: http://www.servicesMontréal.com/jacqueline/af_poesiemetro.html (20.07.2006) und Audet, Élaine 2002: „La poésie prend le Metro", in: URL: http://sisyphe.org/article.php3?id_article=199 (20.07.2006).

Gehör, Geruchssinn und das taktile Sensorium gefordert sind, die ver-
sagende Kontrollfunktion des Auges wettzumachen (Mazzoleni 1993:
297). Parallel dazu entwickelt sich ein neues Ichgefühl, bei dem aus Un-
kenntnis eines Anderswo Innen und Außen, Ich und Welt zu einem „total
interior" verschmelzen, welches paradoxerweise auch die umgekehrte Erfahrung impliziert: „To immerse oneself. To be swallowed up. The space
around us becomes gigantic, the body shrinks. To lose one's identity in
the ‚ant-heap' of the crowd. These are metropolitan experiences." (Mazzoleni 1993: 298)

Die von Mazzoleni skizzierte Phänomenologie der Metropole und ihres Lebensgefühls, die nicht ausschließlich, doch dominant auf die Postmoderne verweist, berührt sich in auffallender Weise mit Marc Augés
Übermoderne, die er durch die Überfülle der Ereignisse, die Überfülle
des Raums und die Individualisierung der Referenzen gekennzeichnet
wissen will. Er vergleicht sie mit der „Vorderseite einer Medaille", deren
Negativ die Postmoderne darstellt (Augé 1994: 39). Für unsere Zwecke
erweisen sich Augés Analysen von großem heuristischem Wert, auch
wenn im selben Atemzug Foucault, de Certeau und andere genannt werden müssten. So wie ‚city' und ‚metropolis' unterschiedliche Raumkon-
zepte beinhalten, unterscheidet Augé zwischen dem anthropologischen
Ort mit einer in Zeit und Raum lokalisierten Kultur, dem so genannten
„lieu", und „espace" (oder „non-lieu"), einem Raum, der im Unterschied
zum Ort „keine Identität besitzt und sich weder als relational noch als historisch bezeichnen lässt" (Augé 1994: 92). Ort und Nicht-Ort haben flie-
ßende Grenzen, durch letztere „zirkulieren Worte und Bilder, die in den
noch vielfältigen Orten wurzeln, an denen die Menschen einen Teil ihres
alltäglichen Lebens zu konstituieren versuchen" (Augé 1994: 127). Und
doch findet die Übermoderne gerade in den Nicht-Orten „ihren vollkom-
menen Ausdruck" (Augé 1994: 127). Denn sie sind in erster Linie Räume, die der „Verkleinerung unseres Planeten" (Augé 1994: 40) Rechnung
tragen oder – wie der Ethnologe es formuliert – „die Summe bilde[n] aus
den Flugstrecken, den Bahnlinien und den Autobahnen, den mobilen Be-
hausungen, die man als ‚Verkehrsmittel' bezeichnet". (Augé 1994: 94)

Im Unterschied zum Ort „des eingeschriebenen und symbolisierten
Sinnes" sieht Augé (Augé 1994: 97, 193) den „nichtsymbolisierten"
Raum des Reisenden als Archetypus des Nicht-Orts, ohne sich dabei de
Certeaus etwas anders gelagerter Unterscheidung von Ort und Raum als
geordneter Figur versus Bewegung anzuschließen. Spätestens hier ist
Foucault (Foucault 1990: 46) zu zitieren, der in seiner Diskussion der Heterotopie nicht die Metro, sondern das Schiff als „Heterotopie schlechthin", als „Ort ohne Ort", deklariert. Mit Heterotopie meint Foucault all
jene „wirkliche[n] [...], wirksame[n] Orte, die in die Einrichtung der Ge-

sellschaft hineingezeichnet sind, sozusagen Gegenplazierungen oder Widerlager, tatsächlich realisierte Utopien, in denen die wirklichen Plätze innerhalb der Kultur gleichzeitig repräsentiert, bestritten und gewendet sind." (Foucault 1990: 38-39)

Augés Konzept des „non-lieu", in Verbindung mit seinen Vorüberlegungen eines *Ethnologue dans le métro* (1986), eignet sich hervorragend, um das Biotop der Metro zu charakterisieren und der folgenden Textanalyse Untersuchungsparameter an die Hand zu geben. Prinzipiell lässt sich der Metrobenutzer auf ein ephemeres Nicht-Abenteuer ein, wenn er das Ticket löst, es entwertet und die Metro betritt. Nach besagter Identitäts- und Vertragsprüfung definiert er sich fortan vorrangig durch die Funktion des Benutzers, der sich bestimmten allgemeingültigen Regeln zu unterwerfen hat. Zugleich betont Augé aber auch, dass der Raum des Nicht-Ortes „den, der ihn betritt, von seinen gewohnten Bestimmungen [befreit]", um ihn „eine Weile die passiven Freuden der Anonymität und die aktiven Freuden des Rollenspiels" genießen zu lassen (Augé 1994: 120, 121). Die Pole, um die die Lebenswelt Metro kreist – und möglicherweise auch der Metrotext –, lassen sich also mit ‚collectivité' versus ‚solitude' umschreiben, wobei das Gefühl der Gemeinsamkeit und der Nähe der Lebensgeschichten Augenblicke der Komplizität, nie jedoch ein Kollektiverlebnis zulassen (Augé 1986: 44-45). Augé spricht in diesem Zusammenhang von „la collectivité sans la fête et la solitude sans l'isolement" (Augé 1986: 55), wobei die Tatsache, dass das metrofahrende Subjekt nicht im isolierten Raum agiert, durchaus Konsequenzen hat: Der Metrobenutzer darf sich keinen wie immer gearteten Verstoß gegen den ‚Metroknigge' erlauben – die unauffällig und angepasst gelebte Individualität, mit ‚Metroblick' und ‚Metroschritt'[3] –, ohne die mitreisenden Einsamkeiten augenblicklich von sich abrücken zu sehen. Der Verstoß gegen den Code verwandelt ‚die anderen' Einsamkeiten unwiderruflich in Alteritäten, die auch als solche wahrgenommen werden. Dabei meint Alterität nicht primär die andere Hautfarbe oder das andere Geschlecht; sondern vielmehr jene – grölende Fans, exaltierte Jugendliche etc. –, die die Regel der indifferenten und nach innen gerichteten Unauffälligkeit brüskieren.

Schließlich weist auch die Kommunikationssituation Besonderheiten auf. Jenseits sporadischer Komplizität, jenseits des fragenden Blicks auf das eigene fremde Ich, das sich in der Fensterscheibe bricht, ist die Kommunikation in der Metro durch nicht-menschliche Vermittlungsinstanzen gesteuert: Metropläne und Schilder, Informationen aus dem Lautsprecher beschreiben die unterirdische Welt, verbieten und weisen an. Namen von Stationen und architektonische Ausgestaltungen bringen ‚Texte' der Vergangenheit bei. Plakate, Werbung, bis hin zur metroeigenen Zeitung for-

---

3 Vgl. die hervorragende Beschreibung des „habitué d'une ligne" von Augé 1986: 13ff.

dern zur Lektüre der Gegenwart auf, deren Präsenz zunächst ebenfalls eine rein textliche ist. In den Metrostationen aber und dort, wo der ‚habitué' die Linien wechselt, verändert sich das Biotop. Dort ist die Metro nicht mehr bloß Zitat, Fragment, Text oder „miroir grossissant" (Augé 1986: 28) der Wirklichkeit, sondern öffnet sich ihrerseits dem „body without measure", als den Mazzoleni die Metropolis bezeichnet hat. Sie wird zu deren Verlängerung und möglicherweise zu einem neuen „lieu de culte":

> Notre ethnologue pourrait ainsi remarquer que différents commerces s'installent peu à peu, officiellement ou à la sauvette, dans ce carrefour qu'on appelle correspondance et rêver à la sacralisation progressive d'un lieu où se concentrent toutes les composantes et toutes les allégories du monde moderne. (Augé 1986: 111)

Ohne von „lieu de culte" zu sprechen, geht Alain Milon (Milon 2004: 715, 713) einen Schritt weiter, wenn er dem Ensemble Metro sogar eine eigene Gastlichkeit zugesteht. Als „transhospitalité" schafft sie im Fluss der Bewegung einen flüchtigen Ort des „accueil", während sich der Metrobenutzer und Kunde vorübergehend in einen „hôte-voyageur" verwandelt. Die Metro wird zwar nicht Bleibe, wohl aber ein „espace mobile d'existence", den öffentliche Aktionen wie *La poésie prend le métro* u.a.m. zu gestalten suchen. Davon abgesehen verwendet der „hôte-voyageur" seine außerweltliche Aus-Zeit und „incarceration-vacation" (Certeau 1984: 114), um im erzwungenen Freiraum des Gedankens dem eigenen Ich nachzuspüren. Nicht zuletzt dadurch wird die Metro auch Ort der Erinnerung, der freilich prekär und eklektisch bleibt. Insgesamt aber erscheinen die ‚Marker' ‚Ephemeres', ‚Vermitteltes' und jenes „ensemble et séparés" (Fournier/Sauren 2002: 133) als die Dominanten eines Universums, das auch in der Literatur seinen Ausdruck sucht.

Zeitgenössische Metrotexte aus Québec

Zum Corpus

Als literarisches Beispiel derartiger Metrotexte sei im Folgenden ein unter dem Titel *Lignes de métro* in Montréal erschienener Sammelband (Fournier/Sauren 2002) präsentiert, der unveröffentlichte Kurztexte in Prosa und Vers enthält. 30 der 40 AutorInnen sind in Québec, acht in Frankreich und je einer in der Schweiz bzw. in Belgien[4] beheimatet, wo-

---

4   Québec: Aline Apostolska, François Barcelo, Claudine Bertrand, Stéphane Bourguignon, Jean-Paul Daoust, Michel Désautels, Stéphane Despatie, Hélène Dorion, Gilbert Dupuis, Danielle Dussault, Danielle Fournier, Suzanne Gagné, Pauline Gill, André Girard, Lili Gulliver, Philippe Haeck, François Jobin, Naïm Kattan, Marie Claire Lanctôt Bélanger, Carole Massé, Sylvie Massicotte, Christian Mistral, Madeleine Monette, Madeleine Ouellette-Michalska, Stanley Péan, Rober Racine, Danielle Roger, Simone Sauren, France Théoret, Bianca Zagolin. Frankreich: Camille Aubaude, Claudine Bohi, Marc Delouze,

bei bei den Québecer Stimmen mit Naïm Kattan (Iran), Stanley Péan (Haiti), Aline Apostolska (Mazedonien-Frankreich), Bianca Zagolin (Italien) und Simone Sauren (Deutschland) zumindest einige wenige ‚écrivains migrants' zu Wort kommen. In der überwiegenden Zahl der Texte steht das Biotop Metro im Zentrum[5], und analog zu Andreas Mahlers (Mahler 1999: 12) „Stadttexten" soll dies das Kriterium eines Metrotextes sein. Dass Titel zu täuschen vermögen, ist evident. So ist Raymond Queneaus *Zazie dans le métro* (1959) genauso wenig ein Metrotext wie Didier Daeninckx' darauf referierende Kriminalgeschichte *Nazis dans le métro* (1996) oder Gilbert Dupuis' preisgekröntes Theaterstück *Mon oncle Marcel qui vague près du métro Berri* (1991). Anne Héberts *Héloïse* (1980), Rachid Boudjedras *Topographie idéale pour une agression caractérisée* (1975) oder Cécile Wajsbrots *Nation par Barbès* (2001) entsprechen dagegen dem genannten Kriterium sehr wohl. Nicht als Metrotext wird wiederum das Bändchen *L'Espoir* (Shelton 2005) gelten können, das 96 Auszüge aus bereits publizierten Werken Québecer Dichter enthält, die im Rahmen der Aktion *La poésie prend le métro* (Montréal 2002/03) in Metro und Bussen elektronisch affichiert wurden. Abgesehen von ihrem ‚Aufführungsort' haben sie – im Unterschied zu Fourniers und Saurens Sammelband – mit der Metro nur wenig zu tun.

Referentielle oder ‚semantische' Metrokonstitution und Perspektivierung

Wie aber gestaltet sich die ‚diskursive Metrokonstitution', um mit Mahler zu sprechen? (vgl. ‚diskursive Stadtkonstitution' in Mahler 1999: 13-22). Geht man davon aus, dass der Verweis auf die ‚métropolitain' entweder referentiell durch Benennen der Metrostation in Titel/Text oder aber semantisch durch Benennen so genannter Konstitutions- und Spezifikationsisotopien erfolgen kann, fällt auf, dass *Charonne* – auf der Linie 9 in Paris – die einzige explizite Titelreferenz darstellt; dabei geht es Alain Lance auch nicht um das Biotop Metro, sondern die Evokation eines politischen Ereignisses, die Demonstration der Linken vom 8.2.1962 gegen die OAS (Organisation Armée Secrète), für deren tödlichen Ausgang Maurice Papon verantwortlich zeichnete (*Charonne* ist somit einer jener Texte, die wir nicht als Metrotext bezeichnen würden). Die Metrostadt selbst (*Sous Montréal, un métro de paroles*) oder Straßenzüge und Viertel (*Rue Saint-Denis*) bleiben in den Titeln völlig unterrepräsentiert. Demge-

---

Mireille Fargier-Caruso, Jacques Jouet, Alain Lance, Annie Leclerc, François Vignes. Schweiz: Jean-François Fournier. Belgien: André Romus.

5   Nicht oder nur beschränkt als Metrotexte zu bezeichnen sind Stéphane Bourguignon, *Recette maison pour une chasse à l'ours réussie*, Michel Désautels, *La dernière course d'Imachi*, Alain Lance, *Charonne*, u.a.m.

genüber enthalten acht Titel das Element „métro(politain)", teils in so reizvollen Kombinationen wie „un métro de paroles", „métroglodyte" oder „Métro Oulipo", und unzählige andere nennen die Konstitutionsisotopien „station", „rails", „wagon", „passant", „changement de direction", „délai" oder „panne d'électricité".

Im Textkörper selbst zeigt sich ein etwas anderes Bild. Deutlich mehr als die Hälfte der AutorInnen erwähnen die Stadt, in der sich die Metro befindet, bzw. – weit häufiger – konkrete Metrostationen, doch sind die Zitate selten mehr als ein ‚leeres' Wort. Eine Ausnahme stellt die Station Crémazie dar, deren den Dichtern des Landes (Crémazie, Fréchette, Nelligan, Saint-Denis Garneau) gewidmetes Wandfresko von G. Landa und P. Pannier zu einem willkommenen Anknüpfungspunkt wird. So erinnert sich Stéphane Despaties lyrisches Ich (*Station souvenirs*) nicht mehr „si je les aimais / ces beiges murs tout en hauteur / ni si le nom de Crémazie signifiait pour moi / l'endroit d'où l'on part" (Fournier/Sauren 2002: 51) und registriert „sous le regard de Saint-Denys Garneau, Nelligan et Crémazie" die ‚Zeichen an der Wand'. In Rober Racines *Je serai un incident, un délai* wiederum ist ‚Crémazie' die tragische Endstation eines suizidären weiblichen Ich:

> Je descendrai à la station Crémazie et je me mettrai en paix sur la voie survoltée, section 30+090, au pied de la murale *Le Poète dans l'univers*. Les vers gravés de Saint-Denys Garneau, Nelligan et Crémazie seront mon linceul. Je serai la réponse à ces mots de Saint-Denys qui m'obsèdent: „A-t-on le droit de faire la nuit / Nuit sur le monde et sur notre cœur / Pour une étincelle". (Fournier/Sauren 2002: 166)

Ein erstes Fazit könnte also lauten: Dem auffallenden Verzicht auf ‚Objekt-Referenzialität' steht eine klare ‚Phänomen-Referenzialität' gegenüber, die die Metro tendenziell als Ort ohne Gesicht und Namen ausweist, als Nicht-Ort, dem nach Augé Identität, Geschichte und Relation fehlen. Aber auch in den wenigen Fällen, wo Objekt-Referenzialität gegeben ist, verstärkt diese nur selten den ‚Welt-Bezug', sondern dient als Sprungbrett für die mentalen Wanderungen des Ich. In der Tat ist die Wahrnehmung der Metrowirklichkeit sehr häufig an die Perspektive einer ersten Person gebunden, und dies gilt auch für jene Texte, die den Parcours mehrerer Metrostationen zum Inhalt haben. Es sei hier auf Aline Apostolskas *Métro Oulipo* verwiesen, wo das lyrische Ich während einer Metrofahrt, einer oulipistischen Regel folgend, die heterogenen Bilder eines Lebens generiert. Insgesamt bleiben 25 der 40 Texte der Wahrnehmung eines Ich verhaftet, weitere vier der eines Du, das als „moi ou toi ou un(e) autre" umschrieben werden kann. Die verbleibenden 11 Texte begnügen sich nur selten mit einer neutralen Erzählinstanz, sondern lassen – zumindest partiell – eine im ‚style indirect libre' gestaltete Perspektivierung erkennen. Diese ist fast nie auf ein plurales Subjekt bezogen, so dass das zentrale Anliegen der vorliegenden Texte ganz offensichtlich die Sorge um die Befindlichkeit des Ich – nach Augé die erhöhte Bedeutung der individuellen Referenz – zu sein scheint (Augé 1994: 50).

Parcours versus Tableau: zwei Textstrategien

Neben der personalen Erzählperspektive fallen zwei weitere Textstrategien auf. Wie die Metropolis ist auch die Metro visuell nicht zu bändigen, selbst wenn sie sich ‚textlich vermittelt' im Metroplan darstellt. Die primäre Metroerfahrung bleibt eine motorische, zu der auch die Unterbrechung der Motorik, der Stillstand, gehört. Die Metrobenutzer erinnern so an de Certeaus „‚Wandersmänner' whose bodies follow the thicks and thins of an urban ‚text' they write without being able to read it" (Certeau 1984: 92). Umgekehrt ist der Eintritt in einen „vom Nicht-Ort umschlossenen, doch abgeschlossenen Raum" wie den Wagen stets mit einem Innehalten verbunden, das ganz besonderer Natur ist: Im scheinbaren Stillstand setzt die kognitive Arbeit ein, die auch Erinnerungsarbeit ist und ihrerseits Bewegung in die Immobilität bringt. Denn „nur im ortlosen ‚nulle part' kommt das Ich als beständig sich verändernde Größe zu sich" (Nitsch 1999: 319). Die in *Lignes de métro* versammelten Texte bestätigen dies insofern, als sie allesamt mit zwei Textstrategien spielen: zum einen dem Parcours als diskursiv organisierter Bewegung, zum anderen dem innehaltenden und partikularisierenden Tableau, von dem erneut der Impuls für einen mentalen Parcours ausgehen kann. Einige Beispiele sollen dies illustrieren.

Das Zusammenspiel von Parcours und Tableau zeigt sich besonders eindrucksvoll in Annie Leclercs *Changement de direction*. Ausgangspunkt ist das Eingeständnis einer sich selbst als Du präsentierenden Erzählerin, von der Idee des Absoluten gefangen zu sein und dieses Absolute – „un diamant d'indépassable splendeur" – ausgerechnet in der Metro – „[au]fond des entrailles de pierre et d'acier où se croisent les flux d'anonymes pressés, chargés de fatigues et de soucis" (Fournier/Sauren 2002: 131) – gefunden zu haben: Nach einer mondänen Preisverleihung im Palais de l'Élysée flieht das Du irritiert in „la première bouche de métro venue" (Fournier/Sauren 2002: 133), lässt sich auf eine Wartebank fallen, steigt ein, steht, verpasst die Station, steigt aus, nimmt die falsche Linie, steigt schließlich in Denfert-Rochereau um, wo es unerwartet ein tiefes Erlebnis hat: Ein junges Mädchen spielt eine Sonate für Flöte von Johann Sebastian Bach. In den Parcours interpoliert findet sich eine Reihe von Passagen, die dem zweiten Erzählmodus, dem Tableau, entsprechen: So löst das Innehalten auf der Bank eine Reflexion über Status und Zweiklassengesellschaft der Metrobenutzer aus. Während die Protagonistin

steht, erfährt sie die der Metro eigene ‚totale Ästhetik‘: „Te voilà prise
dans le tintamarre aveugle, les odeurs, les hommes, les femmes" (Four-
nier/Sauren 2002: 133). Sie reflektiert über Werbeplakate und den Sinn
des Lebens, um schließlich – mit ihrem gealterten Gesicht in der Fensterscheibe konfrontiert – einen Exkurs in die Vergangenheit zu wagen. Der
externe Parcours berührt also sämtliche ‚Konstitutionsisotopien‘ der Metro, lässt gleichzeitig aber Raum für das Gedankenspiel, das ihn unter-
bricht. Die Schlussszene schließlich vereint „eux, ainsi que toi" (Four-
nier/Sauren 2002: 135) in einem Moment glücklicher Komplizität.

Dass bei Geschichten, die die Fahrt durch mehrere Stationen beschreiben, die Erzählstrategie des Parcours adäquat erscheint, liegt nahe. Inte-
ressant ist aber die Tatsache, dass sich auch ‚Metrotexte des Imaginären‘
immer wieder des Parcours bedienen, wenn sie etwa das Ich albtraumhaf-
te Metrolandschaften durchqueren lassen. Dies ist u.a. in Gilbert Dupuis'
Le rendez-vous der Fall, dessen Suche nach der imaginären Geliebten an
das Fantastische Gautiers erinnert, während zugleich das Bild der ‚letzten
Metro‘ vor dem Auge des Lesers entsteht. Tableaus wiederum sind häufig konstitutive Elemente von ‚Metrogedichten‘, sofern sich diese auf
Momentaufnahmen, eine Situation, einen Kommentar, die Befindlichkeit
oder eine Erinnerung konzentrieren. So beginnt Mireille Fargier-Caruso
wie folgt:

> Yeux noués sur les nuques
> dans le désordre enseveli des voix
> multitude pressée
> vers le travail debout
> odeur de souterrain
> imprimée sur les doigts. (Fournier/Sauren 2002: 67)

Anschließend fährt sie mit grundsätzlichen Betrachtungen zur ‚condition
métro‘ fort. Ein konzentriertes, in seiner Einfachheit bestechendes Tableau gelingt Claudine Bohi mit *Petite suite métropolitaine*, während
France Théoret in *Ovale noir* sichtlich komplexere Bezüge sucht. Effekte
der Konzentration kennzeichnen schließlich jene Texte, die eine konkrete
Episode in einen bestimmten Raum – den Wagon, den Quai – einschreiben: Die inselartige Isolierung zwingt dabei den Metrobenutzer zu ver-
schärfter Aufmerksamkeit und lässt den von Alain Milon angestrengten
Vergleich der Metro mit der klassischen Tragödie passend erscheinen:

> L'unité de lieu (la rame ou la station), l'unité de temps (le moment de trans-
> port entre les stations ou le moment d'attente sur les quais), et l'unité d'action
> (le transport, action principale du voyageur). Le métro devient un lieu théâtral
> dont le tragique définit le cadre de son principe d'existence. (Milon 2004:
> 723)

Das Wahrgenommene wirkt, als werde es verdichtet, in einem ‚miroir grossissant' reflektiert: So kommentiert das Ich in Pauline Gills *L'enfant du métro* die Unaufmerksamkeit des Vaters mit einem vernichtenden „Inconscience. Indifférence. Inhumanité" (Fournier/Sauren 2002: 88); der Protagonist in Philippe Haecks *Questions* fragt, warum weder er noch andere einer verletzten Frau zu Hilfe eilen, während die beobachtende Protagonistin in Madeleine Monettes *L'heure grise* bis zu einem gewissen Grad die Mitschuld an einem Vandalenakt übernimmt. Tragisch und komisch wirkt dagegen *Voici avril*, wo Sylvie Massicotte einen Aprilscherz zum Vorwand nimmt, die Beziehung zwischen Mutter und Kind grundsätzlich in Frage zu stellen. In all diesen Texten friert vor dem Auge des Lesers die geschilderte Episode bildhaft, ‚tableauartig' ein.

Imaginäre Metrowelten

Wenn Mahler in einem zweiten Schritt zwischen Textstädten des Realen, des Allegorischen und des Imaginären unterscheidet, so beschreibt er damit Funktionstypen der Textstadt, die zu einem Vergleich mit der diskursiv konstituierten Welt der Metro einladen. In Mahlers Städten des Realen steht die Referenz im Zentrum, in seinen Städten des Imaginären sind es Konstitutionsisotopie und Konstruktcharakter (Mahler 1999: 25); in seinen Städten des Allegorischen wird die Textstadt schließlich „von einer sekundären Semantik derart überbordet, dass das Stadtthema selbst ins Kippen gerät" (Mahler 1999: 26). Analog lässt sich aus den bisherigen Ausführungen ableiten, dass das untersuchte Textcorpus so gut wie keine realen Metrowelten, wohl aber solche des Imaginären und des Allegorischen kreiert. Inwieweit aber sich besonders die imaginären Metrowelten mithilfe der eingangs erarbeiteten Kategorien des Ephemeren, des Vermittelten und des Verhältnisses von Ich und Kollektiv beschreiben lassen, sei im Folgenden kurz diskutiert.

Das Bewusstsein des Ephemeren ist omnipräsent, auch wenn es nicht in allen 40 Texten explizit genannt wird. Es nimmt Gestalt an im ‚croisement' von Blicken, Wegen und Linien, aber auch sehr viel poetischer, wenn Claudine Bertrand es beschreibt:

> Déraille
> au sein de la structure en folie
> une respiration
> entre deux lignes
> entre deux rames
> aux portes de la ville-illusion (Fournier/Sauren 2002: 30)

Stéphane Déspatie drückt das Ephemere aus als die Zeit „entre deux départs quelques retards/aussi fidèles que l'oubli" (Fournier/Sauren 2002: 52), während Hélène Dorion es als „parenthèse" bezeichnet, die sich mit den Metrotoren schließt (Fournier/Sauren 2002: 57). Der unaufhaltsame Fluss der Zeit lässt Jean-Paul Daoust vom ewig wechselnden Blattwerk der Metro und „sa sève sans cesse renouvelée" sprechen (Fournier/Sauren 2002: 38), bei Bianca Zagolin verlangt das Ich nach Dauer, wenn es die Worte „Fixer, fixer/tout arrêter ..." (Fournier/Sauren 2002: 192) artikuliert. France Théoret umschreibt die Flüchtigkeit des Augenblicks als „temps syncopé" (Fournier/Sauren 2002: 181), während Aline Apostolska und Jacques Jouet eine eigene Poetik der Metro entwerfen. In der Metro zu schreiben, so das lyrische Ich bei Jouet, „peut ressembler à un tremblement tellement je dois écrire vite" (Fournier/Sauren 2002: 112), vorausgesetzt es beachtet die zuvor erstellten Regeln:

> Un poème de métro est un poème composé dans le métro pendant le temps d'un parcours.
> Un poème de métro compte autant de vers que votre voyage compte de stations moins un. [...]
> Il ne faut pas transcrire quand la rame est en marche.
> Il ne faut pas composer quand la rame est arrêtée.
> (Fournier/Sauren 2002: 109, 110)

Apostolskas Metropoetik führt einen Schritt weiter, da sie aus der Erfahrung des Ephemeren formale Konsequenzen zieht:

> Et si [...] je devais écrire un poème pendant le temps d'arrêt à chaque station, exactement entre l'ouverture et la fermeture des portes – et sans tricher! –, cela donnerait la rame de métro que voici, une rame personnelle, constituée d'images accélérées comme un film du début du siècle. (Fournier/Sauren 2002: 12)

Die Autorin präjudiziert hier eine Ästhetik des Fragments, die Unvollständiges und Heterogenes zulässt und sich zur Subjektivität der Wahl bekennt. In jedem Fall aber trägt ihre Poetik der Überfülle der Ereignisse und der Beschleunigung der Geschichte Rechnung, in denen Augé zentrale Merkmale der Übermoderne ortet (Augé 1994: 51, 37). Zugleich verweist das Fragment auf de Certeaus Rhetorik des Gehens, als deren wichtigste Stilfiguren er in Anlehnung an Jean-François Augoyard die Synekdoche und das Asyndeton nennt:

> Synecdoche replaces totalities by fragments [...]; asyndeton disconnects them by eliminating the conjunctive or the consecutive [...]. Synecdoche makes more dense: it amplifies the detail and miniaturizes the whole. Asyndeton cuts out: it undoes continuity and undercuts its plausibility. A space treated in this way and shaped by practices is transformed into enlarged singularities and separate islands. (Certeau 1984: 101)

Die fragmentarische Struktur liegt tatsächlich zahlreichen, besonders aber den lyrischen Texten des Corpus zugrunde, ob sie eine Reise durch die Stationen beschreiben oder wie bei Jean-Paul Daoust und Danielle Fournier völlig heterogene Elemente in unmittelbare Nachbarschaft zwingen. Heterogen und fragmentarisch wirkt schließlich das Gesamtkonzept des Bandes, was die Literaturwissenschaftlerin nur allzu gern als bewusste formale Entscheidung deuten möchte, ergäbe sich dieser Effekt nicht – enttäuschend einfach – aus der alphabetischen Reihung der AutorInnen.

Was den Parameter des Vermittelten betrifft, so ist er zwar längst nicht so dominant, doch ‚unterspült' er die Texte in erstaunlicher Vielfalt. Vermittlungsinstanzen wie Zeitung, Plakat und Lautsprecher simulieren Welt auch in den imaginären Metrowelten der *Lignes de métro*. Sie zählen zum Inventar bei Stanley Péan[6], Michel Désautels[7] und Madeleine Monette[8], werden kritisch bewertet bei Mireille Farguier-Caruso – „vivre vite si seuls / sous l'obscénité des affiches" (Fournier/Sauren 2002: 68) – und Annie Leclerc – „Les soleils et les rires des images publicitaires, loin d'alléger les peines, en augmentent le poids" (Fournier/Sauren 2002: 133). Sie sind Indikatoren des psychischen Zusammenbruchs bei Rober Racine: „Viennent les images, la publicité, la représentation de ces mondes artificiels, alors se le charme se rompt. Surgit la musique, et c'est l'écœurement." (Fournier/Sauren 2002: 168) Schließlich werden sie bewusst eingesetzt, um die Verfasstheit des Subjekts zu verdeutlichen: In Camille Aubaudes Erzählung *La station inconnue* symbolisieren Absenz und verschwommene Konturen eines Metroplans die Unlesbarkeit der Welt und Verlorenheit des Ich, und in Pauline Gills Kurztext *L'enfant du métro* lässt des Vaters Konzentration auf die ‚vermittelnde Instanz' der Zeitung den un-mittel-baren Handlungsbedarf übersehen.[9] Der gemeinsame Nenner der 40 Texte ist jedoch die Grunderfahrung der „solitude sans l'isolement" (Augé 1986: 55). Unzählig sind die Passagen, die diese besondere Seinsverfassung zu evozieren suchen: „Tu descends dans l'obscurité / de la terre, la foule / avec toi, descend aussi" (Fournier/Sauren 2002: 53). Weiter: „et tu regardes ces visages / que rassemble la fenêtre", und schließlich: „Tu suis tous ces corps / qui remontent vers le jour." (Fournier/Sauren 2002: 53, 57) Das Gegenüber stellt sich dar im individuationslosen Strom, als Leib oder Körperfragment. Menschen schauen, ohne zu sehen – „tu attends et croises des gens qui ne te voient pas" (Fournier/Sauren 2002: 71) – oder aber:

---

6   „À l'entrée de chaque bouche, je ramasse les journaux gratuits, les hebdos comme les quotidiens […]. Il paraît que c'est à ce réflexe débile qu'on reconnaît les vrais Montréalais." (Fournier/Sauren 2002: 157)

7   „En se laissant une marge de cinq minutes, il pourrait admirer les écrans publicitaires géants qui pixélisaient de nouveaux univers toutes les semaines." (Fournier/Sauren 2002: 46)

8   „Dans la station que laboure un grésillement de haut-parleur." (Fournier/Sauren 2002: 150)

9   Zu erwähnen sind ferner gelegentliche, textlich vermittelte Intrusionen von Filmen (*Subway*, *Intimacy*), Fotos und literarischen Texten (Saint-Denys-Garneau; *Héloïse* von Anne Hébert).

Te voilà prise dans le tintamarre aveugle, les odeurs, les hommes, les femmes, les grands, les petits, pressés les uns contre les autres, chacun en son
destin, son parcours, son secret, ensemble et séparés, communément emportés
au flot obscur d'humanité. (Fournier/Sauren 2002: 133)

Indifferenz und Anonymität[10] sind häufige Attribute, wobei die Indifferenz
durchaus Schutz und Maske sein kann: „J'intensifie mon indifférence / Le
mensonge de la feinte." (Fournier/Sauren 2002: 40) Schweigen umhüllt
die Geräusche der Gegenwart – „paroles muselées dans les gorges"
(Fournier/Sauren 2002: 68), „tu attends / debout, entourée du murmure
des voix / chaque son te parvient enrobé" (Fournier/Sauren 2002: 73) –
und schüchterne Zeichen der Intimität verlieren sich in den Gängen
(Fournier/Sauren 2002: 68, 55). Das Fazit zieht Mireille Fargier-Caruso
mit den Worten „vivre vite si seuls" (Fournier/Sauren 2002: 68). Die fun-
damentale Beziehungslosigkeit wirkt sich aber auch auf das Handeln der
ProtagonistInnen aus: Väter und Mütter scheinen die Rolle des liebenden,
leitenden Du beim Eintritt in die Metro abzulegen, Liebesbeziehungen
enden hier, wie Bianca Zagolin es schildert:

tu me regardes
fixement, au-delà des rails;
je te consume
obstinément;
dernier regard, dernier profil,
figé, perdu, noyé,
sans aucun geste de la main
signant la fin. (Fournier/Sauren 2002: 192)

Wiederbegegnungen erlauben keinen Blick auf das wahre Ich des Anderen, sondern machen sich fest am „sourire forcé", hinter dem sich der
drohende Selbstmord verbirgt (Fournier/Sauren 2002: 157-164). In den
Texten von Danielle Fournier und Rober Racine nimmt der Beziehungs-
verlust schließlich traumatische Züge an, während Suzanne Gagné das
Entsetzliche durch Komik zu entschärfen sucht. Eine humoristische
Spielart desselben Themas wählt Naïm Kattan in *Le silence*, wo es die
Unverbindlichkeit der Metro zwei Freunden erlaubt, ihre Lebenslüge
auch weiterhin zu verschleiern.

Die imaginären Metrowelten der *Lignes de métro* zeigen also ein ver-
einsamtes und beziehungsloses Ich, das mit dem Eintritt in die unterirdische Welt auch das eigene Fremdsein konstatiert. Die Identität scheint ,en
suspense' oder wie Claudine Bohi es formuliert: „On n'est pas là / on

---

10 „mais surtout des passants une certaine indifférence / peut-être nécessaire pour commencer
le jour" (Fournier/Sauren 2002: 52); „Elles sont là, ni dehors ni dedans. Immobiles et in-
différentes dans les courants d'air" (Fournier/Sauren 2002: 172); „Chaque humain ici vit
une vie anonyme / Que j'essaie de déchiffrer" (Fournier/Sauren 2002: 40).

s'oublie tout de suite [...] On est ailleurs [...] On s'efface [...] On fait semblant." (Fournier/Sauren 2002: 34, 35) Der Ich-Verlust erinnert an eine Abwärtsbewegung „dans un trou noir" (Fournier/Sauren 2002: 152), der im besten Fall ein Aufstieg – ein „ramener vers la vie" (Fournier/Sauren 2002: 130) – folgen kann. Andere Autorinnen wie Danielle Dussault zeichnen ein illusionsloses Bild des modernen Menschen, den sie in der Metro orten. Sein Ich „[a] pris congé de son âme", in der neuen Freiheit entdeckt es den Tod, ihm droht die Gefahr „une âme lisse et sans rébellion" zu werden (Fournier/Sauren 2002: 64, 65). Nur selten klingt die Möglichkeit einer Selbstfindung an, und wo dies der Fall ist, erfolgt sie in jenem Moment, wo der Protagonist die Metro wieder verlässt. So findet das Ich bei France Théoret unmittelbar vor dem Verlassen der Metro seine Einheit wieder:

> mon visage tendu vers son reflet
> dans la vitre miroir de la portière
> pouvoir du noir l'unité retrouvée
> rassérénée le pas rapide vers la sortie (Fournier/Sauren 2002: 181)

und das Ich der Geschichte *Rue Saint-Denis* von André Romus verlässt die Metro bezeichnenderweise bei der Station Sauvé. Daneben aber fehlt auch jene Facette nicht, die Augé als passive Freuden der Anonymität und aktive Freuden des Rollenspiels bezeichnet hat (Augé 1994: 120, 121). In Carole Massés Erzählung *À ces compagnons de route inconnus* bekennt sich ein weibliches Ich zur „gratuité' des Betrachtens „avec la passion désintéressée de l'esthète, avec l'avidité du collectionneur d'images". Allerdings: „Pour aimer ainsi, il faut accepter les histoires sans fin, les rêves en tant que rêves, les gestations muettes, les libertés de l'imaginaire, l'absence de clé à l'énigme des autres." (Fournier/Sauren 2002: 139, 138)

„En guise de conclusion' oder: Die Absenz der Farbe auf dem Weg zur Allegorie

In die imaginären Metrowelten unseres Textcorpus ist also ein Ich eingeschrieben, das den eingangs erarbeiteten Parametern spiegelbildlich entspricht. Analog zum Nicht-Ort, als den wir das Biotop Metro bezeichnen, sind Individualität, Geschichte und Relation absent. Das Spiel von Codierung und Freisetzung vom lebensweltlichen Sein lässt Figuren „einsamer Freiheit' entstehen, die in der kognitiven Selbstversenkung punktuell Geschichte und Relation einzuholen versuchen. Es ist ein Ich – dies sei noch einmal betont –, das keine Hautfarbe hat, so wie die Metrostationen farblos bleiben. Von MigrantInnen ist zumindest im vorliegenden Band nicht die Rede. Die beiläufige Erwähnung von Maghrébins, Latinos und einer „bouffée arabique" in *Café civilisé* von André Girard (Fournier/Sauren 2002: 94) betrifft das städtische Umfeld und keinen „Metrotext' im ei-

gentlichen Sinn. Die fremde Herkunft der Protagonisten in Naïm Kattans
Le silence ist für die Geschichte irrelevant, und die bei Racine angesprochene Vergewaltigung wird zwei weißen Männern und einem Schwarzen
zugeschrieben. Einzig in *Voici avril* schenkt die Autorin der schwarzen
Passantin den Bonus eines humanen Lachens. In anderen Worten aber
heißt dies, dass im vorliegenden Corpus die Hautfarbe keinen ‚Primär-
marker' darstellt und die Metro hier nicht als Ort kultureller Differenzen,
auch nicht als kultureller Interferenzraum begriffen wird. Ob damit auch
eine Facette der Metropolis selbst – Montréal „in a nutshell" – angesprochen ist, scheint zumindest als Frage legitim.

Die Absenz der Farbe im Biotop des Metrotexts könnte schließlich ein
weiteres Kapitel unterstreichen, das jedoch den vorgegebenen Rahmen
sprengt. Es könnte von den allegorischen Metrowelten sprechen, die in
Lignes de métro immer wieder anzuklingen scheinen. Immer wieder ver-
gleichen die AutorInnen das Biotop Metro mit einer unterirdischen Stadt,
einem Labyrinth, einem Irrgarten, einem Rhizom, einem animalischen
Ungeheuer und dergleichen. Immer wieder steht die Metroerfahrung als
Symbol für das Leben, die Reise, den Durchgang, für den Kreuzweg, die
Vereinsamung und Vergänglichkeit, für die Rückkehr in die Erde, in den
Mutterleib und die Tiefen der Psyche. All diese Bilder aber verweisen auf
Universalien und lassen die eine zentrale Frage offen: Hat der Nicht-Ort
denn Raum für die Migration?

Bibliographie

Augé, Marc 1986, *Un ethnologue dans le métro*, Paris.
Augé, Marc 1994, *Orte und Nicht-Orte. Vorüberlegungen zu einer Ethnologie
    der Einsamkeit*, Frankfurt a.M.
Certeau, Michel de 1984, *The Practice of Everyday Life*, Berkeley.
Foucault, Michel 1990, „Andere Räume", in: Barck, Karlheinz/Gente, Peter/Pa-
    ris, Heidi/Richter, Stefan (Hg.), *Aisthesis. Wahrnehmung heute oder Perspek-
    tiven einer anderen Ästhetik. Essais*, Leipzig. 34-46.
Fournier, Danielle/Sauren, Simone (Hg.) 2002, *Lignes de métro*, Montréal.
    Hier die in Fournier-Sauren 2002 enthaltenen Kurztexte im Einzelnen:
    Apostolska Aline, Métro Oulipo (11-16). Aubade Camille, La station incon-
    nue (17-23). Barcelo François, Le métro à la campagne (24-29). Bertrand
    Claudine, Au fond de la crypte (30-33). Bohi Claudine, Petite suite métropoli-
    taine (34-35). Bourguignon Stéphane, Recette maison pour une chasse à
    l'ours réussie (36-37). Daoust Jean-Paul, L'arbre souterrain (38-42). Delouze
    Marc, Sous Montréal, un métro de paroles (43-44). Désautels Michel, La der-
    nière course d'Imachi (45-50). Déspatie Stéphane, Station souvenirs (51-52).
    Dorion Hélène, Passants (53-57). Dupuis Gilbert, Le rendez-vous (58-62).
    Dussault Danielle, Nulle part où aller (63-66). Fargier-Caruso Mireille, Yeux
    noués sur les nuques (67-68). Fournier Danielle, Autour d'un regard sans fin
    (69-73). Fournier Jean- François, La nuit qui tua Don Juan (74-79). Gagné

Suzanne, Un autre mauvais coup (80-86). Gill Pauline, L'enfant du métro (87-89). Girard André, Café civilisé (90-95). Gulliver Lili, Les obsédés du métro (96-100). Haeck Philippe, Questions (101-103). Jobin François, Le métro qui tue (104-108). Jouet Jacques, Quelques poèmes de métro (109-114). Kattan Naïm, Le silence (115-122). Lance Alain, Charonne (123-126). Lanctôt Bélanger Marie Claire, Déplier le désir (127-130). Leclerc Annie, Changement de direction (131-136). Massé Carole, À ces compagnons de route inconnus (137-139). Massicotte Sylvie, Voici avril (140-145). Mistral Christian, Thérèse (146-147). Monette Madeleine, L'heure grise (148-151). Ouellette-Michalska Madeleine, Un wagon pour Chester (152-156). Péan Stanley, Ton sourire triste, sur le quai d'en face (157-164). Racine Rober, Je serai un incident, un délai (165-171). Roger Danielle, Un certain calvaire (172-173). Romus André, Rue Saint-Denis (174-176). Sauren Simone, Panne d'électricité (177-179). Théoret France, Ovale noir (180-181). Vignes François, Les métroglodytes (182-188). Zagolin Bianca, Au-delà des rails (189-194).

Mahler, Andreas 1999, „Stadttexte-Textstädte. Formen und Funktionen diskursiver Stadtkonstitution", in: Mahler, Andreas (Hg.), *Stadt-Bilder. Allegorie. Mimesis. Imagination*, Heidelberg. 11-36.

Mathis-Moser, Ursula 2003, *Dany Laferrière. La dérive américaine*, Montréal.

Mazzoleni, Donatella 1993, „The City and the Imaginary" (übersetzt von John Koumantarakis), in: Carter, Erica/Donald, James/Squires, Judith (Hg.), *Space and Place: Theories of Identity and Location*, London. 285-301.

Milon, Alain 2004, „Métro. Une transhospitalité", in: Montandon, Alain (Hg.), *Le livre de l'hospitalité*, Paris. 693-724.

Nitsch, Wolfram 1999, „Paris ohne Gesicht. Städtische Nicht-Orte in der französischen Prosa der Gegenwart", in: Mahler, Andreas (Hg.), *Stadt-Bilder. Allegorie. Mimesis. Imagination*, Heidelberg. 305-321.

Sansot, Pierre 1994, *Poétique de la ville*, Paris.

Shelton, Danielle (Hg.) 2005, *L'Espoir*, Montréal.

Multikulturelles Toronto –
vergessene Bilder, geteilte Welten

Village Idiot Pub – L'Idiot du Village Pub, Toronto © Verena Berger

Paul Morris

Ankunft in Toronto: Zeitgenössische kanadische Literatur und die Repräsentation der Identität von MigrantInnen

Imagining identities

Gegenwärtig wird die einer Wandlung unterworfene kanadische Gesellschaft von zwei wichtigen Entwicklungen geprägt, von der zunehmenden externen Migration nach Kanada und der internen in Richtung einiger weniger Metropolen. Mehr als jede andere Stadt in Kanada zeugt Toronto von den Auswirkungen dieser Migration. Mit 3,5 Millionen EinwohnerInnen – die Hälfte davon ist außerhalb von Kanada geboren – ist diese Metropole ein Zentrum des Multikulturalismus. Das am Ontario See gelegene Toronto zieht jährlich ungefähr 43 Prozent der knapp 200.000 Zuwanderer nach Kanada an. Über diese Tendenzen verkörpert Toronto auch die offizielle (Migrations-) Politik und somit einen wichtigen Aspekt der für Kanada maßgeblichen Identitätskonstruktion (vgl. Ibbitson 2005: 1-3).

Vor diesem Hintergrund verwundert es nicht, dass in der anglo-kanadischen Literatur des späten zwanzigsten Jahrhunderts die Migration insbesondere anhand von Toronto thematisiert wird. Die Metropole fungiert als Schauplatz für die literarische Darstellung des Lebens von ImmigrantInnen und ist dabei mit den kulturellen Spannungen, die Migrationsprozesse mit sich bringen, konfrontiert. Im literarischen Feld Kanadas haben Einwanderer stets eine konstitutive Rolle gespielt, sei es als AutorInnen, die das Leben von MigrantInnen in die ,großen Erzählungen' der dominanten Kultur einschreiben, sei es als Objekte literarischer Darstellung. In diesem Sinne haben sie einen deutlichen Beitrag zu einem differenzierteren literarischen Bild von Kanada geleistet und sind heute Teil der von Anderson beschriebenen „imagined communities" (vgl. Anderson 1991). In Kanadas Immigrantenliteratur steht die Repräsentation neuer Einwanderergruppen bei ihrer Ankunft in Toronto nicht nur für eine Weiterentwicklung einer literarischen Tradition, sondern sie verkörpert auch neue Formationen individueller wie nationaler Identität. Die literarische Darstellung von Toronto als Ankunftsort ist folglich ein wichtiger Bestandteil der Reflektion über die sich wandelnde kanadische Identität: Seit der Konföderation von 1867 haben sich in Kanada drei staatliche Konzeptionen nationaler Identität manifestiert (Palmer 1994: 297-98). Die wechselnden Erwartungen gegenüber den Einwanderern entsprachen um die Jahrhundertwende der ,anglo-conformity', nach dem Zweiten Weltkrieg dem kanadischen ‚melting-pot' oder dem heute maßgeblichen Modell des ‚multiculturalism'. Die unterschiedlichen Ansätze hatten entscheidende Auswirkungen auf den urbanen Alltag und seine Repräsentationsformen in Kulturprodukten.

Dies gilt auch für aktuelle literarische Darstellungen von Toronto, die im Kontext der Immigrationsthematik auf aktuelle Entwicklungen in Kanada verweisen. Viele in Toronto angesiedelte Texte lassen erkennen, dass das nationale Konzept von Selbstidentität wieder in Bewegung ist. Die kanadische Gesellschaft ist im Begriff, sich von dem Paradigma des Multikulturalismus mit seiner Fokussierung auf kollektive Identitätskategorien wie dem der Ethnizität zu Gunsten eines flexibleren Ansatzes zu lösen. Kanada bewegt sich somit auf ein neues Paradigma zu, welches persönlichen Dimensionen von Identität mehr Bedeutung beimisst. Das Augenmerk richtet sich folglich nicht mehr so sehr auf die Verschiedenheit oder *différence,* sondern auf die ‚Selbsterfindung' des Individuums – was auch die Freiheit des Andersseins beinhaltet – und fördert die Möglichkeit einer Identität des „rooted cosmopolitanism", wie es der Philosoph Anthony Appiah ausführt. In seinem Buch *The Ethics of Identity* konstatiert Appiah einen kreativen Prozess der Selbsterfindung, wobei sowohl persönliche als auch kollektive Identitätskategorien von gestaltender Bedeutung sind:

> To create a life, in other words, is to interpret the materials that history has given. Your character, your circumstances, your psychological constitution, including the beliefs and preferences generated by the interaction of your innate endowments and your experience: all these need to be taken into account in shaping a life. They are not constraints on that shaping; they are its materials. As we come to maturity, the identities we make, our individualities, are interpretive responses to our talents and disabilities, and the changing social, semantic, and material contexts we enter at birth; and we develop our identities dialectically with our capacities and circumstances, because the latter are in part the product of what our identities lead us to do. (Appiah 2005: 163)

Es ist die literarische Darstellung dieses dynamischen Prozesses der Selbsterfindung als Individuum, ImmigrantInnen und KanadierInnen – zwischen „capacities and circumstances" – der die Literatur der Ankunft in Toronto besonderes Interesse schenkt.

Von Québec nach Winnipeg

In der anglo-kanadischen Literatur haben einige Städte eine besondere Rolle in Bezug auf Kanadas literarische und nationale Entwicklung gespielt. Die verschiedenen Phasen der historischen Entwicklung Kanadas wurden in der Literatur immer wieder verarbeitet. Das jeweilige historische Paradigma der ‚nationalen Identität' ist dabei insbesondere im Kontext der Schilderung von ImmigrantInnen zum Ausdruck gekommen. Kanadas koloniale Vergangenheit und seine Rolle als ‚Sprössling' des englischen Mutterlandes wurde zum Beispiel in Susanna Moodies kanonischem Werk *Roughing It in the Bush* (1852) thematisiert: Nach der Ankunft der Protagonistin in Kanada lässt sich ein kontinuierlicher sozialer Abstieg dieser englischen Lady feststellen. Sie ist gezwungen, aus dem urbanen Québec ins Landesinnere zu ziehen und wird zu einer verarmten Pionierbäuerin. Zurück in Québec, kann sie im sich im städtischen Umfeld doch noch eine gesicherte Existenz als Frau eines Kolonialoffiziers aufbauen.

Während Kanadas erster Massenimmigrationswelle am Ende des 19. Jahrhunderts, nur wenige Jahre nach der Veröffentlichung von *Roughing It in the Bush*, wurde vor allem Winnipeg zur Hauptstadt der Einwanderung. Als Tor zum „last, best West" verkörperte Winnipeg Kanadas Streben nach einer neuen Identität und einem neuen nationalen Selbstbewusstsein als agrarisches Land, das vom Charakter her unmissverständlich britisch war. Die Darstellung von Winnipeg in Romanen von F.P. Grove, Laura Salverston, Ralph Connor, Nellie McClung, John Marlyn und anderen zeugt von der Vielfalt der literarischen Verarbeitungen der großen Migrationsströme aus Europa. Seit dem Zweiten Weltkrieg und in Einklang mit Kanadas kontinuierlicher Verstädterung wurde Toronto schließlich zum Zentrum – sowohl der Immigrationsbewegungen nach Kanada als auch der literarischen Auseinandersetzung mit der Einwanderung.

Stadt und Literatur im kanadischen Kontext

Trotz mancher Ähnlichkeiten mit früheren Darstellungen von einzelnen Städten als Ankunftsorten und Immigrantenzentren weist die kanadische Literatur der letzten Jahrzehnte des zwanzigsten Jahrhunderts gerade im Hinblick auf Toronto neue Tendenzen auf. Denn bisher waren die Städte vor allem Orte eines hegemonialen Konzepts der Nationalidentität. Die Stadt verkörperte die angestammten kulturellen Normen, an denen der soziale Erfolg oder das Scheitern der Einwanderer gemessen wurden. In der gegenwärtigen Literatur ist die Stadt – und insbesondere Toronto – kein Ort mehr, wo Einwanderer in ihrer kulturellen Eigenheit und vor allem in ihrem ethnischen ‚Anderssein' mit einem homogenen kanadischen Umfeld konfrontiert werden. Diese Wandlung drückt sich nicht zuletzt in neuen Modellen der Stadtrepräsentation aus.

Obwohl es nicht Hauptthema dieses Aufsatzes ist, scheint es dennoch erwähnenswert, dass die Texte, die Toronto als ‚Einwandererstadt' darstellen, eine selbstbewusste Stadtliteratur verkörpern, wie es in der Geschichte der kanadischen Literatur nur selten der Fall war. Vor wenigen Jahren konnte Heinz Ickstadt konstatieren: „That the literary imagination of Anglo-Canada has never been overly attracted to the city is more or less a matter of critical consensus." (Ickstadt 1991: 163) Er fügt hinzu, dass „[i]n its slow evolution until 1960, Canadian fiction simply bypassed the city, neither taking it for an extraordinary fact of experience and consciousness nor as an extraordinary challenge to the literary imagination" (Ickstadt 1991: 168). In früherer Zeit ließen weder die „imagined communities" Kanadas noch die anglo-kanadische Literatur eine starke Verbindung zur Stadt erkennen. Dies lässt sich auch im Hinblick auf die oben genannten Bespiele der frühen Thematisierung der Migration sagen. Die Rückkehr in die urbane Welt der Kolonialzeit, zum Beispiel, wird am Ende von *Roughing It in the Bush* als eine Befreiung beschrieben, ist aber auch handfester Beweis für das Scheitern der Hauptfigur als Pionierin. Letztlich befasst sich dieser Text mit dem fehlgeschlagenen Versuch, der kargen, bedrohlichen Landschaft Leben abzuringen. Moodies Werk stellt im Kontext der Reflexionen über kanadische Identität vor allem eine Warnung vor den unausweichlichen Härten der kanadischen Natur dar. Auch die Pionierromane der Vorkriegszeit sind nicht eigentlich mit Winnipeg befasst, obwohl diese Stadt der Handlung als Kulisse dient. Ralph Connors etwas schematisch erzählter Roman *The Foreigner* (1909) benutzt den Rahmen von Winnipegs „immigrant colony" als Beispiel einer vergifteten, gefährlichen Stadtwelt im direkten Kontrast zum ‚gesunden' Potenzial eines Lebens auf dem Land. Sogar Laura Goodman Salversons *The Viking Heart* (1923) ist weniger an den Lebensmöglichkeiten in der Stadt an sich interessiert als an der Darstellung der Stadt als synekdochischer Repräsentation des Erfolges oder Misserfolges der Einwanderer. Die Entstehung der Stadt spiegelt die des Landes wider und stellt den hart erkämpften Aufstieg der Einwanderer im Prozess des „nation building" dar. John Marlyns *Under the Ribs of Death* (1957) ist zwar durchwoben von der Darstellung der Stadt Winnipeg, dafür werden die Entfaltungsmöglichkeiten des Protagonisten kaum thematisiert. Die Stadt erscheint als eine Verkörperung der kulturellen Hindernisse, welche die Einwanderer von den Einheimischen trennen. Ähnlich verhält es sich mit dem Protagonisten von Brian Moores etwas später entstandenem und in Montréal angesiedeltem Roman *The Luck of Ginger Coffey* (1960). Gründe für Ginger Coffeys nur bedingt erfolgreichen Neuanfang als Einwanderer sind auch die schon fest etablierten und deutlich abgegrenzten gemeinschaftlichen Strukturen der anderen ethnischen Gruppierungen. Die Unmöglichkeit, als irischer Einwanderer in Kanada Fuß zu fassen, wird durch Coffeys problematische Begegnungen mit ethnisch identifizierten Autoritäten und durch seine Unfähigkeit, die ethnisch bestimmten Kodizes Kanadas zu lesen, veranschaulicht. Die literarische Darstellung von Montréal im Roman ist weniger der Stadt an sich gewidmet als der Stadt als Ort einer festen ‚Leitkultur', die dem Anderssein der Minderheiten kaum Rechnung trägt.

Toronto als Zentrum einer neuen Stadtliteratur: Anne Michaels und Michael Ondaatje

Im Gegensatz zu Winnipeg in *Under the Ribs of Death* und Montréal in *The Luck of Ginger Coffey* zeigen einige Beispiele der aktuellen anglo-kanadischen Literatur, dass eine Stadt wie Toronto heute weniger Ort einer ethnisch bestimmten ‚Leitkultur' ist, als ein Ort des Aushandelns neuer Identitätsformationen. Die Stadt Toronto wird hier als Weltstadt konzipiert, als eine kosmopolitische Stadt, der die Spuren anderer Kulturen and Herkunftsorte eingeschrieben sind. In ihrem Roman *Fugitive Pieces* beschreibt Anne Michaels diese Qualität: „[Toronto] is a city where almost everyone has come from elsewhere – a market, a caravansary – bringing with them their different ways of dying and marrying, their kitchens and sons. A city of forsaken worlds." (Michaels 1996: 89) In dieser urbanen Welt sind die Einwanderer nur mehr in geringem Maße gezwungen, ihre kulturellen Gewohnheiten umzustellen. Toronto wird als ein Raum verstanden, wo ImmigrantInnen ihre alte Identität zum Teil behalten und sich gleichzeitig sowohl in der städtischen Lebenswelt als auch im gesamtkanadischen Rahmen ‚neu erfinden' können. In diesem paradigmatischen Prozess der Neuerfindung spielt der Grundstein des Multikulturalismus – Ethnizität – eine deutlich untergeordnete Rolle, sei es für das Land Kanada oder für die Individuen. Viel wichtiger als die Kategorie Ethnizität sind individuelle Erfahrungen. Die Stadt, die seit jeher als ein Ort gilt, an dem restriktive Bindungen gelöst werden können, ist in der zeitgenössischen Literatur mehr denn je ein Ort, an dem Neuankömmlinge von alten sozialen Zwängen und Vorstellungen kollektiver Identität entbunden werden.

Wie die folgenden Betrachtungen zu Michael Ondaatjes *In the Skin of a Lion*, M.G. Vassanjis *No New Land* und Dionne Brands *In Another Place, Not Here* zeigen werden, spielt Toronto eine wichtige Rolle in dieser Entwicklung hin zu einer vielfältigen Stadtkultur, die Raum zur Entfaltung persönlicher Freiheiten lässt und sich jenseits des kanadischen Multikulturalismus positioniert. Michael Ondaatjes Roman *In the Skin of a Lion* (1987) macht die Stadt Toronto und die hier lebenden Einwanderer zu ProtagonistInnen. In den zwanziger und dreißiger Jahren angesiedelt, zeigt der Roman, dass viele Errungenschaften dieser Zeit Einwanderern zu verdanken sind und dass die britische Vorherrschaft in Kanada eine politisch gestützte Fassade ist, hinter der Einwanderer arbeiten und leiden. *In the Skin of a Lion* ist viel mehr als eine bloße Beschreibung der Geschichte Torontos und seiner ethnischen Vielfalt. Der Roman ist auch eine Reflexion darüber, was es bedeutet, Einwanderer und Kanadier, Einheimischer und Fremder zu sein. In Ondaatjes Roman werden diese Kategorien im Zuge eines Prozesses der Hybridisierung aufgelöst. Die Einwanderung wird als eine existentielle Erfahrung beschrieben, losgelöst von der eher nebensächlich erscheinenden nationalen Herkunft. Wesentlich erscheint hier weniger das Überschreiten von nationalen Grenzen als das Überwinden von Lebensmustern, welche die persönliche Freiheit der ProtagonistInnen beschneiden. Gleichzeitig wird aber auch die traditionelle kanadische Identität im Sinne einer Fokussierung auf die Geburtsnation und die ethnische Zugehörigkeit in Frage gestellt. Statt alter oder neuer nationaler oder ethnischer Zuschreibungen rückt das persönliche Engagement der ProtagonistInnen in den selbst gewählten sozialen Gemeinschaften ins Zentrum.

Über den Protagonisten Patrick Lewis erhält Ondaatjes Text eine Perspektive, welche die Frage nach der kanadischen Identität betont. Der anglo-protestantische Lewis repräsentiert als Holzfäller und Bauer scheinbar das Klischee des Kanadiers. Patrick und seine Kultur stellen eine vermeintlich genauso feste Essenz dar wie der Granit des ‚Canadian Shield‘, von dem er stammt. Sein Vater und er selbst sind Sprengstoffexperten. Doch während sein Vater auf dem Land mit Dynamit arbeitet, versucht Patrick in Toronto, eine symbolhafte architektonische Errungenschaft der angelsächsischen Stadt, das Wasserwerk, explodieren zu lassen. Anhand dieses Objekts, über das auf die sozialen und ethnischen Verhältnisse in Toronto und Kanada angespielt wird, wird deutlich gemacht, dass die traditionellen Kategorien nicht mehr mit dem urbanen Alltag Kanadas in Einklang zu bringen sind. Hier ist es nicht ein ethnisch Fremder, der einer Transformation unterzogen wird, sondern ein Kanadier, dessen Identität mit seinem Umzug in die Stadt Toronto ins Wanken gerät. Patricks Entwicklung steht symbolisch für jene Kanadas – er ist geboren und aufgewachsen auf dem Land, wo er in den Primärindustrien des neunzehnten Jahrhunderts gearbeitet hat. Seine Ankunft in Toronto wird wie das Eintreffen eines Einwanderers in einem neuen Land beschrieben:

> Patrick Lewis arrived in the city of Toronto as if it were land after years at sea. Growing up in the country had governed his childhood: the small village of Bedrock, the highway of river down which the log drivers came, drinking, working raucous, and in the spring leaving the inhabitants shocked within the silence. Now, at twenty-one, he had been drawn out from that small town like a piece of metal and dropped under the vast arches of Union Station to begin his life once more. He owned nothing, had scarcely money. There was a piece of feldspar in his pocket that his fingers had stumbled over during the train journey. He was an immigrant to the city. (Ondaatje 1987: 53)

Patrick erscheint hier auch im metaphorischen Sinn als Einwanderer, der zwar nicht seine Staatsangehörigkeit wechselt, wohl aber seine Identität verändert. Unmittelbar nach seiner Ankunft an der Union Station spricht Patrick seinen Namen aus, ohne bei den vorbeigehenden Leuten eine Reaktion hervorzurufen. In Toronto ist er ein unbeschriebenes Blatt. Entwurzelt von seiner ländlichen Herkunft wird er nun zu einem ‚Searcher‘, einem Mann auf der Suche nach dem verschollenen Millionär Ambrose Small. Als Suchender ähnelt Patrick den anderen Figuren in Ondaatjes Roman: Clara Dickens, die Schauspielerin, Alice Gull, die ehemalige Nonne, Caravaggio, der Dieb und Nicolas Temelcoff, der Wirtschaftseinwanderer aus Mazedonien. Sie alle sind, wie Patrick, Suchende, Leute, die sich in Toronto neu finden und erfinden müssen. Patrick trifft unter den Arbeitern und Einwanderern des Immigrantenviertels in Toronto nicht nur ein Gemeinschaftsgefühl an, sondern er sieht auch sein ‚Heimatland‘ mit anderen Augen. „He has always been alien, the third person in the picture. He is the one born in this country who knows nothing of the place. [...] And all of his life Patrick had been oblivious to it, a searcher gazing into the darkness of his own country [...].“ (Ondaatje 1987: 156-57) Letztlich wird Patrick analog zur kanadischen Gesellschaft transformiert. Die Stadt Toronto ist Schauplatz für die Ablösung eines kanadischen Selbstverständnisses, das Kriterien wie nationale Zugehörigkeit und Ethnizität ins Zentrum rückte und nun allmählich obsolet wird.

Stadt und Migration bei Rohinton Mistry und M.G. Vassanji

Auf prägnante Weise beschreibt Rohinton Mistrys Zyklus von Kurzgeschichten *Tales from Firozsha Baag* (1997) eine Reihe von Einwanderern, deren Leben durch verschiedene Ereignisse transformiert wird und die ihr Leben aktiv neu gestalten. Zehn der elf Geschichten schildern das Leben in einem Hochhaus in Bombay, Firozsha Baag. Erst die letzte Geschichte des Zyklus, *Swimming Lessons,* spielt in Toronto. Sie beschreibt die Erfahrungen eines jungen Schriftstellers und Einwanderers während seines ersten Jahres in Kanada. Der junge Mann wohnt in einem Mietshaus in der Vorstadt, das auffällige Ähnlichkeiten zu Firozsha Baag zeigt. Die Nachbarn in Toronto scheinen von ähnlichen Impulsen wie jene in Bombay geleitet zu sein. Trotzdem ist Toronto nicht Bombay und der junge Mann muss lernen, in seiner neuen Umgebung zu leben. Dabei greift Mistry auf die Metapher des Schwimmens zurück: Schwimmen lernen steht für die Fähigkeit des Protagonisten, sich in Kanada anzupassen, aber auch für den sozialen Aufstieg, den ihm die Stadt ermöglicht: In Bombay hat er nie Schwimmen gelernt, weil das Wasser von Chaupatty Beach, unweit seines Geburtsortes, zu schmutzig war. In Toronto überwindet er die Vergangenheit und ‚taucht‘ in ein neues Leben ein.

Einen ähnlichen Integrationsprozess beschreibt M.G. Vassanji in seinem Roman *No New Land* (1991). Wie der Ich-Erzähler aus *Swimming
Lessons* ist der aus Tansania stammende Nurdin Lalani gezwungen, sich
in einer neuen sozialen Umgebung zu bewegen. Für ihn wird Toronto
zum Schauplatz einer existentiellen Krise. In dieser Stadt kann er sich
von den sozialen Zwängen seiner Vergangenheit lösen. Gleichzeitig verliert er damit aber auch die emotionale Stabilität und Sicherheit eines Lebens, das von Kategorien der Zugehörigkeit und Verantwortung bestimmt
war. Kulturell gesehen erlaubt Toronto alles, ohne etwas Bestimmtes zu
fordern: Hier wohnt Nurdin Lalani mit seiner Familie in einem Hochhaus, das von mehreren eingewanderten Familien bewohnt wird und metaphorisch für Kanada steht. Im multikulturellen Toronto lässt Nurdin seine Identität als Muslim, als East Indian aus Afrika und als Familienvater
hinter sich und lässt sich auf das verführerische, kosmopolitische Leben
der Metropole ein. Er probiert Schweinefleisch, trinkt Bier, besucht eine
Peep-Show und überlegt sich, eine sexuelle Beziehung mit einer Hindu-
Frau, die er aus seiner Kindheit in Tansania kennt, anzufangen. Nurdins
Selbstzweifel und Entfremdung sind so groß, dass er, als er ungerechter-
weise der sexuellen Belästigung beschuldigt wird, bereit ist, dies selbst zu
glauben. Schließlich kann er seine Identitätskrise nur überwinden, indem
er die Erinnerungen an seinen extrem frommen Vater ‚auslöscht'. Erst
nachdem er diese Autorität seiner Vergangenheit überwunden hat, ist er
fähig, sich wirklich auf eine Zukunft in Kanada einzulassen. Am Ende
des Romans konstatiert Nurdin: „with this past before you, all around
you, you take on the future more evenly matched" (Vassanji 1991: 207).
    Eine weitere, weniger dramatische, aber umso weitreichendere Di-
mension der Identitätsfindung in Kanada kann am Beispiel von Nurdins
heranwachsender Tochter Fatima veranschaulicht werden. Während die
Haupthandlung des Textes Nurdins Identitätskrise beschreibt, ist eine
wichtige Nebenhandlung mit Fatima Lalanis ebenso schicksalhafter Entwicklung befasst. Die Lösung von Nurdins Problemen liegt in seiner Loslösung von den Traditionen. Für Nurdin liegt die ‚Gefahr' in der geographischen und kulturellen Distanznahme von seinem Leben in Tansania.
Seine Tochter ist demgegenüber weitaus mehr mit der Zukunft im Lande
beschäftigt. Der Bruch mit den Traditionen konfrontiert Fatima einerseits
mit der Gefahr eines moralischen ‚Abstiegs' in eine von materiellen Din-
gen bestimmte Lebensart. Dabei stehen einander die Distanzierung von
der väterlichen Autorität und Liebe sowie die Chance einer aktiven Gestaltung der Zukunft gegenüber. Dies impliziert auch neue Bildungsmög-
lichkeiten, die in Fatimas Heimatland nicht erreichbar wären.
    Schon am Anfang von *No New Land* wird die Tragweite von Nurdins,
aber auch Fatimas Dilemma angekündigt: „In the home of the Lalanis in

Sixty-nine, two catastrophes struck on the same day, one more serious than the other." (Vassanji 1991: 3) Nurdins Probleme sind in der Tat gravierender als die Fatimas. Trotzdem sind deren Sorgen gleichermaßen mit den Auswirkungen von Einwanderung verbunden: Fatima versucht, sich an den kanadischen Lebensstil anzupassen, indem sie die materiell definierten Standards von Lebensqualität zu ihren eigenen macht. Fatimas selbst definiertes Lebensziel lautet „"Become rich'" (Vassanji 1991: 4), ein Wunsch, über den die sonst nur schwer zu erreichende Zulassung zu einem Studium der Naturwissenschaften möglich erscheint. Fatima wird zwar nicht im von ihr angestrebten finanziellen Sinn ‚reich'. Doch ermöglicht ihr die Zulassung für die ‚Arts and Sciences' ein Studium der Medizin, so dass sie letztlich ihre Zukunft nach ihren eigenen Wünschen formen kann. Wie Nurdin wird auch Fatima ihre Zukunft selbst gestalten können; beide können, aufbauend auf den Traditionen, schließlich doch im Hier und Jetzt ein neues Selbstbewusstsein entwickeln. Das Leben in Toronto ermöglicht beiden, eine Identität jenseits der Imperative von Gruppenkategorien wie Ethnizität, Religion und Geschlecht zu entwickeln.

Dionne Brands *In Another Place, Not Here*

Wenn „Swimming Lessons" und *No New Land* als Entwürfe eines chancenreichen Lebens in Toronto bezeichnet werden können, bringt Dionne Brands Roman *In Another Place, Not Here* (1996) eine kritische Betrachtung fehlender Menschlichkeit in der Metropole. Brands Roman erzählt von Verlia und Elizete, zwei karibischen Frauen mit verschiedenen, aber nicht ganz unähnlichen Erfahrungen in Kanada und insbesondere im von sozialer Ungleichheit geprägten Toronto. Beide Frauen sind hier mit patriarchalischer Gewalt und kapitalistischer Unterdrückung konfrontiert. Elizete, eine ungebildete Feldarbeiterin, wird in Toronto missbraucht, nicht weil sie einem bestimmten Land und einer bestimmten Kultur entstammt, sondern weil sie schwarz und eine Frau ist. Elizete betont so, auf Virigina Woolf anspielend, dass das materiell orientierte Kanada viele Zimmer, aber keinen Platz zum Leben bietet: „Here, there were many rooms but no place to live." (Brand 1996: 63) Verlia musste während eines Aufenthalts in der Kleinstadt Sudbury Ähnliches erleben: Im Haus ihrer Tante und ihres Onkels erlebt Verlia ein Mindestmaß an wirtschaftlicher Sicherheit, aber auch die deprimierende Abwesenheit von menschlicher Wärme. Sudbury wird als Metapher für ein sozial kaltes Kanada verwendet, für dessen Charakterisierung Bilder wie Eis und Schnee verwendet werden. Trotz der ökonomischen Versprechungen, die vor allem ihre Verwandten als verlockend ansehen, erscheint Verlia ein Leben in Kanada wie eine Todesstarre: „[…] they were offering her a pillow in their

grave, in their coffin engraved in ice, ice, ice, in their donut smelling
walking dead sepulchral ice." (Brand 1996: 149)

Obwohl sich Kanada für die beiden Frauen generell als unzureichende
soziale und geistige Heimat darstellt, sind die Perspektiven, die Toronto
bietet, doch anders geartet. Die Metropole weist andere Möglichkeiten
der Selbst(er)findung auf, auch wenn sie für Verlia nach ihrer Flucht aus
Sudbury keine neue Heimat darstellen kann. Ihre Gefühle der allgemeinen Gleichgültigkeit und Entfremdung gegenüber Toronto beruhen auf
Erfahrungen, die sich auf ihre Hautfarbe und ihr Geschlecht beziehen,
während ihre ethnische Herkunft nie Ablehnung hervorgerufen hat. Es
sind also ein latenter Rassismus und Chauvinismus im Sinne einer weißen ‚Leitkultur', die sie in die Isolation treiben und sie hier nicht ‚hei-
misch' werden lassen. Gleichzeitig ist diese Ablehnung für sie auch ein
Ansporn, sich in Opposition zum Status quo zu begeben. Toronto bietet
Verlia den Freiraum, andere Milieus aufzusuchen und sich neu zu definieren: „She knows that this city will not disappoint her because she ex-
pects nothing; only what she can make." (Brand 1996: 154) Wichtig für
ihre menschliche Entwicklung ist nicht, dass Toronto kanadisch, sondern
dass es eine Metropole ist:

> She knew that there had to be a way out that wasn't succumbing to appari-
> tions or accepting one's fate. She wants to be awake. She had to get out of
> where she was to understand it like this. And it doesn't matter that it's To-
> ronto or a country named Canada. Right now that is incidental, and this city
> and this country will have to fit themselves into her dream. It could have been
> any city, London, Glasgow, New York, Tulsa. [...] Any city would have done
> it, any city away from the earth-bound stillness of her own small town, any
> city from which she could look back from a distance separating her own be-
> ing from its everyday pull. Any city where she could be new. Any city where
> she could start out. (Brand 1996: 159)

Hiermit knüpft Brands Erzählung an eine lange Tradition von Stadtliteratur an, wie sie aber nur selten in der kanadischen Literaturgeschichte anzutreffen ist. Im Gegensatz zu den vielen Helden der Stadtliteratur, welche die Stadt als Ort der Anonymität und Geschäftstätigkeit nutzen, um
Karriere zu machen, verzichtet Brands Protagonistin darauf. In Toronto
schließt sich Verlia politischen Gruppierungen an, die ihren ideologischen Vorstellungen entsprechen. Verlia definiert sich zunehmend weniger durch ihre Herkunft aus der Karibik als durch ihr Engagement als Re-
volutionärin und Lesbierin. Insofern ermöglicht der städtische Raum die
Chance, eine Identität zu schaffen, welche bewusst gewählte Zugehörigkeiten (zu alternativen Gemeinschaften) traditionellen Kategorien (wie
z.B. Religion und Nationalität) vorzieht. Toronto bietet in diesem Sinne
einen Freiraum, in dem post-ethnische Identitäten lebbar sind.

Fazit

Wenn es eine Stadtliteratur in Kanada gibt, dann ist das zeitgenössische Toronto sicherlich die erste Adresse dafür. Dass sich in den letzten Jahren eine literarische Tradition entwickelt hat, welche die Metropole thematisiert, hat sicherlich auch mit dem hohen Anteil an Einwanderern in Toronto zu tun. Bücher wie Nino Riccis *Where She Has Gone* (1997) oder David Bezmozgiss *Natasha* (2004) bezeugen dies. Wie hier dargelegt wurde, sind wichtige Hinweise auf die Entwicklung Kanadas in der gleichzeitigen literarischen Schilderung der Einwanderung und des städtischen Raums zu finden. In der Darstellung der Stadt, insbesondere in der Romanliteratur zum Thema der Immigration, scheint sich eine Entwicklung der kanadischen Gesellschaft vom Multikulturalismus zu einer post-ethnischen Gesellschaft anzudeuten. Ondaatjes *In the Skin of a Lion* definiert die Bedeutung von Einwanderern neu und relativiert die traditionelle Wahrnehmung einer homogenen angelsächsischen ‚Leitkultur'. *Swimming Lessons* und *No New Land* zeigen, dass ImmigrantInnen in Toronto in der Lage sind, ihre eigene Identität neu zu formulieren und sich von der kulturellen Last der Vergangenheit zu befreien. Brands *In Another Place, Not Here* veranschaulicht, wie Menschen in einer Stadt wie Toronto die Freiheit haben, ja sogar aufgefordert sind, ihre Identität nach selbst gewählten Werten und Kategorien der Zugehörigkeit zu bilden. Alle die behandelten Texte lassen sich in dem Sinne deuten, dass sich in Kanada ein kulturelles Leben post-ethnischer Prägung entwickelt. Die Kategorie Ethnizität, die einst Grundstein des staatlich verordneten Identitätsparadigmas ‚Multikulturalismus' war, spielt eine nicht unbedeutende, aber kleiner werdende Rolle, sowohl im Bereich der individuellen Identitätsfindung als auch auf der Ebene der kollektiven Selbstdeutung. Die sich wandelnde literarische Tradition Kanadas veranschaulicht diese Entwicklungen nicht zuletzt über das Bild der Metropole Toronto.

Bibliographie

Anderson, Benedict 1991 (1983), *Imagined Communities*, London.
Appiah Kwame, Anthony 2005, *The Ethics of Identity*, Princeton.
Bezmozgis, David 2004, *Natasha and other Stories*, New York.
Brand, Dionne 1996, *In Another Place, Not Here*, Toronto.
Goodman Salverson, Laura 1925 (1923), *The Viking Heart*, Toronto.
Ibbitson, John 2005, *The Polite Revolution: Perfecting the Canadian Dream*, Toronto.
Ickstadt, Heinz 1991, „The City in English Canadian and US-American Literature", in: *Zeitschrift für Kanada-Studien* 19-20/1-2. 163-73.
Marlyns, John 1990 (1957), *Under the Ribs of Death*, Toronto.
Michaels, Anne 1996, *Fugitive Pieces*, Toronto.

Mistry, Rohinton 1997, *Tales from Firozsha Baag*, Toronto.

Moodie, Susanna 1990 (1852), *Roughing in the Bush or Life in Canada*, Ottawa.

Moore, Brian 1994 (1960), *The Luck of Ginger Coffey*, London.

Ondaatje, Michael 1987, *In the Skin of a Lion*, London.

Palmer, Howard 1994, „Reluctant Hosts. Anglo-Canadian Views of Multiculturalism in the Twentieth Century", in: Tulchinsky, Gerald (Hg.), *Immigration in
Canada. Historical Perspectives*, Toronto. 297-333.

Ricci, Nino 1997, *Where she has gone*, Toronto.

Vassanji, M.G. 1997 (1991), *No New Land*, Toronto.

Robin Curtis

Multikulturalismus und das Vergessen.
Zu Atom Egoyan und Gariné Torossian

Seit Längerem geht in Toronto ein Gerücht um, das Gerücht, dass Toronto die multikulturellste Stadt der Welt sei. Schon 1989 hat der damalige Bürgermeister Torontos, Art Eggelton, folgende Bemerkung gemacht, die seither in diversen – fast immer unbelegten – Varianten tradiert wurde: „Toronto is noted by the United Nations as the most racially-diverse city in the world."[1] Erst im Oktober 2004 wurde diese Behauptung in einer Veröffentlichung des CERIS (*Joint Centre of Excellence for Research on Immigration and Settlement*) – einem Konsortium der verschiedenen Universitäten Torontos, das sich der Erforschung von Immigration in Toronto widmet – näher unter die Lupe genommen und als weit verbreitete ‚Urban Legend' dementiert, und zwar mit der Bemerkung, dass „kein Beleg dafür zu finden ist, dass es jemals eine solche Deklaration seitens der UNO oder einer ihrer Kommissionen gegeben hat" (Doucet 2004: 1). Als Ironie der Geschichte könnte man es bezeichnen, dass ein solcher Bericht der UNO ungefähr zeitgleich zu der oben angeführten CERIS-Studie erschienen ist. Nach dem *Human Development Report 2004* des *United Nations Development Programme* (UNDP, Fukuda-Parr 2004) gilt Toronto als die Stadt mit der zweitgrößten Zahl von EinwohnerInnen, die im Ausland geboren wurden.[2] Das hieße folgerichtig, dass es sich um die zweit-multikulturellste Stadt der Welt handeln würde.

Dieses Selbstverständnis Torontos wird nun auch durch andere Untersuchungen gestützt. Laut einer statistischen Erhebung der Stadt Toronto aus dem Jahr 2005 sind 49 % aller EinwohnerInnen der Stadt nicht in Kanada geboren. Mehr als ein Drittel der Bevölkerung spricht zuhause eine andere Sprache als Englisch. Und ein Viertel der in der Stadt lebenden Kinder zwischen fünf und sechzehn Jahren ist in den letzten Jahren nach Kanada eingewandert.[3] Toronto ist schlichtweg eine Stadt, in der das Thema Immigration zum urbanen Alltag gehört. Es fragt sich aber, ob Berichte wie jener des CERIS oder jener des UNDP dazu beitragen können, die Herausforderungen, die das multikulturelle Leben stellt, zu be-

---

1 Paul Moloney, „Police Action Sparks Pleas to Cool Down", *Toronto Star*, Friday, 13 January 1989, A8, zitiert in Doucet 2004: 1.

2 Gleich auf Seite 2 des Berichts steht Folgendes: „Nearly half the population of Toronto was born outside of Canada." Auf Tabelle 5.3 werden Miami (59 % – mit einer weitgehend hispanischen Bevölkerung), Toronto (44 %), Los Angeles (41 %) und Vancouver (37 %) als die ersten vier Städte, „by share of foreign born population 2000/01", verzeichnet.

3 Diese Daten entstammen Erhebungen der *Urban Development Services*, Toronto. URL: http://www.toronto.ca/toronto_facts/diversity.htm (17.07.2006).

wältigen. Beide Berichte plädieren dafür, Multikulturalismus schlicht als Faktum dieser unserer Welt anzuerkennen, da es fast kein Land gebe, das vollkommen homogen sei. „Die beinah 200 Nationen dieser Erde sind eine Heimat für ca. 5.000 Ethnien. Zwei Drittel dieser Länder haben mindestens eine Minorität, entweder religiös oder ethnisch, die mindestens zehn Prozent der Bevölkerung ausmacht." (Fukuda-Parr 2004: 2) Doch erkennen beide Berichte auch an, dass das erfolgreiche Zusammenleben einer ethnisch multiplen Bevölkerung von der öffentlichen Akzeptanz dieser Diversität ebenso abhängt wie vom erfolgreichen Aushandeln konkurrierender und oftmals widersprüchlicher gesellschaftlicher Interessen.[4] In diesem Zusammenhang gilt Toronto zweifelsohne als eine hervorragend geeignete Bühne, auf der solche konkurrierenden Interessen friedlich verhandelt werden können. Aber die Stadt ist auch ein Beispiel dafür, mit welchen Kosten solche individuellen Integrationsleistungen oftmals verbunden sind.

Der individuelle Spagat, den MigrantInnen oft bewältigen müssen, wird häufig in unabhängigen Film- und Videoproduktionen thematisiert. Seit Anfang der neunziger Jahren macht sich diesbezüglich eine kleine Vague in der unabhängigen Filmszene Torontos bemerkbar, die sich Fragen wie denen der Identität, der ‚Ethnizität‘, der Überlieferung, der Sprache und Übersetzung und schließlich der Erinnerung stellt. In diesen Filmen und Videos geht es häufig nicht nur um die visuellen und auralen Aspekte der jeweiligen ethnisch geprägten Erinnerung, die unproblematisch als Identitätsmarker erkennbar ist, es geht vielmehr darum, jene Erinnerungen mit den Konflikten und Widersprüchen der Immigrationserfahrung zu verflechten. In diesem Sinne werde ich mich im Folgenden mit zwei Produktionen dieser Vague befassen, mit Atom Egoyans *Calendar* und mit Gariné Torossians *Girl From Moush*. Beide Filme befassen sich mit der Erinnerung an die armenische Heimat. In beiden Fällen ist bemerkenswert, dass diese Heimat seit mehreren Generationen nicht mehr persönlich betreten wurde, um genau zu sein seit dem Genozid an den Armeniern zwischen 1915 und 1923, der zu einer Massenflucht der Bevölkerung in alle Welt führte. Beide Filme sind 1993 entstanden, als die ehemalige Sowjetrepublik sich langsam dem westlichen Tourismus zu öffnen begann. Während Torossians Film ein ‚No-Budget‘-Experimentalfilm ist, stammt *Calendar* von dem Spielfilmregisseur Atom Egoyan. Doch auch *Calendar* wurde eher schnell und mit wenig Aufwand innerhalb von wenigen Wochen und mit einem verhältnismäßig kleinen Budget produziert. Beide Filmschaffenden gehören heute zu den bekanntesten

---

4   „Some of the most divisive issues of ‚us‘ and ‚not us‘ concern traditional or religious practices thought to contradict national values or human rights." *Human Development Report 2004*, 104.

Regisseuren Kanadas, Torossian im Kunstkontext und Egoyan im Bereich des internationalen Spielfilms. Beide Filme handeln von der Erfahrung und den Erinnerungen eines Volkes, das seit fast hundert Jahren weitestgehend verstreut in der Diaspora lebt. Zugleich aber thematisieren beide Filme die Zwänge der kanadischen Kollektiverinnerung, die ebenso für beide Filmschaffenden eine zentrale Rolle spielt.

Das kollektive Gedächtnis

Um den Begriff der kollektiven Erinnerung näher zu beleuchten, ist das Gedankengut des französischen Soziologen Maurice Halbwachs unerlässlich. Halbwachs lehnt ein biologisch vererbtes kollektives Gedächtnis ab und besteht demgegenüber auf der sozialen Bedingtheit des Gedächtnisses. Laut Halbwachs gibt es „kein mögliches Gedächtnis außerhalb der Bezugsrahmen, deren sich die in der Gesellschaft lebenden Menschen bedienen, um ihre Erinnerungen zu fixieren und wieder zu finden" (Halbwachs 1985: 121). Damit ist nicht gesagt, dass eine Gruppe ein gemeinsames Gedächtnis hat, sondern dass die Gruppe den Inhalt des Gedächtnisses seiner Angehörigen bestimmt. Ein einziger Mensch gehört mehreren Gruppen an; die Mitgliedschaft in jeder Gruppe ist aber vergänglich. Je enger der Einzelne sich an eine Gruppe gebunden fühlt, desto fähiger ist er, anhand des Bezugsrahmens der Gruppe in deren Vergangenheit einzutauchen. Diese Rahmenbedingungen organisieren die Erinnerungen der Gruppe und sind allen Mitgliedern gemeinsam. Sie setzen Erinnerungen, die verschiedenen Zeiten entstammen, in einen Bedeutungszusammenhang, der allein durch die Gruppe definiert wird. Daher kommt es oft vor, dass „wir beim Suchen der Stelle einer Erinnerung in der Vergangenheit auf gewisse andere, ihr benachbarte Erinnerungen stoßen, die sie einrahmen und uns ihre Lokalisierung erlauben" (Halbwachs 1985: 195).

Die Empfindungen eines Individuums allerdings bleiben individuell. Empfindungen sind nach Halbwachs immer körperbezogen, während Erinnerungen als Denkprozesse bezeichnet werden können, die der Gruppe gemeinsam sind. Ob Empfindungen in der Form einer Erinnerung gespeichert werden, wird nur im Kontext einer Gruppe entschieden, das heißt nur durch Kommunikation und Interaktion, was aber nicht bedeutet, dass diese Einzelheiten der Gruppe bekannt sein müssen.

> So schließen die Bezugsrahmen des Kollektivgedächtnisses unsere persönlichsten Erinnerungen ein und verbinden sie miteinander. Es ist nicht notwendig, dass die Gruppe sie kenne. Es genügt, dass wir sie nicht anders als von außen ins Auge fassen können, d.h. indem wir uns an die Stelle der anderen versetzen, und dass wir, um sie wiederzufinden, den gleichen Weg nehmen müssen, den sie an unserer Stelle verfolgt hätten. (Halbwachs 1985: 201)

Kommunikation ist also für die Übertragung solcher Empfindungen in Erinnerungen wesentlich. Fehlt sie oder bricht sie ab, wird die Basis der Bezugsrahmen zerstört: Vergessen ist die Folge.

Die kollektive Mnemotechnik

Gerade dieser Zustand des Verlustes ist Thema der beiden Filme, die hier behandelt werden sollen. Gezeigt wird der Moment, in dem Empfindung in etwas Beständigeres übersetzt werden müsste, was aber durch einen Bruch in der Kommunikation nicht mehr vollständig geschehen kann. Während die Filme *Girl from Moush* und *Calendar* das Fortbestehen der Bezugsrahmen in Form einer noch empfundenen ethnischen Zugehörigkeit bestätigen, hat sich das Vergessen schon längst vollzogen. Die hier zu verfolgende Frage ist also, wie diese Filme den Ablauf der oben thematisierten kollektiven Prozesse darstellen und was sie damit implizieren. Hierfür sind die Praktiken der individuellen Mnemotechnik nur begrenzt von Interesse.[5] Vielmehr bietet das Modell der kollektiven Mnemotechnik, das von Jan Assman entworfen wurde, für die Analyse dieser Filme ein nützliches Werkzeug. Während die individuelle Mnemotechnik eine schriftlose Kultur oder wenigstens einen erschwerten Zugang zu Schriften – als Erinnerungsstütze – voraussetzt, gilt dies nur bedingt für die kollektive Mnemotechnik, die zur Bewahrung notwendiger kultureller Information einzusetzen wäre. Wenn die Gedächtniskunst dem Einzelnen die Möglichkeit bietet, seine eigenen Fähigkeiten auszubilden, fungiert die kollektive Version dieser Technik als Verpflichtung, die sich in Form der Frage ‚Was dürfen wir nicht vergessen?‘ verdeutlicht. Sie trägt daher häufig dazu bei, die Identität einer Minderheit lebendig zu halten, was eine oppositionelle Beziehung zur dominanten Kultur, ob schriftlich oder nicht, voraussetzt. Als ‚Urszene‘ hierfür wurde von Assman das Deuteronomium genannt (vgl. Assmann 1991), das als technisches Mittel des Zusammenhalts der Juden gilt, trotz einer zweitausend Jahre währenden weltweiten Zerstreuung dieses Volks. Die Kodifizierung der Geschichte

---

5   Das oft erwähnte Grundbild der individuellen Mnemotechnik, die ab der Antike bis hin zum Mittelalter noch als lebendiger Teil der rhetorischen Künste galt und im Dienst des verbesserten Erinnerungsvermögens des Individuums stand, wird üblicherweise wie folgt beschrieben: Simonides, der der Erfinder der Mnemotechnik genannt wird, hat durch einen glücklichen Umstand als Einziger den Einsturz einer Banketthalle überlebt; die Leichen waren so verstümmelt, dass es unmöglich gewesen wäre, sie zu identifizieren, wenn nicht Simonides sich genau gemerkt hätte, an welcher Stelle jeder saß. Diese so genannte Verräumlichung der Erinnerung wird dadurch zur Methode, dass alle Daten, die aufgehoben werden sollen, in ein räumliches Gerüst geordnet werden und dadurch nach Belieben wieder abrufbar sind; man durchquert diese ‚Räumlichkeiten‘ gedanklich und erinnert zum Beispiel Argumente einer Rede, weil man sie vorher an bestimmten Stellen abgelegt hatte. Siehe dazu Frances A. Yates, *The Art of Memory*, Chicago 1966.

der Juden wurde schon im babylonischen Exil begonnen; sie ist von Katastrophen und Leiden geprägt, die aber ständig in Verbindung zu ihrem gottlosen Verhalten gesetzt werden; ihr Schicksal wird als Strafe Gottes begründet. Die Entdeckung eines in Vergessenheit geratenen Buches der Torah am Ende des 7. Jahrhunderts vor Christus dient hier als Schlüsselmoment: Wie die räumliche Strukturierung die Erinnerung des Simonides an die Toten festhielt, so fungiert die Wiederentdeckung dieses Buchs als Konkretisierung der vorgeschriebenen, wahren Identität der Juden: „In einer Situation der Katastrophe und des totalen Vergessens ist [das Buch] das einzige Zeugnis der vergessenen und unerkennbar gewordenen Identität." (Assmann 1991: 338)

In diesem Abschnitt, der später als das fünfte Buch Mose identifiziert wurde, werden Erfahrungen vom Ende der vierzig Jahre Wanderschaft vermittelt und „Gebote, Zeugnisse und Statuten" des Vertrags zwischen Gott und den Juden, aber auch Strafandrohungen im Fall der Nichtbeachtung aufgezählt. Wesentlich hierfür ist die Transformation biographischer Erfahrung der ethnischen Gruppe in religiöse Riten, welche die Identität der Gruppe über Jahrtausende immer wieder neu definieren. Dass die im Deuteronomium erzählte Geschichte im Augenblick des Überschreitens einer Grenze, zwischen der Wüste und dem Land der Fülle, entstanden ist, ist kein Zufall, denn damit werden auch die Rahmenbedingungen des kollektiven Vergessens deutlich. Nach Assmann ist dies durch den Eintritt in die ‚Fremde' zu erklären: „Vergessen wird bedingt durch Rahmenwechsel, durch die völlige Veränderung der Lebensbedingungen und sozialen Verhältnisse." (Assmann 1991: 335) Das Vergessen lässt sich aber genauso gut wie das Erinnern anhand der Thesen Halbwachs' als sozial bedingt erklären. Wenn nach Halbwachs das Gedächtnis von gesellschaftlich festgelegten Bezugsrahmen abhängig ist, die Erinnerungen aussortieren, organisieren und wieder zugänglich machen, muss man sich fragen, was geschieht, wenn diese Bezugsrahmen durch die Grenzüberschreitung unerkennbar oder unbrauchbar geworden sind.

Fazit:

> Das soziale Gedächtnis verfährt rekonstruktiv: von der Vergangenheit wird nur bewahrt, ‚was die Gesellschaft in jeder Epoche mit ihren jeweiligen Bezugsrahmen rekonstruieren kann'. (Halbwachs 1991: 390)

> Erinnerungen werden also bewahrt, indem sie in einen Sinn-Rahmen eingehängt werden. Dieser Rahmen hat den Status einer Fiktion. Erinnern bedeutet Sinnstiftung für Erfahrungen in einem Rahmen; Vergessen bedeutet Änderung des Rahmens, wobei bestimmte Erinnerungen beziehungslos und also vergessen werden, während andere in neue Beziehungsmuster einrücken und also erinnert werden. (Assmann 1991: 347)

Wenn in der Gegenwart die sinnstiftende ‚Fiktion' des Bezugsrahmens nicht mehr ausreicht, um einen Teil der Vergangenheit zu rekonstruieren, wird diese vergessen. Aber was geschieht, wenn das Vergessen der Verdrängung nahe kommt? Wenn man sich daran erinnert, dass es etwas Vergessenes gibt? Wenn diese Erinnerungen nicht beziehungslos, aber trotzdem so sehr verschwiegen werden, dass Lacunae entstehen?

Das kollektive Vergessen

Um solche Lücken, die als Hinweis auf das Abwesende fungieren, erklären zu können, bedarf es der Einführung eines weiteren Ansatzes aus der gegenwärtigen Gedächtnisdebatte. In seinem viel zitierten Aufsatz „An Ars Oblivionalis? Forget It!" weist Umberto Eco darauf hin, dass es nicht möglich ist, eine Kunst des Vergessens zu postulieren, wenn die Gedächtniskunst eine Semiotik ist. Renate Lachmann präzisiert diese These:

> Worauf Eco hinaus will, ist, dass jeder durch eine semiotische Zeichenfunktion determinierte Ausdruck eine mentale Antwort in Gang setzt, sobald er hervorgebracht worden ist. Und dies macht es unmöglich, einen Ausdruck zu gebrauchen, um dessen Inhalt verschwinden zu lassen, d.h. wenn ein Ausdruck gebraucht wird, selbst dann, wenn er sich auf einen nicht existierenden Inhalt bezieht, entsteht auch dieser Inhalt, und sei es mental. (Lachmann 1991: 111)

Eine solche Umkehrung des mnemotechnischen Modells hätte die Folge, dass eine ‚ars oblivionalis' gleichsam eine Semiotik sein müsste; doch weil die Semiotik (als eine kulturelle Praxis) die Funktion hat, das Vergessen (also einen natürlichen Prozess) zu verhindern, kann es kein natürliches Vergessen in der Kultur geben. Das Vergessen lässt sich innerhalb des kulturellen Systems als Dysfunktion nicht konzipieren. Demnach bedeutet das Vergessen nicht das Fehlen von Information, sondern einen Überfluss, nicht eine Streichung, sondern eine Überlagerung.

Beide hier zu untersuchenden Filme deuten explizit auf das Problem der Inkommensurabilität einer filmischen Darstellung der Erfahrung von Vergangenheit hin. Während das Gedächtnis in beiden Fällen als Basis der Identitätsstiftung dient, wird der Zugang zu den Ereignissen, Orten und Erlebnissen der Vergangenheit verweigert. Nach der Theorie von Halbwachs gleicht dies sowohl dem Sichtbarmachen von Bezugsrahmen als auch der Andeutung eines Bruchs in der Kommunikation, der eine Übertragung bestimmter Informationen unmöglich macht. Die von Jan Assmann genannte Überschreitung einer Grenze und die dementsprechende Veränderung der Rahmenbedingungen (und Zerstörung von Sinn-Rahmen) können in allen Fällen als Ursachen dieses Bruchs bezeichnet werden. Trotz des Anscheins ist dies zunächst mehr eine Frage der Form dieser Filme als ihrer Inhalte.

Girl from Moush

Gariné Torossians Film *Girl from Moush* thematisiert eine Ersatzreise in ein Land, das Heimat genannt wird, aber noch nie besucht wurde. Die Bewahrung des kulturellen Zusammenhalts der in der Diaspora verstreuten ExilarmenierInnen ist bisher vorbildlich gelungen – trotz der Tatsache, dass die Verbindung zum Referenten dieser Kultur, der in diesem Fall in einem außerordentlich hohen Maße mit dem geographischen Land Armenien verknüpft ist, immer dürftiger wird. Genau in dieser Auseinandersetzung mit der Landschaft offenbart dieser Film einen Zwiespalt: Indem er sich mit dem Thema ‚Landschaft als Identität' befasst, platziert er sich innerhalb der Tradition des nordamerikanischen Avantgardefilms. Doch die Landschaft, die in diesem kanadischen Film gemeint ist, ist die Armeniens, und der Film verspricht keine ontologische Offenbarung, sondern eine diskursive.

Der Ort, der als Reiz für Torossian in *Girl from Moush* fungiert, ist im Film nur als gefundenes Material und daher als ‚textlicher Rest' vorhanden. Damit hat dieses Werk weniger mit der subjektiven Begegnung der Filmemacherin mit Armenien als mit einem Sichtbarmachen der Situation des Exils zu tun. Nach Hamid Naficy ist die Erfahrung des Exils eine, die sich ihres Fortbestehens in der ständigen Wiederholung der Unterscheidung zwischen „host and (m)other country" versichert; die unausweichliche Folge dessen ist die Hervorhebung der grundlegenden Abwesenheit der ‚Heimat'. (Naficy 1993: 167f.) Die Fetischisierung jener Zeichen, die für ‚Heimat' stehen, deutet auf ein Trauma hin, das an der Stelle der Grenzüberschreitung (bzw. des Ins-Exil-Gehens) identifiziert werden könnte, wenn *Girl from Moush* die ‚Echtheit' der Bilder aus Armenien betonen würde. Doch diese Geschichte erzählt vom Vergessen statt vom Erinnern; nach Naficy ist die Fetischisierung der erste Schritt zum Vergessen der Heimat.

Girl from Moush besteht fast ausschließlich aus ‚gefundenem' Material, aus abgefilmten Bilderbüchern und Kalenderbildern[6], aus Material, das die Kultur der Heimat für die in der Diaspora lebenden Armenier symbolisieren soll. Vor allem Landschaftsaufnahmen, aber auch Bilder von Volkstänzern, Steinkirchen, Manuskripten, sowie vom Antlitz des exilarmenischen Filmemachers Sergai Paradjanov werden im Film eingesetzt. Die Materialität dieser Bilder als Bilder, als Ikonen und nicht als Indexe eines Landes, wird in der Machart des Films ständig betont. Weil die Bilder des Films aus Photos bestehen, die auf Super 8, dann noch einmal auf 16 mm kopiert wurden, sind sie extrem grobkörnig. Die Oberfläche des Materials bleibt durch die Kratzer und den Schmutz, die absicht-

---

6   Vermutlich sind es sogar dieselben, die in *Calendar* vorkommen.

lich auf dem Filmmaterial erhalten wurden, stets spürbar. Alle Bilder
wurden dann auf einem optischen Tricktisch weiterverarbeitet und in
zwei unterschiedlichen Verfahren noch einmal abgefilmt. Im ersten Fall
wurde ein rahmenartiges Loch in jedes einzelne Bild geschnitten; in das
Loch wurde ein anderes einzelnes Stück Filmmaterial gelegt, das ungefähr dieselbe Größe hat. Die Schnitte in beiden Ebenen des Bildes betonen die Anwesenheit des Filmmaterials und verhindern, dass der Zuschauer in die Illusion einer (verfilmten) Landschaft versinkt. Die verwa-
ckelten, kurz sichtbaren Bilder wirken äußerst zerbrechlich. Im zweiten
Verfahren, das eine ähnliche Wirkung hat, wurden unterschiedliche Film-
streifen gleichzeitig horizontal oder vertikal durch den Abfilmbereich des
Tricktisches gezogen. Auf diese Weise erscheinen die Streifen als Streifen, inklusive der Ränder und Transportlöcher, obwohl das Abbild noch
immer relativ gut zu erkennen ist. Die Stimme einer Frau ist während des
ganzen Filmes im Hintergrund nur schlecht zu vernehmen; die Verzerrun-
gen der Stimme suggerieren, dass hier ein Ferngespräch zu hören ist. Zunächst wird nur armenisch gesprochen, aber nach drei Minuten wechselt
die Stimme auf einmal zur englischen Sprache und wiederholt den armenischen Monolog. Zögernd erzählt diese Stimme von der eigenen leiden-
schaftlichen Verbindung mit der armenischen Kultur, die trotz der Tatsache besteht, dass die Sprecherin das Land nie besucht hat und sie dort
niemanden kennt.

Obwohl die Verbindung einer Kultur zur Landschaft, in der sie lebt,
für das kollektive Gedächtnis eines Volkes traditionell ausschlaggebend
ist, wird meist das unvermittelte Erlebnis dieses Landes angenommen.
Halbwachs bemerkt, dass eine so enge Verbindung zwischen dem Menschen und seiner Umgebung entsteht, dass diese Umgebung für das Gefühl der Permanenz und Beständigkeit verantwortlich gemacht wird.
Fehlt diese, ist demzufolge eine Störung der Gedächtnisfähigkeit des
Menschen impliziert:

> Es trifft zu, dass mehr als nur eine psychische Störung von einer Art Unter-
> brechung der Verbindung unseres Denkens zu den Gegenständen [mit denen
> wir täglich in Berührung kommen] begleitet werde, von der Unfähigkeit, die
> vertrauten Dinge wiederzuerkennen – so dass wir innerhalb eines fremden,
> bewegten Milieus verloren sind und uns jeglicher Anhaltspunkt fehlt. (Halb-
> wachs 1991: 127)

Im Fall von Torossians Film muss diese Gruppenidentität, die durch das
Fehlen des geographischen Referenten geprägt ist, als ein wirksames Kon-
strukt erkannt werden, das ohne Bezug auf das real existierende Land Ar-
menien funktioniert. Dies wäre mit dem von Stuart Hall beschriebenen
Konstrukt ‚Afrika‘ zu vergleichen, das ein ähnlich effektives Modell für
Menschen afrikanischer Abstammung in Nordamerika und der Karibik ist:

Das ursprüngliche ‚Afrika' gibt es nicht mehr. Auch dieses ist transformiert
worden. Die Geschichte ist in diesem Sinne unumkehrbar. [...] Für uns gehört
sie unwiderruflich zu dem, was Edward Said ‚eine imaginäre Geographie und
Geschichte' nannte, die ‚dem Verstand hilft, die Vorstellung von dem Selbst
zu intensivieren, indem der Unterschied zwischen dem, was nahe ist und dem,
was fern liegt, dramatisiert wird'. ‚Es hat einen imaginären oder figurativen
Wert angenommen, den wir benennen und fühlen können.' Unsere Zugehörigkeit dazu konstituiert das, was Benedict Anderson ‚eine imaginäre Gemeinschaft' nennt. Zu *diesem* ‚Afrika', das ein notwendiger Teil des karibischen Imaginären ist, können wir nicht im eigentlichen Sinne heimkehren.
(Hall 1990: 231f.)

Die identitätsstiftende Vorstellung einer ‚Heimat' kann daher nicht mehr
als räumliche Existenz konzipiert werden. Dass die Entstehung der ethnischen Identität eines in der Diaspora lebenden Menschen armenischer
Abstammung den Umgang mit solchen textlichen Merkmalen voraussetzt, wird in *Girl from Moush* im Prozess der Filmrezeption vermittelt.

Der Begriff ‚Armenien' bezieht sich in diesem Film eher auf die für
die Diasporakultur symbolischen Gegenstände, die selbst wie die ‚vertrauten Dinge' eines Haushalts, welche die Erinnerung stützen, fungieren.
Doch die Überlagerung der Zeichen führt dazu, dass sie manchmal gar
nicht mehr einzeln zu erkennen sind. Einerseits sind sie tatsächlich durch
diese Überlagerung in einer Art ‚räumlichem Gerüst' (das heißt konkret
in den Bildrahmen, die in die Aufnahmen der Landschaft geschnitten
wurden) eingebunden, was auf Prozesse der individuellen Mnemotechnik
anspielt. Gleichzeitig führt aber diese Überlagerung zu einem Fehlen von
Information, beziehungsweise zu einem Informationsverlust, indem die
Zeichen durch die bildliche Überlagerung (wie die Informationsüberlage-
rung des kulturellen Vergessens) nicht mehr zu erkennen sind. Das Sich-
Erinnern-Wollen und das kulturelle Vergessen werden damit gleichzeitig
angedeutet. Die schon erwähnte Störung der indexikalischen Beziehung
zwischen dem Abbild und dem vorfilmischen Objekt verweigert den Zugang zu Objekten und Orten, die sonst als Verweise auf ein essentielles
Armenischsein gelten müssten. Obwohl das Land als Hinweis auf die gemeinsame Geschichte und Tradition der ArmenierInnen fungiert, muss
diese Art, sich auf die Vergangenheit zu beziehen, wie die Geschichte
selbst behandelt werden. Im Fall von *Girl from Moush* ist das, worauf
man sich beziehen muss, die textliche Spur einer Geschichte, die in der
textlichen Spur eines Ortes lokalisiert wird.

Wenigstens zwei verschiedene Publikumsgruppen sind in jedem Fall
in der Konzeption dieses kanadischen Films mitgedacht. Der Einsatz eines ausschließlich auf Armenisch gesprochenen Textes in der ersten Hälfte des Films bewirkt die Privilegierung eines exilarmenischen, aber auch
den Ausschluss des größten Teils des kanadischen Publikums. Die Situa-

tion des Ausschlusses aus einem sinnstiftenden System wird hiermit inszeniert, indem der Zugang zu der wesentlichsten sinnstiftenden Ebene
des Films verschlossen bleibt. Auch der Wechsel zwischen Armenisch
und Englisch geschieht plötzlich und äußerst unauffällig. Dieser Sprachwechsel im Film ist aber sonderbar, weil der englische Text nichts anderes als eine Wiederholung des ersten armenischen Textes anbietet. Wenn
der Text im Film ein Telefongespräch nach Armenien wiedergeben soll,
wieso wird das Gespräch auf Armenisch abgebrochen und auf Englisch
wiederholt? Wurde die Sprecherin nicht verstanden? Ist ihr Armenisch
schon so schlecht? Spricht sie Englisch, um verstanden zu werden? Dieser Sprachwechsel betont zwangsläufig die Tatsache, dass der Film in
Kanada entstanden ist. Trotz aller Hinweise auf die Kontextualisierung
des Films innerhalb eines armenischen Kulturerbes konfrontiert er den
Zuschauer durch den Einsatz des Englischen unausweichlich mit der Tatsache des Exils.

Calendar

Was aber geschieht, wenn man in jenes Land, das nur noch eine imaginäre Geographie und Geschichte sein kann, zurückkehrt? Während *Girl
from Moush* nur von einer Rückkehr träumt, wird in *Calendar* diese lang
ersehnte Reise vollzogen – aber mit sehr ambivalenten Ergebnissen. Der
Film zeichnet eine fiktionale Reise nach, die von einem armenischstämmigen Fotografen (gespielt von Egoyan selbst) im Auftrag einer kanadischen
Firma unternommen wird, die einen Kalender für die exilarmenische Gemeinde herstellt. Zwölf Kirchen in abgelegenen, aber atemberaubend
schönen Orten werden während dieser Reise fotografiert. Begleitet wird
der Fotograf auf diese Reise von seiner armenischstämmigen Ehefrau (gespielt von Arsenée Khanjian, Egoyans Frau und Schauspielerin in allen
seinen Filmen), die, anders als er, des Armenischen noch mächtig ist und
als Dolmetscherin fungiert. Die dritte Person auf dieser Reise ist der einheimische armenische Fahrer, der Informationen über die Kirchen vermittelt, die von der Frau übersetzt und von dem Fotografen weitgehend mit
herablassendem Desinteresse kommentiert werden. Schnell wird klar,
dass die Distanz, die vom Fotografen ‚mutwillig' zwischen ihm und dem
Land der Vorfahren aufrechterhalten wird, in Kontrast zur Nähe der Frau
zu dem Ort steht, eine leidenschaftlich empfundene Nähe, die schließlich
in einer Beziehung zum Fahrer mündet. Das Ergebnis dieser Reise: Der
Fotograf verlässt das Land und kehrt mit seinen fotografischen Souvenirs
nach Toronto zurück; die Frau trennt sich von ihm und bleibt in Armenien. Der Film folgt den Erinnerungen des Fotografen im Jahr nach dieser
Reise, Erinnerungen die zeitlich durch die Bilder des Kalenders, die den
Ablauf des Jahres nachzeichnen, strukturiert werden. Die Reise selbst

wird in Form von Rückblenden erzählt, die durch Nachrichten auf dem Anrufbeantworter des Fotografen in Toronto eingeleitet werden. Zu Beginn jeden Monats, wenn ein neues Blatt des gemeinsamen Kalenders an der Reihe ist, ruft die nun ehemalige Frau aus Armenien an.

Die verschiedenen medialen Vermittlungsformen, die zu unserem Alltag gehören, Fotografie, Film, Video oder auch Telefon und Anrufbeantworter, sind die in *Calendar* in den Vordergrund gestellten Erzählwerkzeuge. Sie berichten nicht nur von Nähe und Distanz (zwischen beiden vermittelnd), sondern machen auch deutlich, dass Distanz manchmal mit großer Leidenschaft gefüllt und nicht immer durch Nähe ersetzt werden kann. Kontrastiert werden in erster Linie die von der Frau geführte Auseinandersetzung mit Armenien (geprägt durch Nähe, Heimatgefühl, Gespräche und leibliche Erfahrungen) und die Einstellung des Fotografen (Distanz, Zielstrebigkeit, Gefühle der Bindung an den Auftrag und den Fotoapparat, Abneigung, die leiblichen Erfahrungen der Reise zuzulassen, Fremdheit). Während das Land der Vorfahren für die weibliche Hauptfigur die Möglichkeit einer Versöhnung zwischen Vergangenheit und Gegenwart bietet, bleibt Armenien für die männliche Hauptfigur fremd beziehungsweise eine touristische Destination unter vielen, welche schließlich durch Distanz und Verlust geprägt ist. Das Nachvollziehen dieser Opposition mit filmischen Mitteln geht so weit, dass die Reise nach Armenien (und das heißt alle Bilder der Frau im Film) ausschließlich durch die Linse des Fotografen dargeboten werden; dementsprechend ist er selbst nie auf diesen Bildern (ob im Film oder auf dem Videomaterial) zu sehen. Er ist während der Reise nur als Stimme präsent. Damit beharrt der Film einerseits auf den Differenzen im homogenisierenden Konzept einer Diaspora; andererseits lenkt er die Aufmerksamkeit auf die Ereignisse und Erlebnisse, die von der Aufnahmetechnik des Bildes und Tons nicht gespeichert werden können. Die aufrechterhaltenen Erinnerungen des in der Diaspora lebenden ‚Kollektivs' werden in Form von medialen Texten gespeichert; doch diese Aufbewahrung stellt eine Art Fetischisierung dar, die ambivalente Affekte hervorruft, welche mit der Beharrung auf der Identität einer Minorität in der Diaspora einhergehen können.

Eine so kurze Auseinandersetzung mit einem so reichhaltigen Film kann ihm selbstverständlich nicht gerecht werden. Deshalb möchte ich diesen Text mit einer einzigen Bildbeschreibung beschließen, nämlich mit der Beschreibung eines Motivs, das auf die Komplexität der Auseinandersetzung hindeuten kann. Eine längere Einstellung wird zweimal während des Films eingeblendet – gegen Anfang des Films und noch einmal zum Schluss. Abgebildet wird eine Schafherde in einer Aufnahme, die mit einer Videokamera durch die Fensterscheibe eines Autos gefilmt worden ist und etwa drei oder vier Minuten das langsame Vorbeiziehen der Schafe dokumentiert. Die Ästhetik dieses Bildes, die von der niedrigen Bildqualität einer Amateurvideokamera gekennzeichnet ist, hat nichtsdestoweniger die Kraft, mit der hohen Bildqualität der 35 mm Aufnahmen der zwölf atemberaubenden Kirchen und den sie umgebenden Landschaften zu ‚konkurrieren'.

Beim ersten Sehen jener Einstellung zu Filmbeginn kann der Zuschauer keine tiefer liegenden Sinnbezüge erfassen. Sie dient scheinbar dazu, folkloristische Eindrücke Armeniens zu vermitteln. Beim zweiten Einsatz gewinnt sie aber im Kontext der Filmhandlung eine neue Bedeutung. Jene Bilder werden eingeblendet, sobald die Ex-Ehefrau zum letzten Mal, am 31.12., aus Armenien anruft und dabei erzählt, was hinter dem Fotografen, ihrem damaligen Mann geschehen ist, als er die Aufnahme machte. Zum ersten Mal habe damals der Fahrer die Hand der Frau in die seine genommen und während er sie hielt, habe sie gesehen, wie der Fotograf die Kamera ähnlich fest umklammerte. Sie habe sich damals gefragt, ob er ihre Liebesaffäre schon zu diesem Zeitpunkt vorausgesehen habe. Mit einem Mal verweist diese Einstellung nicht mehr ausschließlich auf das, was sichtbar ist, auf eine Schafherde, die zufälligerweise an irgendeinem Tag langsam an irgendeinem Auto in Armenien vorbeizieht, sondern auf das, was jenseits des Bildkaders geschah – und damit auf etwas, das von den ProtagonistInnen vielleicht besser erinnert wird als das Sichtbare.

In diesem Film, der als eine Dramatisierung derselben Themen gelten kann, welche mit anderen Mitteln in Torossians Film behandelt werden, ist das Moment der Reflexion über die Kraft von medialen Erinnerungen von höchster Bedeutung. Was wird aus dem Geschehen, das nicht vor der Kamera abläuft, das nicht sichtbar ist? Wird es vergessen? *Calendar* zeigt, dass Bilder wie die jener Schafherde in der Lage sind, die Überlagerung zu bewirken, welche notwendig ist, um das Vergessen zu vollziehen, dass andererseits aber auch die Virulenz des Unsichtbaren durch Bilder fühlbar gemacht werden kann. Die beiden Filme transportieren mithilfe sehr unterschiedlicher Verfahren dieselbe Botschaft: Einerseits schafft die Überschreitung des Bezugsrahmens (im Sinne Assmanns) die Voraussetzung für das Vergessen, andererseits erzeugt gerade diese Überschreitung eine Virulenz, die sich als emotionales Bewusstsein auf eine andere Zeit und einen anderen Ort richtet, bzw. mit dem Raum und der Zeit der Gegenwart konkurriert.

Filmographie

Calendar, Egoyan Atom, Kanada/BRD, 1993, 80 min. (35mmFilm).
Girl From Moush, Torossian Gariné, Kanada, 1993, 5 min. (16mmFilm).

Bibliographie

Assmann, Jan 1991, „Die Katastrophe des Vergessens. Das Deuteronomium als Paradigma kultureller Mnemotechnik", in: Assmann, Aleida/Harth, Dietrich (Hg.), *Mnemosyne: Formen und Funktionen der kulturellen Erinnerung*, Frankfurt a.M. 337-355.

Doucet, Michael J. 2004, „The Anatomy of an Urban Legend: Toronto's Multicultural Reputation", in: *CERIS Policy Matters* 11, URL: http://www.toronto.ca/toronto_facts/diversity.htm (17.07.2006) (Übersetzung d.A.)

Eco, Umberto 1988, „An Ars Oblivionalis? Forget it!", in: *PMLA* 103. 254-261.

Fukuda-Parr, Sakiko (Hg.) 2004, *United Nations Development Programme. Human Development Report, Cultural Liberty in Today's Diverse World*, New York, United Nations Development Programme, 99, URL: http://hdr.undp.org/reports/global/2004/?CFID=1645710&CFTOKEN=84471834 (17.07.2006).

Halbwachs, Maurice 1985, *Das Gedächtnis und seine sozialen Bedingungen*, Frankfurt a.M..

Halbwachs, Maurice 1991, *Das kollektive Gedächtnis*, Frankfurt a.M.

Hall, Stuart 1990, „Cultural Identity and Diaspora", in: Rutherford, Jonathan (Hg.), *Identity. Community, Culture, Difference,* London. 231-232. (Übersetzung d.A.)

Lachmann, Renate 1991, „Die Unlöschbarkeit der Zeichen. Das semiotische Unglück des Mnemonisten", in: Lachmann, Renate/Haverkamp, Anselm (Hg.), *Gedächtniskunst. Raum-Bild Schrift*, Frankfurt a.M. 111-144.

Naficy, Hamid 1993, *The Making of Exile Cultures. Iranian Television in Los Angeles*, New York. 166-198.

Lutz Schowalter

Migration und urbaner Raum in der anglo-kanadischen Literatur: Vom Überleben und Zusammenleben

Anglo-kanadische Stadtliteratur

Zu Beginn des Romans *The Luck of Ginger Coffey* von Brian Moore, der 1960 mit dem Governor General's Award ausgezeichnet wurde, füllt der Titelheld auf dem Arbeitsamt in Montréal einen Fragebogen aus. Ginger ist vor wenigen Monaten mit Ehefrau und Tochter aus Irland nach Kanada eingereist. Seine Geschäftsideen sind fehlgeschlagen. Das gesparte Geld ist nahezu aufgebraucht und reicht nun nicht einmal mehr für die Rückreise ins Heimatland. Ginger ist verzweifelt auf der Suche nach Arbeit. Am Ende des Formulars, in das er Informationen zu seiner Ausbildung und zu seiner Berufslaufbahn eintragen soll, stößt er auf folgende Aufforderung: „List Present Position." Er denkt über diese Aufforderung nach, kommt zu dem Schluss: „His position as of this morning, January 2, 1956, was null and bloody void, wasn't it ?" und streicht die Frage von dem Fragebogen (Moore 1972: 8).

   Durchblättert man die nicht unbedingt zahlreichen literaturwissenschaftlichen Veröffentlichungen zur anglo-kanadischen Stadtliteratur, so kann sich bald der Eindruck einstellen, dass Gingers Selbsteinschätzung sich auf die Position des urbanen Subjekts in der englisch-kanadischen Literatur allgemein übertragen ließe. Die Position des urbanen Subjekts als Nullstelle? Walter Pache meint dazu: „Towards the end of the 19th century, at a time when controversial urban myths were formulated in Europe and the United States [...] Canada played only a moderate and marginal role." (Pache 2002: 1149). Und Heinz Ickstadt beobachtet, dass der „historische Moment der Stadt" zu dem Zeitpunkt, als die anglo-kanadische Literatur in den 1960er Jahren zu sich selbst fand, vorüber war (Ickstadt 1991: 168). Damit kann zumindest teilweise die Tatsache erklärt werden, dass sich in der anglo-kanadischen Literatur kein Werk findet, das mit Dos Passos' *Manhattan Transfer* (1925) oder mit Döblins *Berlin Alexanderplatz* (1929) vergleichbar wäre. Man mag, wie Kerstin Hasslöcher dies tut, als Ausnahmen, als Beispiele für explizit um die Darstellung der Stadt bemühte Romane Morley Callaghans *Strange Fugitive* (1928), Hugh Garners *Cabbagetown* (1950) und Mordecai Richlers *The Apprenticeship of Duddy Kravitz* (1959) nennen. Konsens scheint auf alle Fälle darüber zu herrschen, dass die Stadterfahrung in der anglo-kanadischen Literatur lange eine eher unbedeutende Rolle spielte. Als Beispiel hierfür kann die von John Stevens im Jahr 1975 herausgegebene schmale Anthologie *The Urban Experience* dienen, die sich zum Ziel setzt, Auszüge kanadischer Stadtliteratur zu präsentieren, in der dann jedoch mangels Beispielmaterial sogar eine in der Präriekleinstadt Winkler, Manitoba, angesiedelte Kurzgeschichte als Exempel des ‚canadian urban writing' herhalten muss. So gibt dann auch Stevens selbst in seiner Einleitung zu dem Band zu bedenken, dass die meisten anglo-kanadischen Romane, die sich mit der Metropole beschäftigen, Geschichten erzählen, in denen die Hauptperson entweder die Stadt verlässt oder dies zu tun gedenkt (Stevens 1975: 1).

Ein Blick in Veröffentlichungen kanadischer Printmedien der letzten Jahre zeigt, dass die These der nicht-existenten anglo-kanadischen Stadtliteratur auch über die Literaturkritik hinaus bis in die Gegenwart fortgeschrieben wird. So versieht das Nachrichtenmagazin *Maclean's* eine Rezension mehrerer im Jahre 2004 veröffentlichter Romane mit der Unterüberschrift: „Finally, Canadian novels that portray the lives of contemporary urbanites" (Bethune 2004) – als ob es solche Romane nicht schon vorher gegeben hätte. Und als ob die Wahrnehmung Kanadas im Allgemeinen als durchaus städtisch geprägtes Land vor allem dem Beobachter von außen nahe gebracht werden müsste, berichtet *The Globe and Mail* im Jahre 2003 ausführlich über Strategien von Tourismusplanern, welche verstärkt versuchen, die Attraktivität der kanadischen Metropolen hervorzuheben. Eine Imagekorrektur soll das Vorhandensein einer städtischen Welt in Kanada herausstreichen:

> [T]he perception of the country outside our borders remains tied to Mounties, wildlife and perpetual snowfall. The Canadian Tourism Commission has earmarked 2003 as the year to begin the repositioning of the country. Let's hope it has big plans. As a travel destination, we are badly in need of an image makeover. (Samuelian 2003: T1)

Diese Debatten sind im kanadischen Kontext jedoch keineswegs neu. Ende der 1960er und Anfang der 1970er Jahre etwa, zu einer Zeit, als die *Canadian Centennial Library* noch andeutete, dass der ‚prairie grain elevator' ein kanadisches Äquivalent des Skyscrapers sei (vgl. Lefolii 1965: 17), argumentierte P.G. Stensland, dass Kanada sich in der Urbanisierung wenig von den USA unterscheide und schrieb: „We are all ‚urbanites'. We are all in the midst of total urbanization." (Stensland 1971: 11) So kann auch die heutige Diskussion um eine angeblich nicht vorhandene Auseinandersetzung mit der Metropole in der anglo-kanadischen Literatur als eine Scheindiskussion angesehen werden, die wohl teilweise und zumindest in ihrer Schärfe, etwa von Russell Smith oder Hal Niedzviecki, vor allem um der Provokation willen angetrieben wurde.[1] Obwohl die anglo-kanadische Literatur die Stadt lange nicht wahrzunehmen schien, kann man für die letzten Jahrzehnte doch sagen, dass die Metropole zumindest als Hintergrund des Geschehens in zahlreichen Werken durchaus eine Rolle spielt.[2]

Migration und Multikulturalismus

Alles andere als im Hintergrund steht in der anglo-kanadischen Literatur demgegenüber die Thematisierung von Migrationserfahrungen. In dem von der Nationalbibliothek Kanadas angebotenen E-Mail-Forum zur kanadischen Literatur trug sich Mitte August des Jahres 2005 Folgendes zu: Eine Historikerin der University of Waterloo wandte sich an das Forum mit der Bitte um Empfehlungen, welche kanadischen Romane sich für eine Lektüre in einem Seminar über Immigration anböten. Innerhalb von zwei Tagen gab es darauf 11 Antworten, in denen insgesamt 41 Werke als Vorschläge auftauchten. Einer der Antwortenden steuerte die bezeichnende Bemerkung bei: „Of course the fun answer is to try to list non-immigrant novels." Die englisch-kanadische Literatur ist – von frühen Werken bis heute, und ganz besonders in den letzten Jahrzehnten – entscheidend geprägt von der Thematik der Einwanderung und damit verbundenen Erfahrungen. Wenn im Folgenden nur ausgewählte Primärwerke Beachtung finden, so ist damit natürlich nur einem kleinen Teil der anglo-kanadischen, in Toronto und Montréal angesiedelten Migrationsliteratur Rechnung getragen. Dieser Aufsatz wird eher Stichproben präsentieren und Fenster zu verschiedenen Migrationserfahrungen aufstoßen, also einen Problemaufriss und keinen enzyklopädischen Überblick liefern.[3]

Überleben in Montréal: Brian Moores *Ginger Coffey*

Der schon eingangs zitierte Roman *The Luck of Ginger Coffey* von Brian Moore berichtet über wenige Wochen im Leben von Ginger, einem bald 40-jährigen Einwanderer aus Irland, seiner Frau Veronica und deren gemeinsamer Tochter Paulie. Mit großen, vom Text teils karikaturistisch gezeichneten Träumen von persönlicher Freiheit und finanziellem Gedei-

---

1   Für Niedzvieckis teils humorige und polemische Forderungen nach einer größeren Aufmerksamkeit für das städtische Kanada, siehe z.B. *The Original Canadian City Dweller's Almanac* (2002), v.a. 158-163, sowie die Einleitung zur Anthologie *Concrete Forest* (1998).
2   Siehe hierzu z.B. die Anthologie *Streets of Attitude* (1990).
3   Für einen Überblick über die oft von Immigrationserlebnissen geprägte, so genannte multikulturelle Literatur Anglo-Kanadas sei hier verwiesen auf den Beitrag von Hartmut Lutz in der neuen *Kanadischen Literaturgeschichte* (Groß 2005: 310-336), in dem die Thematiken sowie die Breite und Tiefe dieses immens wichtigen Teils der kanadischen Literatur deutlich werden.

hen ist Ginger vor Monaten in Montréal angekommen. Sind seine Phantasien zu Beginn der Erzählung noch nicht komplett zerstoben, so hat sich jedoch der erhoffte berufliche Erfolg nicht eingestellt. Die letzten Ersparnisse der Familie sind fast völlig aufgebraucht. Als wir zu Beginn des Romans auf ihn stoßen, zählt er bezeichnenderweise das ihm verbliebene Bargeld bis auf den letzten Cent. Geld-, Existenz- und Statusfragen überlagern bis zum Ende der Geschichte immer wieder Fragen der persönlichen oder kollektiven ethnischen Identität. Letztere werden zwar hier und dort aufgegriffen, sind jedoch in keiner Weise so dominant, wie man es erwarten könnte. Alle französischsprachigen Québecer beispielsweise, die Ginger im Lauf des Romans trifft, sind bilingual und haben keinerlei Probleme, mit ihm auf Englisch zu kommunizieren, sobald sie merken, dass er des Französischen bzw. des Québécois nicht mächtig ist. Die „dividing line between the English and French sections of the city" (Moore 1972: 182) wird nur einmal angesprochen und spielt ansonsten für die Handlung keine Rolle. Ebenso wenig wie das Verhalten der EinwohnerInnen Montréals gegenüber Ginger ist seine eigene Einstellung gegenüber seinen neuen Landsleuten ethnizistisch oder gar rassistisch geprägt. So reflektiert er nach zwei erfolglosen Vorstellungsgesprächen darüber, warum er die jeweiligen Personalbeauftragten, mit denen er gesprochen hat, nicht sympathisch fand:

> Was it because Kahn seemed to be a Jew? No, he hoped that wasn't it. Coffey did not agree with many of his countrymen in their attitude to Jews. [...] Besides, he had not particularly liked Beauchemin either and that wasn't because Beauchemin was French-Canadian. Of course not. So, what was it, apart from the fact that neither man had wanted to employ him? (Moore 1972: 27)

Nicht ethnische Trennungslinien sind es in Gingers Selbsteinschätzung, die sein Verhalten gegenüber seinen Mitmenschen prägen. Es sind Fragen des beruflichen Erfolgs und des sozialen Status: „*They were younger than he.* That was the first thing he had thought about both of them. [...] All day he had been going hat in hand to younger men." (Moore 1972: 27) Es wäre falsch, *The Luck of Ginger Coffey* auf die hier angesprochenen ökonomischen und existentiellen Aspekte zu reduzieren, aber sie prägen durchgehend die in Moores Roman geschilderten Immigrationserfahrungen. Detailgenau werden die ärmlichen Unterkünfte beschrieben, in die Ginger und Veronica nach ihrer zwischenzeitlichen Trennung ziehen. Einfühlsam schildert Moore, wie Ginger mit leerem Magen und leeren Taschen trostlos von einem seiner schlecht bezahlten Jobs zum nächsten hetzt. Wichtiger als Unterschiede zwischen Iren und anderen Ethnien ist in Moores Migrationsroman die finanzielle Absicherung der eigenen Existenz und die der Familie.

Nimmt Ginger damit die Kritik vorweg, die Terry Eagleton vor kurzem in *After Theory* (2003) an postmodern gefärbten postkolonialen Positionen geübt hat? Ein Großteil der Theoriediskussion der letzten Jahre hatte laut Eagleton keine Augen für und keine Werkzeuge gegen soziale Missstände. „Instability of identity is ‚subversive'" – so paraphrasiert er manche postkolonialen und postmodernen Standpunkte und fügt hinzu: „a claim which it would be interesting to test out among the socially dumped and disregarded" (Eagleton 2003: 16). Man kann Eagleton, was einen großen Teil der postmodernen Diskussionen um Identität angeht, recht geben, sollte ihn und Ginger Coffey jedoch nicht missverstehen und Fragen der Gruppenzugehörigkeit, der ethnischen Identität per se als marginal ansehen. Kanadische (urbane) Lebenswelten und kanadische Literatur sind Paradebeispiele dafür, dass diese Fragen sehr wohl eine zentrale Rolle einnehmen. Dies gilt, wie in Clark Blaises Kurzgeschichten deutlich wird, keineswegs nur für die anders aussehenden MigrantInnen in Kanadas Metropolen.

Zusammenleben in Montréal: Clark Blaise

Gerade in Montréal, der Stadt, in der Ginger Coffey erstaunlicherweise kaum an ethnische Schranken stößt, klaffen in Blaises Texten zahllose Gräben der kulturellen Distanz zwischen Anglo-KanadierInnen und QuébecerInnen. Zwar steht die ethnische Zugehörigkeit in Blaises *Montreal Stories* (2003)[4] nicht alleine im Vordergrund. Auch in seinen Geschichten kann der Broterwerb von großer Bedeutung sein. Die franko-kanadisch geprägte Familie, die wir in *I'm Dreaming of Rocket Richard* (1974) kennen lernen, erwägt beispielsweise den Umzug nach Florida, um dort ein besseres Leben zu beginnen. Am Ende der Geschichte, nachdem der neue Anfang im südlichen Nachbarland gescheitert ist, zählt sie auf der Rückreise nach Montréal im Bus die wenigen verbliebenen Geldscheine und Münzen „like beads on a rosary, the numbers a silent prayer" (Blaise 2003b: 42). Aber die kulturelle Identität der Charaktere schwingt zumindest im Hintergrund stetig mit. Sie steht selbst in existentiellen Situationen sogar oft deutlich im Vordergrund. So zieht der jugendliche Phil, der Ich-Erzähler des Textes *North* (1986), mit seinen Eltern von Pittsburgh nach Montréal, da sein Québecer Vater seine Arbeit in den USA verloren hat. Die Suche nach neuer Arbeit wird jedoch, obwohl sie erfolglos zu verlaufen scheint, nach der Exposition nur noch einmal am Rande erwähnt. Stattdessen konzentriert sich der Text auf die Position der Neuan-

---

4   Blaises *Montreal Stories* entstanden vor allem in den 1970er und 1980er Jahren; sie sind in dem hier angeführten Band zum ersten Mal in einer an ihrem urbanen Schauplatz orientierten Sammlung veröffentlicht.

kömmlinge im Spannungsfeld ihrer anglo-kanadischen bzw. amerikanischen Prägungen und der neuen Montréaler Umgebung. Für die anglo-kanadische Mutter des Ich-Erzählers beginnt mit dem Ortswechsel eine Zeit der Isolation und einer sozial eingeschränkten Existenz. Wie Phil beobachtet, ist sie, ihrer sprachlichen Ausdrucksmöglichkeiten beraubt, nur noch ein Schatten ihrer selbst:

> French neutralized my mother's education; she was like a silent actress. I learned to read her eyes, her lips, and to listen to her breathing, and her feelings came through like captions. She would nod her head and say, ‚wee-wee‘, which made the simplest French words come out like baby-talk. (Blaise 2003a: 16)

Als gebildete und durchaus weltgewandte Frau versucht sie daraufhin trotzdem nicht, der anderen Sprache mächtig zu werden, da sie „one of those western Canadians" ist, denen es, wie der Text nahelegt, körperliche Schmerzen zu bereiten scheint, französische Worte in den Mund zu nehmen. Ohne „a painful contortion of head, neck, eyes and lips" bringt sie keine „syllable of French" (Blaise 2003a: 16f.) über die Lippen. Ihre sinnlich greifbare Ablehnung der anderen Sprache ist dabei nicht Ausdruck einer physiologischen Anomalie, sondern einer tief in ihrem Inneren verwurzelten Ablehnung der Kultur, in der sie sich bewegt: „She was convinced that the French language was a deliberate debauchery of logic, and that people who persisted speaking it did so to cloak the particulars of a nefarious design, behind which could be detected the gnarled, bejewelled claws of the Papacy." (Blaise 2003a: 17) Diese Ablehnung des Anderen beruht in *North* allerdings auf Gegenseitigkeit. Der Gastgeber der Familie des Ich-Erzählers beendet die Diskussion, ob Phil eine französisch- oder englischsprachige Schule besuchen wird, mit dem Machtwort, dass niemand, der in seiner Wohnung zuhause sei, jemals Englisch lernen oder eine englische Schule besuchen dürfe, und in der Bildungsstätte, die Phil schließlich besucht, lernt er „to feel comfortable only in the presence of other *bons noms canadiens*." (Blaise 2003a: 24)

Auch in anderen Kurzgeschichten Blaises wird wiederholt das Nicht-Zusammenkommen der verschiedenen MigrantInnen und der Montréaler Einheimischen beschrieben. In *A Class of New Canadians* (1973) etwa treffen sich verschiedenste Ethnien in der Abendschule, um Englisch zu lernen. In der Unterrichtspause trennen sie sich jedoch regelmäßig und es kommt zu keinem interkulturellen Dialog: „In the halls of McGill they broke into the usual groups. French Canadians and South Americans into two large circles, then the Greeks, Germans, Spanish and French into smaller groups. [...] Two Israeli men went off alone." (Blaise 2003c: 53) Der Grund für ihren Abendkursbesuch scheint, wie während des Fortgangs der Geschichte deutlich wird, darin zu liegen, dass sie möglichst bald das von ihrem Lehrer als paradiesisch multikulturelle Stadt erfahrene und angepriesene Montréal verlassen und ihr Glück in den USA suchen wollen.

Kann oder muss man also für Blaises Montréal mit dem Ich-Erzähler der Geschichte *The Belle of Shediac* die folgende Feststellung teilen? „An early mark of an educated man is the realization that sometimes, no matter how ideas and languages and experiences seem to bleed together in some kind of grand synthesis, it's still an illusion"? (Blaise 2003b: 170) Die Antwort kann nur ja und nein lauten: Die große kulturelle Synthese scheint unerreichbar. So zieht der hier zu Wort gekommene anglo-kanadische Ich-Erzähler aus beruflichen Gründen nach Montréal und eignet sich im Zuge dieser innerkanadischen Migration zunächst als Gast bei einer Arbeiterfamilie die französische Sprache an. Sein idealistisches Projekt, durch diesen Spracherwerb die Synthese der beiden ‚Founding Nations' in seiner Person zu vollziehen – „to remake myself like a northern Gatsby into the platonic conception of a complete Canadian" (Blaise 2003b: 169) – ist, wie er selbst Jahre später diagnostiziert, nicht von Erfolg gekrönt. Und doch: Er, der den „pure moment of perfect equivalence" (Blaise 2003b: 170) zwischen den Sprachen inzwischen abgeschrieben zu haben scheint, fungiert gleichzeitig als ein Mittler zwischen den Kulturen. Fünfunddreißig Jahre nach seinen ersten Schritten in der Québecer Gesellschaft lebt er noch immer in Montréal und arbeitet trotz seiner Resignation hinsichtlich der Erreichbarkeit der großen Synthese weiterhin zumindest an einer Annäherung an dieselbe. Er betrachtet es als sein Lebenswerk, die Romane des fiktiven Montréaler Schriftstellers Gilles Lacroix vom Französischen ins Englische zu übertragen. So will er die (literarische) Realität des Anderen seinen englischsprachigen Zeitgenossen zugänglich machen. Dass Lacroix Québec vor Jahren verlassen hat und dort sowie im Rest von Kanada kaum gelesen wird, obwohl er inzwischen einen Literaturnobelpreis zuerkannt bekommen (und abgelehnt) hat, ist Zeugnis für die am Ende in *The Belle of Shediac* nicht auf breiter Ebene gelingende Annäherung der Franko- und Anglo-KanadierInnen. Die Übersetzungsarbeit des Ich-Erzählers versinnbildlicht jedoch die Möglichkeit eines Sich-Näherkommens in der Zukunft.

Solch ein in der Zukunft mögliches ‚Zusammenkommen' ist auch in dem oben als Geschichte der kulturellen Differenzen vorgestellten Text *North* angedeutet. Sind die Erwachsenen darin scheinbar nicht fähig, die jeweils anderen anzunehmen oder sich den anderen anzunähern, so ist dies für die Generation der Jugendlichen sehr wohl möglich, wie unter anderem die folgende Erinnerung des Ich-Erzählers an einen mit seiner Mitschülerin Thérèse erlebten Nachmittag zeigt:

> Here I was, a Carrier who spoke no French, and she was an O'Leary who'd
> read ‚Archie' comic books but knew no English, and we were together in a

darkening classroom in Montreal under a cross, flanked by the photos of the Cardinal of Montreal and the Holy Father. (Blaise 2003a: 22)

Das gemeinsame Schülerschicksal, die Freude an Grenzen transzendierenden Zeichentrickserien, eine Faszination durch die mysteriös fremde kulturelle Realität der/des Anderen und ein erwachendes Interesse am anderen Geschlecht lassen Phil und die junge Québecerin einander näher kommen und später Hand in Hand durch die Straßen Montréals laufen.

Austin Clarke und M.G. Vassanji: ‚Visible Minorities' in einem *Storm of (Mis)Fortune*

Auch wenn in Blaises Texten damit ein mögliches zukünftiges Zusammenleben von Franko- und Anglo-KanadierInnen angedeutet wird, müsste die ‚grand synthesis' zwischen Bevölkerungsgruppen in Kanada natürlich über die ‚Founding Nations' hinaus erweitert werden. Obwohl bis vor wenigen Jahrzehnten für manche KanadierInnen die Gegensätze zwischen den beiden ‚Sprachgruppen' im Mittelpunkt des Interesses gestanden haben mögen und diese vor allem in Québec auch heute noch von zentraler Bedeutung sind, waren doch immer auch andere Gruppen in der kanadischen Metropole präsent. Heute stehen die so genannten ‚visible minorities' nicht nur durch ihr anderes Aussehen mehr und mehr im Vordergrund, sie sind auch deshalb sichtbarer als je zuvor, weil sie vielerorts die eigentliche ‚majority', die Mehrheit der urbanen Bevölkerung ausmachen.[5] Wie der als politisch korrekt gedachte Ausdruck ‚visible minorities' jedoch auch andeutet, wurden diese Minderheiten in der kanadischen Selbstwahrnehmung – und in der Metropole – lange an den Rand gedrängt. Sie hatten, im Gegensatz zu Blaises Charakteren, wie Hartmut Lutz es ausdrückt, nicht die Möglichkeit, „aufgrund ihres europäischen Äußeren" die Entscheidung zu treffen, „ihre ‚Bindestrich-Identität' abzulegen und ‚nur' als Kanadier aufzutreten". SchriftstellerInnen, „die als *authors of colour* sog. sichtbaren Minderheiten angehören" sind, wie Lutz fortfährt, „selbst im multikulturellen Kanada noch häufig Marginalisierungen ausgesetzt" (Lutz 2005: 312).

Literarisch ausgestaltet werden derlei Marginalisierungen z.B. in Austin Clarkes *Storm of Fortune* (1973), dem zweiten Band seiner Toronto-Trilogie, die sich ImmigrantInnen aus der Karibik und ihren Erfahrungen in Toronto widmet. Clarke versammelt in diesem Roman einen ‚circle of friends' bestehend aus Einwanderern jungen und mittleren Alters und

---

5   Auf die ‚First Nations' Kanadas kann im Rahmen dieses Essays aus Platzgründen nicht eingegangen werden. Es sei jedoch angemerkt, dass sie neben den ‚Founding Nations' und anderen MigrantInnengruppen selbstverständlich ebenfalls einen wichtigen Teil des kanadischen Mosaiks darstellen und dass auch in ihren literarischen Zeugnissen der urbane Raum in den vergangenen Jahren immer öfter eine wichtige Rolle spielt.

webt aus ihren individuellen und gemeinsamen Erlebnissen ein komplexes Netz an Kommentaren zum Miteinander der Kulturen, die hier nur im Ansatz diskutiert werden können. Der Roman beginnt mit der nachträglichen Schilderung einer Schlägerei, in der eine der Hauptfiguren von mehreren Polizisten brutal verprügelt wurde. Damit werden bei einem für Konflikte zwischen ethnischen Gruppen sensibilisierten Publikum sogleich Gedanken an rassistische Motivationen hervorgerufen. Im weiteren Verlauf des Romans wird dann auch deutlich, dass die Einwanderer aus der Karibik wegen ihrer Hautfarbe, ihrer Andersartigkeit in einem von Weißen dominierten Toronto tatsächlich mit rassistischen Einstellungen und darauf gründenden Benachteiligungen im Alltag kämpfen müssen. Die junge Estelle macht in der U-Bahn z.B. die folgende Erfahrung: „A woman got in, and moved in the direction of Estelle, and when she saw who Estelle was [...], she veered off and decided to stand, holding on to the metal pole, instead." (Clarke 1998: 81) Eine andere Hauptfigur, Henry, heiratet im Laufe des Romans die reiche weiße Erbin und Studentin Agatha, aber trotz ihrer finanziellen Möglichkeiten gelingt es den beiden nicht, eine ihren Bedürfnissen angemessene Wohnung in Toronto zu mieten, wie Henry seinem Freund Boysie berichtet: „[M]y goddamn rich white woman, and she can't find a decent place to live because she happened to be walking beside a man with the wrong brand o' colour, according to the landladies and landlords in [...] Toronto." (Clarke 1998: 280-81)

Wie jedoch die Verbindung zwischen Agatha und Henry schon andeutet, ist *Storm of Fortune* ein Roman des ‚ja, aber'. Ja, Henry und Agatha sind rassistischen Vorurteilen ausgeliefert, aber ihre Beziehung und die Aufnahme Agathas in Henrys Freundeskreis sprechen für die Möglichkeit von Gemeinsamkeiten und Verständnis zwischen den Kulturen und Hautfarben. Ja, Henry wurde von weißen Polizisten verprügelt, aber wie die LeserInnen später erfahren, hat Henry einige Monate zuvor seinerseits einen Polizisten verprügelt. Als der karibische Freundeskreis später in einem Wohnblock eine lange und laute Party feiert, zeigt sich die von Nachbarn alarmierte, staatliche Ordnungsmacht dann zunächst auch von einer verständnisvollen und freundlichen Seite.[6] Es ist für die Einwanderer in Clarkes Roman zwar schwierig, einen Arbeitsplatz zu finden, denn

---

6 Frank Birbalsingh interpretiert den Roman und die hier angesprochene Konfrontation mit der Polizei gänzlich anders. Für ihn zieht der Text klare Grenzen zwischen den Kulturen. So ist für ihn das Eingreifen der Beamten Ausdruck der Tatsache, dass die „flexible idea of community or social intercourse" der Einwanderer, die er in Clarkes Roman positiv besetzt sieht, „utterly alien to norms of industrialized, urban, Western social practice" (143) ist. Wenn sich Birbalsingh auf diese Weise essentialistischen Positionen annähert, kann man ihm entgegenhalten, dass die Polizei im Rahmen der Romanhandlung durch ihr Nicht-Auflösen der Feier bei ihrer ersten Anreise ein größeres Maß an Flexibilität und Verständnis gezeigt hat, als er, Birbalsingh, es dem Text anscheinend zugestehen will.

sie stellen teilweise Ansprüche, die nicht ihrer Qualifikation entsprechen und verbauen sich selbst Karrierechancen. Sie können aber, wie das Beispiel von Boysie und Dots zeigt, durchaus den sozialen Aufstieg schaffen. So scheint der Roman auf einer versöhnlichen Ebene zu enden, bis am Schluss des Textes der Tod Henrys bekannt, aber nicht mehr aufgeklärt wird und bei seinen Freunden Gewaltphantasien gegenüber den weißen KanadierInnen auslöst.

Ähnlich vielschichtig wie in *Storm of Fortune* gestaltet sich die urbane kanadische Welt für die aus Afrika nach Toronto eingewanderten indischen Charaktere in M.G. Vassanjis zwei Jahrzehnte später entstandenem Roman *No New Land* (1991). Auch dieser Text bleibt, wie Martin Genetsch beobachtet, „ambivalent in that no unified evaluation of the Canadian diaspora is possible" (Genetsch 2003: 59). Wieder handelt es sich um einen Text, der zu komplex ist, um ihm hier vollständig gerecht werden zu können. Wie in *Storm of Fortune* bleiben jedoch auch in *No New Land* Sitze in öffentlichen Verkehrsmitteln neben den Hauptpersonen leer, werden manche Charaktere aufgrund ihrer Hautfarbe nicht für Arbeitsplätze in Betracht gezogen, für die sie qualifiziert wären, jedoch haben andere Figuren durchaus beruflichen Erfolg. Anders als in *Storm of Fortune* gerät darüber hinaus in *No New Land* der wichtige Aspekt der verschiedenen Generationen unter den Einwanderern ins Blickfeld der Erzählung. Nurdin Lalanis Tochter Fatima zum Beispiel, die in Kanada zur Schule geht, scheint nur wenige der Anpassungsprobleme ihrer Eltern zu teilen. Sie hat beste Noten, überspringt eine Schulklasse und plant ehrgeizig eine viel versprechende Universitätsausbildung. Mit dieser positiven Entwicklung geht in ihrem Fall jedoch kein transkulturelles Überbrücken der Barrieren zwischen den Kulturen bei gleichzeitigem Festhalten an Traditionen und Eigenheiten einher. Vielmehr scheint Fatima Abstoßbewegungen in Richtung ihrer kulturellen Wurzeln zu vollziehen, wie ihr Vater bemerkt:

> There were times when, he was sure, she despised him. For what he was, unsophisticated, uneducated, a peon. For the crime of being her father when he wasn't anything like what she had in mind. She was ashamed of this little Paki-shitty-stan of Don Mills, as she called it. She didn't belong here, she would pull herself out of this condition: everything about her attitude suggested that. (Vassanji 1997: 167)

In Vassanjis *No New Land*, so könnte man daher argumentieren, verspricht der kanadische Multikulturalismus, in dem jede ethnische Gruppe ihre Eigenheiten pflegt, für einige Charaktere keinen Immigrationserfolg. In den Worten von Martin Genetsch:

> Canada for Fatima is not a country where identity hinges upon belonging to a community and a tradition. […] Identity in Canada is dynamic for the young

generation. It is not filiation that determines identity; identity is a matter of construction that defies stasis. (Genetsch 2003: 58)

Diese dynamische Identität ist im Fall Fatimas also nicht ein Phänomen, das den Respekt vor ihrer Ursprungskultur oder vor der Vielfalt der Kulturen aufrechterhält. Stattdessen vollzieht sie eine Loslösung von der eigenen Tradition. Die Annahme einer frei konstruierten strategischen Identität verspricht für sie Erfolg in dem Toronto, das Vassanji in *No New Land* darstellt.

Nino Ricci: Familien- oder Migrationsparabel?

Die Strategie der Loslösung von Traditionen und von der Herkunft lässt sich auch in manchen Texten beobachten, die sich nicht mit ‚visible minorities‘, sondern mit europäischen Einwanderern beschäftigen. Die 33 Kapitel von Nino Riccis Roman *Where She Has Gone* (1997), dem letzten literarischen Text, der hier noch kurz behandelt werden soll, sind geprägt von metafiktionalen Kommentaren aus dem Off, welche die ‚Unschärfe‘ der im Roman erzählten Geschichte unterstreichen. Zudem ist die Ich-Erzählung selbst durchzogen von sprachlichen Hinweisen auf Ungenauigkeit, auf das nur Schwer-Erfassen-Können dessen, was vor sich geht. Immer wieder spricht der Ich-Erzähler zum Beispiel in Vergleichen, welche die erzählte empirische Wirklichkeit zugleich bereichern wie auch vernebeln. So macht dieser Text, der sich den Immigrationserfahrungen einer italienischen Familie in Toronto widmet, die individuelle wie die kollektive Einwanderungserfahrung zu einer nur undeutlich verständlichen. Dies geschieht weniger durch die Komplexität der geschilderten Konstellationen, sondern eher durch das Herausstreichen der Unzuverlässigkeit von Sprache als Mittel der Kommunikation und menschlicher Erkenntnisfähigkeit. Auf der Ebene der erzählten Realität gewinnt Riccis Roman seine Spannung vor allem aus problembeladenen Familienverhältnissen, welche unter anderem durch eine erotische Anziehung zwischen den Halbgeschwistern Victor und Rita gekennzeichnet sind. Im Hintergrund dieser persönlichen Probleme ist die Einwanderungserfahrung der beiden jedoch ebenfalls sehr präsent. Ein Unterschied tut sich auf zwischen dem in Italien geborenen Victor und seiner auf der Überfahrt geborenen Schwester Rita. Obwohl es zu Beginn so scheint, als ob Victor sich in Toronto durchaus zu Hause fühle, wird im Textverlauf deutlich, dass er wohl weder in Kanada, noch in seiner alten Heimat je wirklich verwurzelt sein wird. Seine Schwester Rita scheint durch die Vergangenheit weniger belastet zu sein, was mit ihrer Geburt auf der Überfahrt nach Kanada, während der ihre Mutter zudem noch im Kindbett gestorben ist, zusammenhängen mag. Als ihr Victor die Bedeutung ihrer Herkunft aus Italien näherbringen will, antwortet sie ihm:

> ‚You and I are different that way [...]. It's hard to explain. It's as if you were born in the past, you have to go back to it, but when I was born the past was already over. It's not the same thing for me, to look back. It's not where the answers are.' (Ricci 1999: 277)

Auch Victor scheint dies später zu erkennen: „Rita returned to the present, to what was real, what had to be got on with. She had only been a visitor here, in the past." (Ricci 1999: 284) Liest man Riccis Text als Parabel über Einwanderungserfahrungen, so hat Rita, gezeugt von einem unbekannten Vater, aufgewachsen ohne ihre leibliche Mutter bei einer Pflegefamilie, die besten Voraussetzungen, sich in der Neuen Welt zu etablieren. Liest man Riccis Text jedoch als Familienroman, was mindestens ebenso legitim erscheint, so sagt er wenig über die Immigrationserfahrung aus und kennzeichnet Rita vor allem als psychisch stärkstes Glied einer von traumatischen Erlebnissen verfolgten Familie.

Fazit

Am Ende dieses stichprobenhaften Versuchs, die Position der MigrantInnen im urbanen Kanada zu fassen, steht wie so oft die Begegnung mit Vielfalt. Eine einfache, schematische Lösung, wie sie Neil Bissoondath im letzten Kapitel von *Selling Illusions* vorschlägt, zeichnet sich nicht ab. Nach Ansicht von Bissoondath steht ein hinsichtlich des Zusammenlebens der Kulturen tendenziell ‚verkrampftes' Montréal einer entspannten Gleichheit der Ethnien in Toronto gegenüber (vgl. Bissoondath 1994: 195). Eine Aussage desselben Autors, die in seiner Abhandlung über den Multikulturalismus paradoxerweise fast direkt auf die eben umschriebene vereinfachende Sicht auf kanadische Metropolen folgt, bietet sich viel eher als Resümee an: „[J]ust as English Canada is no monolith of views, interests and attitudes," lässt Bissoondath wissen, „so Quebec is no monolith of views, interests and attitudes. And like English Canada and Quebec, no ethnic group, or ‚cultural community' as they are referred to in Quebec, is a monolith of views, interests and attitudes." (Bissoondath 1994: 195) Gleiches ist für die anglo-kanadische Literatur und ihren Umgang mit der Migrationserfahrung in den urbanen Räumen Montréal und Toronto festzustellen. Vorsichtig könnte thesenhaft konstatiert werden, dass sich in vielen der hier behandelten Werke – über Generationsgrenzen hinweg – der Fokus von der Herkunftskultur der MigrantInnen auf deren kanadische Gegenwart verschiebt. Vor allem die noch in ihrer Heimat geprägten Charaktere sind es, die in der neuen Kultur ‚zwischen den Stühlen' sitzen. Ihre jüngeren Verwandten scheinen sich – bei Blaise in einer Annäherung an die Vereinigung mit dem Fremden, bei Ricci und Vassanji teilweise durch das Verneinen der Herkunft – einer ‚kanadischen' Identität anzunähern. Fragen des Überlebens, des Existenzaufbaus und ökonomische Fragen nehmen daneben teils eine untergeordnete, teils eine durchaus ebenbürtige Stellung ein. Die Stadt selbst bleibt schließlich, wie in der anglo-kanadischen Literatur im Allgemeinen, eher im Hintergrund, sie ist jedoch als Matrix, vor der sich das Leben der Charaktere abspielt, bei Weitem nicht so abwesend, wie manche Kritiker behaupten.

Bibliographie

Bethune, Brian 2004, „Books and the City. Finally, Canadian Novels that Portray the Lives of Contemporary Urbanites", in: *Maclean's* 117/19, URL: http://www.macleans.ca/culture/books/article.jsp?content=20040510_80050_80050 (08.07.2006).

Birbalsingh, Frank 1995, „The Toronto Novels of Austin Clarke", in: Birbalsingh, Frank, *Novels and the Nation. Essays in Canadian Literature*, Toronto. 140-145.

Bissoondath, Neil 1994, *Selling Illusions. The Cult of Multiculturalism in Canada*, Toronto.

Blaise, Clark 2003a, „North", in: Blaise, Clark, *Montreal Stories*, Erin. 15-33.

Blaise, Clark 2003b, „I'm Dreaming of Rocket Richard", in: Blaise, Clark, *Montreal Stories*, Erin. 35-43.

Blaise, Clark 2003c, „A Class of New Canadians", in: Blaise, Clark, *Montreal Stories*, Erin. 51-59.

Blaise, Clark 2003d, „The Belle of Shediac", in: Blaise, Clark, *Montreal Stories*, Erin. 169-182.

Clarke, Austin 1998, *Storm of Fortune*, Toronto.

Eagleton, Terry 2003, *After Theory*, London.

Fagan, Cary/MacDonal, Robert (Hg.) 1990, *Streets of Attitude. Toronto Stories*, Toronto.

Genetsch, Martin 2003, *Difference and Identity in Contemporary Anglo-Canadian Fiction. M.G. Vassanji, Neil Bissoondath, Rohinton Mistry*, Diss., Universität Trier, URL: http://ubt.opus.hbz-nrw.de/volltexte/2004/136/ (20.07.2006).

Groß, Konrad/Klooß, Wolfgang/Nischik, Reingard M. (Hg.) 2005, *Kanadische Literaturgeschichte*, Stuttgart/Weimar.

Hasslöcher, Kerstin 1990, *Die Stadt im kanadischen Roman des 20. Jahrhunderts*, Magisterarbeit, FU Berlin (J.F. Kennedy-Institut).

Ickstadt, Heinz 1991, „The City in English-Canadian and US-American Literature", in: *Zeitschrift für Kanada-Studien* 11/1-2. 163-173.

Lefolii, Ken 1965, *The Canadian Look. A Century of Sights and Styles*, o.O., The Canadian Centennial Library.

Lutz, Hartmut 2005, „Multikulturalität als Stärke der zeitgenössischen kanadischen Literatur", in: Groß, Konrad/Klooß, Wolfgang/Nischik, Reinhard M. (Hg.), *Kanadische Literaturgeschichte*, Stuttgart/Weimar. 310-336.

Moore, Brian 1972, *The Luck of Ginger Coffey*, Toronto.

Niedzviecki, Hal 1998, „Welcome to the Concrete Forest. Population 30 Million", in: Niedzviecki, Hal (Hg.), *Concrete Forest. The New Fiction of Urban Canada*, Toronto. XI-XX.

Niedzviecki, Hal/Wershler-Henry, Darren 2002, *The Original Canadian City Dweller's Almanac. Facts, Rants, Anecdotes, and Unsupported Assertions for Urban Residents*, Toronto.

Pache, Walter 2002, „Urban Writing", in: New, William H. (Hg.), *Encyclopedia of Literature in Canada*, Toronto. 1148-1156.

Ricci, Nino 1999, *Where She has Gone*, Toronto.

Samuelian, Christine 2003, „Rethinking Canada", in: *The Globe and Mail*, 26. März. T1, T6.

Stensland, P.G. 1971, „We Are All Urbanites", in: Bryfogle, R. Charles/Krueger, Ralph R. (Hg.), *Urban Problems. A Canadian Reader*, Toronto/Montréal. 11-17.

Stevens, John 1975, „Introduction. The Urban Magnet", in: Stevens, John (Hg.), *The Urban Experience*, Toronto. 1-2.

Vassanji, M. G. 1997, *No New Land*, Toronto.

Der „Lieu habité" im Zeichen von Jugendkultur, Mehrsprachigkeit und Migration

Blick über Montréal © Jens Lindner

Jürgen Erfurt

,Alpha-francisation' haitianischer MigrantInnen in Montréal

Gegenstand und Leitfragen

Wird im Kreise von RomanistInnen und KanadistInnen über Ethnizität und Migration in Kanada diskutiert und dabei das Augenmerk auf ethnokulturelle Gemeinschaften wie die der HaitianerInnen in Montréal gelenkt, so fallen recht bald Namen wie der des 2002 verstorbenen Schriftstellers Émile Ollivier oder auch der seines Kollegen Gary Klang. Beide waren bzw. sind als Literaten in der Québecer Literaturszene präsent und gelten als Vertreter der ,écriture migrante' (vgl. u.a. Dumontet 2005, Hu 2005, Klaus 1999, Moisan/Hildebrand 2001). Das große Interesse der Literaturwissenschaft an der literarischen Produktion von Autoren chinesischer, italienischer, haitianischer u.a. Herkunft ist hinlänglich bekannt. Weit weniger Beachtung hat allerdings gefunden, dass einige der AutorInnen, die ansonsten die Aura der Hochkultur umgibt, auch in einem ganz anderen Bereich aktiv waren/sind, der zwar auch mit Schriftlichkeit zu tun hat, aber eben nicht mit ihren Prestigeformen. Ich möchte damit auf das Engagement von É. Ollivier, G. Klang u.a. in der Alphabetisierungsbewegung in Québec verweisen, hier speziell der Alphabetisierung von haitianischen MigrantInnen in Montréal.

Im Weiteren soll versucht werden, auch im Rückgriff auf Émile Olliviers Studien (vgl. Ollivier 1982, 1990) über Ethnizität und Analphabetismus, die Diskussion über Erwachsenenalphabetisierung in Québec und die widerstreitenden Diskurse in diesem Rahmen zu rekonstruieren. Ausgangspunkt meiner Betrachtungen sind die sprachlichen Verhältnisse, mit denen haitianische MigrantInnen in Montréal konfrontiert sind. Als Fallstudie werde ich mich eingehender mit der Konzeption und dem Funktionieren eines haitianischen Alphabetisierungszentrums befassen, seine Klientel beleuchten und als Exempel für den Diskurs der ,alphabétisation populaire' darstellen. Der nächste Schritt besteht darin, diesen Alphabetisierungsdiskurs in den Kontext der Québecer Sprachpolitik einzuordnen und nachfolgend den konkurrierenden Diskurs aufzuzeigen, der vom Québecer Nationalismus generiert wird.

Der Beitrag rückt auf diese Weise die Frage in den Mittelpunkt, welcher Handlungsraum für die Fortführung eines kommunitären Projekts vom Typ der ,alphabétisation populaire' bzw. der ,alphabétisation culturelle' im Kontext der aktuellen Reformen der Québecer Sprach- und Immigrationspolitik (überhaupt noch) besteht. Auszuloten sind dabei die

Konsequenzen für die Alphabetisierungs- und Sprachpraxis im Migrationsmilieu, die aus einer Ökonomisierung und Bürokratisierung des Bildungsdiskurses resultieren.

Analphabetismus und Immigration in Québec

Analphabetismus unter der frankophonen Bevölkerung der Provinz Québec ist – durchaus vergleichbar mit den anderen Provinzen Kanadas oder mit anderen hoch entwickelten Ländern – ein ernst zu nehmendes, wenngleich gesellschaftlich meist übergangenes Problem. Die Gründe hierfür sind vielfältig: Historisch gesehen, wirkte im französischsprachigen Kanada noch lange über die Stille Revolution hinaus das Erbe der bildungsfeindlichen Praxis der katholischen Kirche nach. Heute ist hiervon noch immer die Bevölkerungsschicht der über 60-jährigen in beträchtlichem Maße betroffen. Seit den 1970er Jahren kommt hinzu, dass der neue sprachliche Nationalismus des Québecer Staates selbst wiederum an Grenzen seiner eigenen Politik stößt, indem er zwar für die Frankophonen einen privilegierten Zugang zu den materiellen und kulturellen Ressourcen schafft, andere jedoch – Anglophone, nicht-frankophone MigrantInnen, Autochthone – marginalisiert. Wieder ein anderes – und seit den 1990er Jahren offensichtlich deutlich zunehmendes – Problem besteht im Schulabbruch unter Québecer Jugendlichen, dessen Folge nicht selten funktionaler Analphabetismus ist. Schließlich ist die Immigration zu erwähnen. Unter den ImmigrantInnen, die seit den 1970er Jahren nach Québec gekommen sind, befindet sich eine beträchtliche Zahl von AnalphabetInnen. Für sie stellt sich nicht nur die Frage, wie sie das Problem der Alphabetisierung bewältigen, sondern auch, wie sie als Allophone in einer französischsprachigen Gesellschaft Fuß fassen können. Unter den in hohem Maße von Analphabetismus betroffenen ImmigrantInnengruppen befinden sich jene aus Haiti. Der Weg, den die Haitianer in der Québecer Gesellschaft zu gehen haben, erweist sich als hoch komplex. Sie stoßen auf Hindernisse, die als Folgen des Kolonialismus zu deuten sind: die verbreitet geringe Bildung, die verinnerlichte Abwertung ihrer eigenen Sprache, des Kreolischen, aber auch Hindernisse, die mit der Sprachpolitik und den sprachlichen Verhältnissen in der Aufnahmegesellschaft Québecs zu tun haben. Dazu später noch etwas ausführlicher.

Das Gros der ImmigrantInnen, die nach Kanada kommen, siedelt sich im urbanen Milieu an. Sieht man sich die aktuellen Statistiken zur Immigration an, so ragen drei urbane Zentren als Zielorte von MigrantInnen deutlich heraus: Toronto, Vancouver und Montréal. In dieser Reihenfolge sind diese drei Städte die bevorzugten Orte der Immigration. Toronto hat in den 1990er Jahren insgesamt 43 % aller ImmigrantInnen, die nach Kanada kommen, angezogen, gefolgt von Vancouver mit 18 % und Montréal mit 12 %.[1] Gegenüber diesen drei Zentren nimmt sich die Zuwanderung in die übrigen Städte bescheiden aus. Gerade einmal 15 % aller ImmigrantInnen verteilt sich in der Dekade der 1990er Jahre auf die folgenden elf Städte: Ottawa-Gatineau, Calgary, Edmonton, Winnipeg, Hamilton, London, Québec, Halifax, Regina, Saskatoon und Victoria.

Damit kann der Eindruck entstehen, dass sich die heutigen Migrationsströme in Richtung auf das urbane Milieu bewegen und damit deutlich anders zu lokalisieren sind als jene des 19. und der ersten Hälfte des 20. Jahrhunderts, als die Erschließung des Westens als Landnahme stattfand. Entscheidend für die Zuwanderung scheint jedoch nicht das urbane Milieu im Allgemeinen zu sein, sondern in erster Linie die sich herausbildenden Netzwerke ethnokultureller Gemeinschaften, die sich in einigen Städten dicht geknüpft haben, in anderen wiederum nicht. Dies lässt sich anhand der Immigration aus Haiti illustrieren. Sehen wir uns dazu die Angaben zur Provinz Québec an. Im Zeitraum von 2000-2004 kamen ca. 191.500 ImmigrantInnen nach Québec; das entspricht 16,4 % der insgesamt 1,19 Millionen ImmigrantInnen, die in dieser Zeit nach Kanada kamen. 87 % zogen nach Montréal und Umgebung (Montréal, Montérégie, Laval); lediglich 4,4 % gingen in die Stadt Québec; die verbleibenden 8 % verteilten sich in Größenordnungen von knapp über 0 % bis 2 % auf die übrigen 13 Regionen der Provinz.[2] Im Zeitraum 2000 bis 2004 riss auch die Zuwanderung von HaitianerInnen nicht ab: Knapp 8.000 ließen sich offiziell in der Provinz Québec nieder; somit erhöhte sich bis 2004 ihre Gesamtzahl auf über 80.000, von denen etwa 94 % im Großraum Montréal leben.[3] Hier wiederum konzentrieren sich die HaitianerInnen in drei Stadtvierteln, in denen mehr als die Hälfte von ihnen lebt: Villeray – Saint-Michel – Parc-Extension (21 %), Montréal-Nord (18 %) und Montréal-Est (15 %).[4]

---

1 Vgl. *Statistique Canada. Portrait ethnoculturel du Canada. Tableaux sommaires, recensement de 2001*, URL: http://www.cprn.org/fr/static/fr-diversity-glance4_3.html (14.07.2006).

2 Quelle: *Tableaux sur l'immigration au Québec 2000-2004 (Données préliminaires pour 2004)*, Ministère de l'Immigration et des Communautés culturelles (MICC), Direction de la population et de la recherche et Citoyenneté et Immigration Canada, Québec, MICC, März 2005.

3 Vgl. *Portrait statistique de la population d'origine ethnique haïtienne, recensé au Québec en 2001*, Gouvernement du Québec. Immigration et Communautés ethnoculturelles 2005. Nach der Erhebung von 2001 leben 74.470 Personen haitianischer Herkunft in Montréal. Hinzu kommen weitere 5.000-6.000, die zwischen 2001 und 2004/05 nach Québec gekommen sind.

4 Der Statistik zufolge haben 45 % der Personen über 15 Jahre keinen Sekundarabschluss, ein Hinweis, dass ein großer Teil der HaitianerInnen als nur gering gebildet betrachtet wird; vgl. *Portrait statistique de la population d'origine ethnique haïtienne, recensé au Québec en 2001*, Gouvernement du Québec. Immigration et Communautés ethnoculturelles 2005.

Haitianische ImmigrantInnen in Montréal

Anfang der 1970er Jahre werden in Kanada zahlreiche haitianische
Flüchtlinge aufgenommen, von denen viele als Boatpeople zunächst nach
Florida und von dort nach Montréal kommen. Zuvor haben bereits zahlreiche Intellektuelle und Angehörige der Mittelschichten das Land verlassen.
1973 gründen haitianische MigrantInnen in Montréal die *Maison d'Haïti*
sowie – auf Initiative des *Bureau de la Communauté Chrétienne des Haïtiens de Montréal (BCCHM)* – auch das *Centre Toupatou*.[5] Ihre Aufgaben
sahen diese Zentren zu jener Zeit in der sozialen und rechtlichen Soforthil-
fe für die haitianischen MigrantInnen. Als dringendes Bedürfnis kristalli-
sierten sich Alphabetisierungskurse für jene heraus, die in Haiti nicht oder
nur sporadisch die Schule besucht hatten. 1978 wird ein erster regulärer
Alphabetisierungskurs in Montréal eingerichtet, wobei von Anbeginn an,
wie É. Ollivier (1982: 180) anmerkt, ausgehend von französischen Erfahrungen[6], der Akzent auf die ‚conscientisation‘ gesetzt wird. Das bedeutet,
den Ideen des Brasilianers Paolo Freire folgend, die Lernenden im Prozess
der Alphabetisierung auch für ihre soziale Lage und die politischen Verhältnisse zu sensibilisieren. Von den sozialemanzipatorischen Ideen Paolo
Freires ausgehend, entschieden sich die haitianischen Alphabetisierungs-
aktivisten dafür, die Alphabetisierung der MigrantInnen zunächst in ihrer
Muttersprache, d.h. in Kreolisch, voranzutreiben, um auf dieser Basis in
einem zweiten Schritt auch die Aneignung des Französischen zu verfolgen.
Solange sich die HaitianerInnen als Flüchtlinge vor der Duvalier-Diktatur im Exil sahen, bedeutete die Alphabetisierung in Kreolisch eine Vorbereitung auf die Rückkehr in ihr Land.

Etwa zeitgleich zu den ersten Alphabetisierungskursen für haitianische ImmigrantInnen entsteht in Québec ein Netzwerk der Sozial- und
Bildungsarbeit für die Alphabetisierung von Erwachsenen; der Diskurs
der ‚alphabétisation populaire‘ nimmt konkrete Gestalt an. Sozialarbeiter-
Innen, linke Intellektuelle, GewerkschaftsvertreterInnen und mobilisierte
Frankophone der Unterschichten weisen auf die hohe Analphabetenrate
unter der frankophonen Bevölkerung hin. Sie verweisen darauf, dass die
Ideale von Modernisierung und Demokratisierung, mit denen die ‚Révolution tranquille‘ verbunden war, noch längst nicht für alle QuébecerInnen verwirklicht seien. Den Modernisierungsdiskurs des Québecer Staates kritisch hinterfragend, zitieren sie Statistiken, nach denen 1986 noch
29,8 % der frankophonen Québecer Bevölkerung AnalphabetInnen sind,

---

5   Der Name des Zentrums wurde geändert.
6   Ollivier verweist auf: Collectif d'alphabétisation 1972, *Parler, lire, écrire, lutter, vivre,*
     Paris.

darunter 6,2 % als komplette und 23,6 % als funktionale AnalphabetInnen (vgl. Budach 2003: 74 unter Verweis auf Boucher 1989: 63).

> Die Ursache dieses Zustandes, der insbesondere die frankophonen sozialen Unterschichten betrifft, sehen die Verfechter der ‚alphabétisation populaire' vor allem in der quebecer Bildungspolitik und im staatlichen Schulsystem, das Kinder aus den ‚classes populaires' systematisch benachteilige. [...]. Staatlicher Bildungspolitik wird hierbei zum Vorwurf gemacht, dass sie sich nur auf den Ausbau des Schulsystems konzentriere und die Entwicklung alternativer Bildungsräume (vor allem der Erwachsenenbildung) vernachlässigt habe [...], dass trotz kostenloser Schulbildung und der Demokratisierung ihres Zugangs bestimmte soziale Klassen weiterhin marginalisiert blieben und dass der Analphabetismus als Kennzeichen dieser Marginalisierung weiter bestünde. (Budach 2003: 74)

1980 formiert sich also das Netzwerk *Regroupement des groupes populaires en alphabétisation (RGPAQ)*, an dem auch das haitianische *Centre Toupatou* als Mitgründer beteiligt ist. Unter den AktivistInnen des haitianischen Alphabetisierungszentrums nimmt der Diskurs von ‚Alpha populaire' dahingehend Form an, dass als unverzichtbarer Bestandteil der Erwachsenenalphabetisierung zunächst das Lesen- und Schreibenlernen von Erwachsenen in Kreolisch vermittelt werden soll. Bildungsarbeit wird übergreifend als ‚conscientisation', als eine Auseinandersetzung mit der eigenen sozialen Lage aufgefasst, wobei die Sprachenfrage direkt ins Zentrum sprachideologischer und postkolonialer Auseinandersetzungen trifft. Für viele haitianische Flüchtlinge und ImmigrantInnen ist das Verhältnis zu ihrer Muttersprache ein sensibles Feld der sozialen Marginalisierung und der Inferiorität. Das Programm zur Alphabetisierung der HaitianerInnen in ihrer Muttersprache kollidierte folglich mit ihren negativen Einstellungen zum Kreolischen (dieses sei ‚keine richtige' oder eine ‚schlechte' Sprache, mit der sozialen Konnotierung als ‚ungebildet'; dazu kommt die Selbstkategorisierung als Unterschicht und vor allem der ‚verinnerlichte Kolonialismus' in Form eines Gefühls der Minderwertigkeit). Dagegen steht der soziale Druck, der von der ‚petite bourgeoisie' unter den HaitianerInnen ausgeht. Ihre privilegierte Stellung verdanken sie nicht zuletzt der Beherrschung des Französischen, das sie als Distinktionsmuster zur Stützung ihrer sozialen Position durchsetzen. Unter den AktivistInnen des *Centre Toupatou* klingt das wie folgt:

> Le refus de l'apprentissage du kreyòl par les adultes analphabètes haïtiens est une conséquences de la surenchère du français par la minorité lettrée qui, elle même, entretient une attitude méprisante par rapport au kreyòl. (Estinvil [1981] 1995: 87)

Unter den haitianischen Intellektuellen ist dieser Weg der Alphabetisierung keineswegs unumstritten. Was sich für die AktivistInnen der Alphabetisierung in Kreolisch als noch zu lösendes pädagogisches Problem des simultanen bzw. sukzessiven Lernens von zwei deutlich sich unterscheidenden Orthographiesystemen[7] und als zu überwindendes ideologisches Problem der Geringschätzung des Kreolischen darstellt, wird von anderen scharf attackiert. Diese GegnerInnen vermuten eine geringe Effizienz der Kurse, weil die Alphabetisierung aufgrund der Unterschiedlichkeit der Graphiesysteme gewissermaßen zwei Mal erfolgen müsse; sie kritisieren eine überzogene Politisierung und eine noch nicht bewiesene Angemessenheit der didaktischen Methoden: wenn schon Alphabetisierung, so die KritikerInnen, dann direkt in Französisch, zumal das Alphabetisierungszentrum im französischsprachigen Milieu Montréals agiert (vgl. die Dokumentation der Positionen von F. Midy und M. Estinvil einerseits und J. Prophète andererseits in Centre N a Rive 1995: 44-48 und 74-84 vs. 84-91).

Im Februar 1986 ändert sich die Lage: Haiti befreit sich von der Duvalier-Diktatur. Ein Teil der Flüchtlinge kehrt nach Haiti zurück; viele andere bleiben in Montréal. Den Institutionen der haitianischen Gemeinschaft in Montréal fällt nun ein verändertes Mandat zu, nämlich die Landsleute bei der Integration in die Québecer Gesellschaft zu unterstützen. Nachdem das *Centre Toupatou* 1986 als autonomes kommunitäres Zentrum anerkannt wurde, rückte folglich die Frage in den Mittelpunkt, wie einerseits die Alphabetisierungsarbeit weitergeführt und andererseits die soziale Integration und Emanzipation in der Québecer Gesellschaft erreicht werden können. Wenn auf der einen Seite mit dem Kreolischen der Ausgangs- und der Referenzpunkt für die Alphabetisierungspraxis fortgeschrieben wird, werden auf der anderen Seite die Weichen in die Richtung sozioprofessioneller Bildung gestellt. Konkrete Formen von Ateliers, die seit Anfang der 1990er Jahre das Programm für berufsorientierte Bildung des Zentrums bis heute auszeichnen, sind hauswirtschaftliche Kurse in Nähen, Kochen und Backen, die als Einstieg in eine berufliche Praxis verstanden werden. Später kommt noch ein Kurs in Informatik hinzu. Die 1990er Jahre über gilt die primäre Alphabetisierung in Kreolisch als erfolgreiches Modell, zumal das Kreolische in seiner Funktion als Brückensprache beim Erwerb des Französischen zusätzlich gestützt

---

7   Beim sukzessiven Lesen-/Schreibenlernen in Kreolisch und nachfolgend oder simultan beim Lernen des Französischen besteht für die Lernenden das Problem im Übergang vom Kreolischen als Sprache mit einem phonologisch gestützten Orthographiesystem zum Französischen mit einem stark etymologisch geprägten Orthographiesystem. Für die Lernenden bedeutet dies, dass sie mit der Schwierigkeit fertig werden müssen, dass ähnliche Wörter in völlig verschiedenen Graphien erscheinen: z.B. kreol. *fen, ven, pen, men* vs. franz. *fin, vin, pain, main* oder kreol. *bwa, vwa, swa* vs. franz. *bois, voix, soir*, ganz zu schweigen von den komplizierten Graphem-Laut-Zuordnungen im Französischen beim Lesen und Schreiben von Texten.

und so auch als Ressource für den Erwerb des Französischen gewertet wird. Als zentraler Bestandteil eines Konzepts, das man nun als ‚alphabétisation culturelle' bezeichnen kann, rückt die kulturelle Identifikation als HaitianerInnen im Migrations- und Minderheitenmilieu in Montréal in den Vordergrund.

Der Diskurs der Québecer Sprachpolitik zur Alphabetisierung

1977, wenige Monate nach dem Machtantritt des _Parti Québécois_ und mitten in der heißen Phase des Kampfes zwischen BefürworterInnen und GegnerInnen des Französischen als offizielle Sprache Québecs, lanciert die kanadische Regierung, zur Überraschung vieler, ein Programm zur Förderung der Herkunftssprachen auf allen Ebenen des Schulsystems: _Programme d'enseignement des langues d'origine (PELO)._ Die Gegner-Innen des Gesetzes 101 sehen darin ein taktisches Manöver der Regierung, um von ihrem sprachlichen Nationalismus abzulenken, viele der Québecer NationalistInnen hingegen ein der Französierung der Gesellschaft zuwiderlaufendes Programm. Die allophonen ethnischen Gemeinschaften wie GriechInnen, PortugiesInnen oder ItalienerInnen wiederum vermuten darin ein Konkurrenzunternehmen der Regierung zu den von ihnen angebotenen Kursen und gleichzeitig einen Schlag gegen ihre stillschweigende Annäherung an die anglophone Minderheit in Québec (vgl. McAndrew 2001: 49ff.). So viel, um die diskursive Dynamik jener Zeit in ihren Eckpunkten zu charakterisieren. Dem Herkunftssprachenprogramm voraus gehen seit 1969 die so genannten _Classes d'accueil_ für die Kinder von ImmigrantInnen, denen eine bessere Integration in das französischsprachige Schulsystem ermöglicht werden soll. Für erwachsene Immigrant-Innen hingegen bieten die ebenfalls 1969 gegründeten _Centres d'orientation et de formation des immigrants (COFI)_ Sprachkurse in Französisch an. Diese beiden Instrumente staatlicher Integrationspolitik von MigrantInnen machen zweierlei deutlich: Einerseits, dass sie überwiegend auf Sprachförderung und Integration im Kontext der Schule abzielen und ihre Adressaten Kinder und Jugendliche sind; andererseits, dass sie sich an eine bereits alphabetisierte Klientel richten. Im Umkehrschluss bedeutet dies jedoch, dass erwachsene ImmigrantInnen nicht von staatlichen Programmen zur Förderung von Herkunftssprachen profitieren können, und dass für erwachsene AnalphabetInnen keine Bildungsprogramme existieren, weder in Französisch noch in den Herkunftssprachen. Hier setzt nun, wie wir bereits gesehen haben, die Kritik von ‚Alpha populaire' in den 1980er Jahren an.

Wie reagiert nun die Québecer Immigrations- und Sprachpolitik? Zunächst und für mehr als ein Jahrzehnt lang überhaupt nicht, Mitte der 1990er Jahre dann mit einem ersten Programm und schließlich seit Beginn dieses Jahrzehnts und dem Regierungsmandat der Liberalen 2003 mit Reformaktionismus. Im Jahre 1994 legt die Regierung Québecs erstmals ein Programm zur sprachlichen Integration von erwachsenen ImmigrantInnen vor. *Le programme général d'intégration linguistique*, wie sein offizieller Titel lautet, richtet sich an zwei Personengruppen: einerseits an ImmigrantInnen, die bereits eine Schulausbildung erfahren haben und alphabetisiert sind, nicht aber Französisch sprechen, andererseits an Personen, die als AnalphabetInnen oder als im geringen Maße schulisch gebildet gelten. Für die zuletzt genannte Gruppe der funktionalen oder vollständigen AnalphabetInnen[8] legt das damalige *Ministère des Relations avec les citoyens et de l'Immigration (MRCI)* 1994 bzw. 1998 ein Programm[9] mit folgenden Eckpunkten vor: Vollzeit- oder Teilzeitkurse im Umfang von 600 bis max. 800 Stunden Sprachunterricht. Die Kurse finden ausschließlich in Französisch statt. Vorrangiges Ziel ist das Erlernen der gesprochenen Sprache und der kulturellen Codes; die ebenfalls zu entwickelnden schriftsprachlichen Kenntnisse und Fähigkeiten würden vom Grad des Analphabetismus abhängen. Betont wird,

> […] que le programme conçu pour les populations peu alphabétisées ou peu scolarisées n'est pas un programme d'alphabétisation et qu'il vise d'abord l'apprentissage du français langue seconde dans des situations de la vie quotidienne. (MRCI: 8)

Neben Einstufungstests sieht das Programm Leistungsevaluationen im Laufe des Kurses sowie am Ende vor, um das erreichte Kompetenzniveau zu bescheinigen (MRCI: 23). Bereits hier zeichnet sich ab, dass sich auf breiter Front ein fundamentaler diskursiver Wandel in der Gesellschaft vollzieht. Zum Diskurs von ‚Alpha populaire' tritt nun der Diskurs staatlicher Akteure in Konkurrenz, und mit ihm setzen der Umbau der Verwaltung wie auch die Verwaltung des Analphabetismus ein. Die neue Philosophie der Messung von Effizienz, der Evaluation, der Erfolgskontrolle im Bereich der Französisierung verlangt nach zwei weiteren Maß-

---

8 Die Bezeichnung ‚AnalphabetIn' ist nicht unproblematisch, weshalb in der Einleitung sowohl auf einen ethischen als auch auf einen funktionalen Aspekt hingewiesen und zugleich empfohlen wird, die Bezeichnung zu umgehen oder möglichst wenig zu verwenden: „Depuis quelques années, il y a un consensus internationale sur le fait d'utiliser le moins possible le terme ‚analphabète' qui a une connotation négative. D'ailleurs, les personnes totalement analphabètes sont rares, et l'expérience démontre que l'on rencontre surtout des personnes ayant une certaine expérience de l'écrit et qui ont développé des stratégies de ‚traitement' de l'écrit, ne serait-ce que des procédés de ‚contournement'" (in: *Programme d'intégration sociolinguistique pour les populations immigrantes peu alphabétisées ou peu scolarisées*, vgl. Fußnote 9).

9 *Programme d'intégration sociolinguistique pour les populations immigrantes peu alphabétisées ou peu scolarisées*. Version en vigueur (Februar 1998), Gouvernement du Québec: Ministère des Relations avec les citoyens et de l'Immigration. Direction des politiques et programmes de francisation. Module de la formation linguistique.

nahmen. Eine davon besteht darin, dass das Ministerium Kompetenzniveaus für den Erwerb des Französischen als Zweitsprache für ImmigrantInnen ausarbeiten lässt.[10] In Anlehnung an die Standards des *American Council on the Teaching of Foreign Languages*, führt das Ministerium im Jahre 2000 verbindlich für alle Bildungsträger die „Niveaux de compétence en français langue seconde pour les immigrants adultes" ein (vergleichbar erscheint die Formulierung von Standards für den Spracherwerb, wie sie diesseits des Atlantik der „Allgemeine Europäische Referenzrahmen für Sprachen" vorsieht). Das Ministerium verfolgt mit der Festlegung von insgesamt 12 Niveaustufen des Zweitsprachenerwerbs das Ziel, einen Referenzrahmen vorzulegen,

> [...] à l'intention des immigrants adultes qui apprennent le français, les employeurs et de tous les responsables de la formation, c'est-à-dire les enseignants, les conseillers pédagogiques, les directeurs d'établissement et les décideurs. Ce cadre devrait permettre de déterminer le niveau de compétence d'un apprenant tout en tenant compte de la spécificité et des conditions d'utilisation de la langue ainsi que du contexte d'apprentissage. (MRCI: 7)

Im Konkreten bedeutet dies, dass einerseits ein Instrument der Sprachdiagnostik und andererseits eines der Evaluation vorgelegt wird. Sprachdiagnostik heißt, sprachliche Indikatoren zu formulieren und festzulegen, die es erlauben sollen, den Stand und Zuwachs an Kenntnissen zu messen und die sprachpraktische Kompetenz der KandidatInnen zu klassifizieren. Das Material benennt für die Einschätzung der 12 Niveaustufen insgesamt 250 sprachliche Indikatoren – 127 davon für die vier obersten Niveaustufen des ‚niveau avancé' –, von denen sich etwa je ein Drittel auf die mündliche Interaktion (‚interaction orale'), auf das schriftsprachliche Verständnis (‚compréhension écrite') und auf schriftsprachliche Produktion (‚production écrite') bezieht.

Die Logik dieser Intervention liegt auf der Hand: Ganz im Sinne des Zeitgeists, gemäß eindeutig neoliberaler Marktorientierung (schließlich geht es um die zielführende Verwaltung von beträchtlichen finanziellen Mitteln), müssen den beteiligten Akteuren – den ‚enseignants', den ‚conseillers pédagogiques', den ‚directeurs' und ‚décideurs' – Bewertungsmaßstäbe an die Hand gegeben werden, um Effizienz zu messen und seitens des Staates Kontrolle zu gewährleisten, zumal in die Durchführung der Kurse Subunternehmen oder Dienstleistungszentren, darunter alle Universitäten im Großraum Montréals, kontraktuell eingebunden werden. Das neue Losungswort für die sprachliche Qualifikation von ImmigrantInnen heißt von nun an ‚employabilité'. Durch die Vermittlung sprachli-

---

10 Gouvernement du Québec 2000, *Niveaux de compétence en français langue seconde pour les immigrants adultes*, Ministère des Relations avec les citoyens et de l'Immigration.

cher Kompetenzen sollen die Einwandernden arbeitsmarktfähig gemacht werden.

Was nun noch folgt, als dritter Schritt, ist der institutionelle Umbau der Behörden und Dienstleistungszentren, wobei das Pendel mal stärker in Richtung Zentralisierung, mal stärker in Richtung Dezentralisierung weist. Im Zuge der Umstrukturierung der Ministerien werden im Jahre 2000 die bereits erwähnten *COFI* – die *Centres d'orientation et de formation des immigrants* – in die *Carrefours d'intégration* als Teil der *Services d'immigration* umgewandelt. Kaum drei Jahre später, nach dem politischen Kurswechsel in Québec und der Neuordnung der Ministerien im Jahre 2003, werden die zunächst eher zentral agierenden *Carrefours d'intégration* erneut umstrukturiert und dieses Mal dezentralisiert, so dass sich gegenwärtig die sprachliche Förderung von ImmigrantInnen in Montréal auf vier regionale Dienstleistungszentren im Norden, Süden, Osten und Westen der Metropole erstreckt. Der Umfang der Sprachkurse wurde von ca. 700 Stunden auf ca. 1.000 erhöht. Ein Vollzeitkurs läuft jetzt über 33 Wochen zu je 30 Stunden Sprachunterricht. Neu ist auch, dass die TeilnehmerInnen einen Vertrag mit dem Ministerium schließen, der ihnen verschiedene ‚allocations' wie Kinderbetreuung, Erstattung von Kursgebühren und Transportkosten gewährt, sie gleichzeitig aber zur Erfüllung aller Auflagen verpflichtet.

Mit welchem Diskurstyp lässt sich nun die heutige Praxis der staatlichen Akteure auf dem Feld der Erwachsenenalphabetisierung und Französisierung fassen? Wie weiter oben gezeigt wurde, bot der gesellschaftliche Modernisierungsdiskurs der siebziger und achtziger Jahre Angriffspunkte für modernisierungskritische Akteure aus den Gewerkschaften und ImmigrantInnenorganisationen, linke Intellektuelle und SprecherInnen der sozialen Unterschichten. In diesem Kontext initiierten sie den Diskurs der ‚alphabétisation populaire'. Im haitianischen Minderheitenmilieu im Montréal der achtziger und neunziger Jahre artikulierte sich dieser Diskurs als ‚alphabétisation culturelle', welche die Erstsprache der ImmigrantInnen, das Kreolische, als Gemeinsamkeit und als Ausgangspunkt für den Weg in schriftsprachliche Verhältnisse nutzte.

Mit der Durchsetzung neoliberaler Spielregeln in der Québecer Gesellschaft haben sich grundsätzlich die Rahmenbedingungen auch für die Alphabetisierung und Französisierung verändert. Seit Ende der neunziger Jahre können wir in Québec ebenso wie in Ontario die Herausbildung eines mit der ‚alphabétisation culturelle' konkurrierenden ‚discours bureaucratique' (vgl. G. Budach 2003) verfolgen. Hauptakteur des bürokratischen Diskurses ist der Staat, der über seine Verwaltung das Programm der ‚francisation' organisiert, die KursteilnehmerInnen evaluiert und klassifiziert, die sprachlichen Kompetenzen diagnostiziert, Leistungsniveaus standardisiert und schließlich die Durchführung und Effizienz der Kurse kontrolliert – ganz so, wie es die moderne Dienstleistungsphilosophie verlangt. Im ,discours bureaucratique' artikuliert sich eine Allianz aus technokratischer Elite und Verwaltung, wobei der Staat den Rahmen auch für die übrigen Akteure auf dem Feld der Alphabetisierung neu definiert. Zertifikate aus Kursen der ethnokulturellen Zentren – um nur ein Beispiel zu geben – finden nur dann Anerkennung, wenn sie den im Jahre 2000 eingeführten Kompetenzniveaus entsprechen. Der Raum für alternative Bildungskonzeptionen der *Centres communautaires* wird somit erheblich eingeschränkt.

,Alpha culturelle' im Gegenwind?

Zurück zum Ausgangspunkt der Feldforschungen im haitianischen Alphabetisierungszentrum *Centre Toupatou*. In Gesprächen mit ,enseignants' und der Leitung im März/April 2005 treten die Probleme des gesellschaftlichen Wandels in seinen Auswirkungen auf die Praxis des Zentrums deutlich zu Tage. Die Gewährsleute betonen, dass die KursteilnehmerInnen nach wie vor nicht an limitierte Zeitvorgaben gebunden sind und die Kurse nicht unmittelbar im Anschluss an die Einreise absolviert werden müssen, wie dies im staatlich verwalteten System der Fall ist. Auch illegal in Québec lebende Personen würden die Kurse weiterhin nutzen, was im staatlichen System ausgeschlossen sei. Kamen in den 1980er und 1990er Jahren meist ältere Personen ins Zentrum, die vollständige AnalphabetInnen waren, so überwiegt heute die Altersgruppe der 20- bis 40-jährigen. Québec habe mehr junge Leute angeworben; dieselben brächten auch ihre PartnerInnen mit oder ließen sie nachkommen – unter diesen Personen gäbe es eine erhebliche Zahl funktionaler AnalphabetInnen. Wenn die veränderte Altersstruktur kaum Auswirkungen auf die Lehr- und Lernsituationen habe, so verursachen andererseits Änderungen in der ethnischen Zusammensetzung der KursteilnehmerInnen einen Einschnitt in der Arbeit des Zentrums. Neu sei, dass zunehmend mehr AfrikanerInnen, LateinamerikanerInnen, VietnamesInnen, ChinesInnen und selbst QuébecerInnen ins Zentrum kämen. Damit verändere sich die Klientel, die ursprünglich rein haitianisch war. Mit der Aufnahme von Nicht-HaitianerInnen müsse sich auch die Pädagogik und Sprachpraxis verändern, da die Kommunikation untereinander in Kreolisch nicht mehr durchgängig funktioniere und überdies mehr und mehr die ,francisation' ins Zentrum der Arbeit rücke. Der Terminus für das neue Konzept ist ,alpha-francisation', ein Terminus, der in den Institutionen und den Sprachkursen des Immigrationsministeriums (MICC) verwendet wird, und der sich inzwischen auch in der Sprachpraxis des *Centre Toupatou* wiederfindet. Waren in den 1990er Jahren ,alphabétisation' und ,francisation' noch ge-

trennt, so wird seit nunmehr drei Jahren das Konzept der ‚alpha-francisation' mit dem Ziel verfolgt, direkt den Zugang zum Französischen zu entwickeln.

‚Alpha-francisation' bedeutet folglich ein Zurückdrängen, wenn nicht
sogar Eliminieren herkunftssprachlicher Ressourcen im Prozess der Alphabetisierung von ImmigrantInnen. Dies wird mit dem Argument einer
sprachlich heterogenen Klientel legitimiert, die nicht mehr über das Kreolische als gemeinsame sprachliche Ressource verfüge. Die MitarbeiterInnen des Zentrums begründen den Rückgang des Kreolischen weiterhin damit, dass sich die Bedürfnisse der Lernenden immer mehr in Richtung
Aufnahmegesellschaft verschoben hätten, d.h. in Richtung kommunikati-
ver Fähigkeiten in Französisch. In Québec müsse man sich um der Integration willen dem Französischen stellen. Die gegenwärtig neue Orientierung
für die kommunitären/ethnischen Alpha-Zentren in Québec bestehe darin,
dass mehr und mehr der Zugang zum Arbeitsmarkt in den Mittelpunkt rücke. Dies hat zur Folge, dass die Zentren nun gemeinsame Programme mit
staatlichen Akteuren wie *Emploi Québec* oder der *Commission scolaire*
anbieten und dabei auch auf Ressourcen des staatlichen Schulsystems zu-
rückgreifen können. Das heißt aber auch, dass die Konzepte der ‚alphabétisation populaire' und der ‚alphabétisation culturelle' auf dem Weg vertrag-
licher Bindungen an staatliche Partner und durch die Konkurrenz bei der
Zuweisung von Mitteln immer mehr ausgehöhlt werden.

Steht das Kreolische damit im Abseits? Die MitarbeiterInnen verweisen nicht ohne Stolz darauf, dass der von ihnen ausgearbeitete Kreolisch-
kurs 2003 vom Bildungsministerium als schulisches Curriculum akkredi-
tiert wurde, so dass SchülerInnen der Sekundarstufe optional den Kurs
wählen und dafür 2 x 4 Kreditpunkte erwerben können. Die beiden Stu-
fen des Kurses werden sowohl im Zentrum unterrichtet als auch in einer
Schule. Im ersten Jahr (2003) hätten fünf haitianische SchülerInnen der
Sekundarstufe am Kurs teilgenommen, im zweiten Jahr waren es aufgrund organisatorischer Schwierigkeiten beim termingerechten Einrei-
chen des Lehrangebots nur ein bis zwei. Die AdressatInnen seien in erster
Linie SchülerInnen haitianischer Herkunft, die ihre Erstsprache oder aber
die Sprache ihrer Eltern schreiben lernen möchten.

Wie steht es somit um den Diskurs der ‚alphabétisation populaire' oder
‚culturelle'? Trotz aller Bildungsanstrengungen der Québecer Gesellschaft – oder vielleicht gerade auf Grund bestimmter Akzente der Bil-
dungs-, Sozial- und Immigrationspolitik ist das Problem des Analphabetismus keineswegs vom Tisch und die Kritik der VerfechterInnen der ‚alphabétisation populaire' im Grunde durchaus noch aktuell. Wenn es in den
achtziger Jahren – unter vielleicht günstigeren Rahmenbedingungen –
schon schwierig war, die Betroffenen zu kontaktieren, so scheint es ge-

genwärtig noch viel schwieriger zu sein, diejenigen zu erreichen, die durch die Maschen des Bildungsnetzes fallen. Hinzu kommt, dass heute die Zentren und ihre Klientel deutlich größeren Zwängen ausgesetzt sind. Inwieweit sich das technokratisch-bürokratische Konzept der ‚alphabétisation bureaucratique' als wirkungsvoll erweist, wird sich erst in den nächsten Jahren zeigen. Schlüssige Lösungen für das Problem des Analphabetismus scheint aber auch das Netzwerk des *Regroupement des groupes populaires en alphabétisation (RGPAQ)* nicht zur Hand zu haben, das seit nunmehr fünf Jahren eine Neustrukturierung der Arbeit berät: Bislang ohne ein Ergebnis, was allerdings in Anbetracht des ‚Gegenwindes' auch nicht verwundern mag.

Bibliographie

Boucher, Andrée 1989, *En toutes lettres et en français*, Montréal.

Budach, Gabriele 2003, *Diskurse und Praxis der Alphabetisierung von Erwachsenen im frankophonen Kanada: Französisch als Minderheitensprache zwischen Ökonomie und Identität*, Frankfurt a.M. u.a.

Centre N a Rive 1995, *Album Souvenir 1973-1995*, Montréal.

Dumontet, Danièle 2005, „Écrire en plusieurs langues: le cas des écritures migrantes au Québec", in: Erfurt, Jürgen (Hg.) 2005, *Transkulturalität und Hybridität. ‚L'espace francophone' als Grenzerfahrung des Sprechens und Schreibens*, Frankfurt a.M. u.a. 81-100.

Estinvil, Molière (1981) 1995, „Le Centre Alpha N a Rive ou l'expérience d'alphabétisation du Bureau de la Communauté chrétienne des Haïtiens de Montréal", in: Centre N a Rive, *Album Souvenir 1973-1995*, Montréal. 74-84.

Gouvernement du Québec 2000, *Niveaux de compétence en français langue seconde pour les immigrants adultes*, Ministère des Relations avec les citoyens et de l'Immigration.

Gouvernement du Québec 2005, *Immigration et Communautés ethnoculturelles 2005. Portrait statistique de la population d'origine ethnique haïtienne, recensé au Québec en 2001.*

Hu, Adelheid 2005, „Chinesische Schriftsteller/innen in frankophonen Räumen: Reflexionen über Mehrsprachigkeit, Identitätsverortung und literarisches Schreiben", in: Erfurt, Jürgen (Hg.), *Transkulturalität und Hybridität. ‚L'espace francophone' als Grenzerfahrung des Sprechens und Schreibens*, Frankfurt a.M. u.a. 101-117.

Klaus, Peter 1999, „Kanada und Haiti: eine literarische Süd-Nord-Beziehung besonderer Art", in: Große, Sybille/Schönberger, Axel (Hg.), *Dulce et decorum est philologiam colere: Festschrift für Dietrich Briesemeister zu seinem 65. Geburtstag*, Berlin. 1355-1365.

Labelle, Micheline 2001, „Options et bricolages identitaires dans le contexte québécois", in: Maclure, Jocelyn/Gagnon, Alain-G. (Hg.), *Repères en mutation*, Montréal. 295-320.

McAndrew, Marie 2001, *Immigration et diversité à l'école: Le débat québécois dans une perspective comparative*, Montréal.

Meyer, Sabine/Erfurt, Jürgen 2003, „Haitianer in Montréal: Spracherwerb und Erwachsenenalphabetisierung zwischen Integration und Marginalisierung", in: Erfurt, Jürgen/Budach, Gabriele/Hofmann, Sabine (Hg.), *Mehrsprachigkeit und Migration. Ressourcen sozialer Identifikation*, Frankfurt a.M. u.a. 165-180.

Midy, Franklin (1981) 1995, „Centre d'alphabétisation pour Haïtiens au Québec", in: Centre N a Rive 1995, *Album Souvenir 1973-1995*, Montréal. 44-48.

Ministère de l'Immigration et des Communautés culturelles/Direction de la population et de la recherche et Citoyenneté et Immigration Canada (März 2005), *Québec: Tableaux sur l'immigration au Québec 2000-2004 (Données préliminaires pour 2004)*.

Moisan, Clément/Hildebrand, Renate 2001, *Ces étrangers du dedans. Une histoire de l'écriture migrante au Québec (1937-1997)*, Québec.

Laurier, Michel D. 2005, „La maîtrise du français dans la formation des immigrants adults", in: Stefanescu, Alexandre/Georgeault, Pierre (Hg.), *Le français au Québec. Les nouveaux défis*, Québec. 567-587.

Ollivier, Émile 1982, „L'Alphabétisation des immigrants haïtiens à Montréal", in: Hautecœur, Paul (Hg.), *Alpha 80*, Direction générale de l'éducation des adultes, Québec. 175-198.

Ollivier, Émile 1990, „Vers un nouvel alphabétisme; Plaidoyer pour une reconnaissance de la spécificité de la formation des adultes migrants analphabètes", in: Ollivier, Émile/Chalom, Maurice/Toupin, Louis (Hg.), *La marginalité silencieuse*, Montréal. 19-41.

Prophète, Jean 1995, „En marge du Dossier de l'alphabétisation des immigrants haïtiens à Montréal", in: Centre N a Rive 1995, *Album Souvenir 1973-1995*, Montréal. 84-91.

Magdalena Schweiger
‚Montreal Rap'[1]:
Jugendkultur, Mehrsprachigkeit und Migration

> I try to make myself for myself, by myself [...]
> I'm all the time talking to my paper,
> I'm all the time talking to my pen.
> It's all about to write about,
> to my pen and my paper.
> (Jaime, in Schweiger 2004: 146-147)[2]

Rahmenbedingungen von HipHop in Montréal

Vor 30 Jahren, als junge Afro-Amerikaner im New Yorker Stadtteil Bronx ihre Plattenspieler auf die Straßen trugen und zu ihrer Musik rappten, ahnte niemand, dass diese Jugendkultur bald die Welt erobern würde. Heute sind Rap und HipHop weitgehend kommerzialisierte Spielarten internationaler Jugendkultur. Auch die frankokanadische Metropole Montréal ist seit dem Ende der 1990er Jahre Ort einer HipHop-Szene. Doch wer meint, der Rap Montréals gleiche aufgrund seiner geographischen Nähe dem US-Rap bzw. aufgrund seiner sprachlichen Verwandtheit dem Rap aus Frankreich, wird bei aufmerksamem Hinhören eines Besseren belehrt: Montreal-Rap lässt sich in keine der beiden Traditionen einordnen, sondern ist eng mit den soziokulturellen Besonderheiten der Stadt verknüpft. Die lokale HipHop-Szene, die sich hier langsamer entwickelt hat als in anderen Metropolen, existiert nicht nur in einer kommerzialisierten Spielart und dient nicht ausschließlich dem Amüsement, sondern auch der Aufarbeitung von Erlebtem. Sie stellt eine Auseinandersetzung mit den konkreten Lebensbedingungen von MigrantInnen dar.

Die HipHop-Szene Montréals ist klein und profitiert kaum von finanzieller und medialer Unterstützung seitens der öffentlichen Hand. Sie organisiert sich in lokalen Netzwerken und siedelt sich in Jugendzentren, Parks und Wohnzimmern an. Auf großen Bühnen wird kaum gespielt: Zwischenfälle durch gewalttätige Gruppen auf HipHop-Veranstaltungen ließen die Konzertsaalmieten rasant ansteigen und jungen Gruppen keine andere Wahl, als kleinere, unbekannte Auftrittsorte zu nutzen. Um der Marginalisierung entgegenzuwirken, wurden in den letzten Jahren Hip-Hop-Ateliers in Jugendzentren und andere kulturelle Infrastrukturen auf-

---

1   Die Schreibweise von Montréal beruht auf der hybriden Konnotierung des Genres ‚Montreal Rap'.

2   Alle Liedtexte und Interviews werden samt Abweichungen von Sprachnormen im Original zitiert.

gebaut, wie z.B. *festival hip-hop 4ever*, *Café Graffiti* oder *underpressure* (Schweiger 2004: 81-87).

Vor einigen Jahren ertönte noch lokaler Rap aus dem Radio, jedoch verschwand dieser nach kurzer Zeit aus der medial verbreiteten Musiklandschaft. Aufgrund der erwähnten Zwischenfälle mit Gangs auf Hip-Hop-Veranstaltungen wurde der jungen Szene generelle Gewaltbereitschaft und Aggressivität unterstellt. Der Filmemacher Yanick Létourneau, welcher den ersten und einzigen Dokumentarfilm *Chronique urbaine* (2003) über die Rap-Gruppe *Sans Pression* aus Montréal drehte, sah hier eine Überreaktion seitens der Medien und wies darauf hin, dass diese die Bedeutung des HipHop als positives Element der Identifikation für die Jugend völlig ausblendeten: „Ils [les responsables de médias] entendent fuck et pensent tout de suite que c'est mauvais, mais ils ne reconnaissent pas qu'il y a toute une culture, des valeurs qui sont transmises à travers ça." (Létourneau in Schweiger 2004: 82)

Die Tatsache, dass HipHop dem anglophonen Bereich entstammt, war bei der Ausbreitung dieser Jugendkultur im frankophonen Raum alles andere als hilfreich. Die Sprachenpolitik Québecs, im Besonderen die der Stadt Montréal (vgl. Ploudre 2003, Termote 2003), steuert auf verschiedenen Ebenen einer Tendenz zur Anglizierung entgegen, z.B. mit der Einführung einer Quotenregelung für kommerzielle Radiosender.[3] Solche Maßnahmen wirken der Vorherrschaft des Englischen entgegen, verhindern aber auch eine Auseinandersetzung mit aktuellen Jugendkulturen. Gemäß einer Studie des Québecer Kulturministeriums aus dem Jahre 1999 geben 90 % der unter 20-Jährigen an, anglophone Kulturgüter zu konsumieren. Mehr als die Hälfte ziehen anglophone Radiosender den frankophonen vor, da diese eher ihrem Musikgeschmack entsprechen (vgl. Ministère de la culture et des communications 2000: 72).

‚Who are those guys?' Zur Verortung der lokalen HipHop-Szene

Der Annahme folgend, dass die HipHop-Szene Montréals sich in stark von Migration geprägten, ‚gettoisierten' Stadtteilen situiert,[4] fokussiert die vorliegende Studie[5] auf zwei Viertel im Norden und Nordosten der

---

3   Kommerzielle Radios in Québec sind verpflichtet, frankophone Musik im Ausmaß von 65 % zu spielen, wobei 55 % zwischen 6 und 18 Uhr gesendet werden müssen (vgl. Guenette 1999: 04).

4   Zur Entstehung von HipHop vgl. George 1998 und Dufresne 1991.

5   Die empirischen Grundlagen dieses Artikels beruhen auf einer achtmonatigen Feldstudie zur frankophonen HipHop-Szene Montréals, die zwischen August 2003 und März 2004 durchgeführt wurde. Anhand von Interviews mit Rappern, einer beobachtenden Teilnahme an Proben und Konzerten sowie einer inhaltlichen und sprachlichen Analyse der Texte wird die lokale Szene im Kontext des Genres HipHop verortet und auf ihre Charakteristika

Stadt, Saint-Michel und Côte-des-Neiges; beide Bezirke gehören zu den wirtschaftlich ärmsten Teilen Montréals. Im Gegensatz zu Côte-des-Neiges, welches sich in eine mehrheitlich ‚anglophone' und eine mehrheitlich ‚frankophone' Zone aufteilt, zählt Saint-Michel zu den französischsprachigen Vierteln der Metropole. In Saint-Michel haben 40 % der BewohnerInnen einen Migrationshintergrund und 42 % weder Französisch noch Englisch als Muttersprache. In Côte-des-Neiges ist dieser Prozentsatz nur geringfügig höher: 45 % der Bevölkerung sind MigrantInnen und 49 % davon haben eine andere Muttersprache als Englisch oder Französisch (Ville de Montreal 2001: 05). Somit zählen beide Stadtteile zu den multikulturellen und multilingualen Zentren Montréals.

Die frankophone HipHop-Gemeinschaft[6] ist von der kulturellen Vielfalt der beiden Stadtteile geprägt. Die Szene ist vorwiegend männlich dominiert und setzt sich zu 84 % aus jugendlichen MigrantInnen zweiter Generation bzw. solchen, die im frühen Kindesalter nach Montréal gekommen sind, zusammen. Die Rapper sind zwischen 16 und 24 Jahre alt und stammen vorwiegend aus Südamerika, Afrika und Europa. Die beiden größten Gruppen sind jene der Latinos und der Haitianer, gefolgt von Gruppen afrikanischer Herkunft. Der Anteil von Rapern mit Québecer Herkunft ist mit unter 20 % relativ gering. Der Großteil der befragten Jugendlichen hat entweder keinen Sekundarabschluss oder besucht noch die Schule. Viele befanden sich zum Zeitpunkt der Studie auf Jobsuche und waren sich ihrer beruflichen Zukunft nicht sicher (Schweiger 2004: 72-74).

Rekontextualisierung von Global HipHop

Seit seiner medialen Verbreitung ab den späten 1980er Jahren steht Hip-Hop weltweit für die vier alltagskulturellen Praktiken Graffiti, Break Dance, Djing und Rap.[7] HipHop als lokale Popkultur kann nach Klein als „Dialekt einer globalisierten Popsprache" verstanden werden. Eine Parallele zum System der Sprache ziehend, argumentiert die Autorin, dass „lokale Popkulturen als Alteration des sprachlichen Grundmusters" angesehen werden können. „Lokale Varianten einer globalen Popkultur", so Klein weiter, „bringen ähnliche Ästhetiken und Stile hervor und provozieren oft auch einen ähnlichen Lebensstil ihrer Anhänger. Zugleich aber wird die globale Sprache des Pop durch lokale Einflüsse verändert und gebrochen." (Klein/Malte 2003a: 95).

---

hin untersucht. Die Studie orientiert sich an wenig bekannten Rap-Gruppen, die der urbanen Subkultur zugeordnet werden können (Schweiger 2004).

6 Die frankophone HipHop-Szene Montréals impliziert all jene Jugendlichen, deren ‚lingua franca' Französisch ist.

7 Zu HipHop-Studien außerhalb der USA vgl. z.B. Androutsopoulos 2002/2003 und Menrath 2001.

Popkultur wird somit nicht einfach konsumiert, sondern in lokalen Kontexten angeeignet und mit eigenen Bedeutungen aufgeladen. Bezieht man Kleins Worte auf die lokale HipHop-Szene Montréals, so stellt man Übereinstimmungen fest. Zu berücksichtigen ist jedoch das Verhältnis der Jugendlichen zur ‚Ursprungskultur' des Rap, das je nach Grad der fortgeschrittenen Aneignung ein anderes ist. Scholz unterscheidet drei Phasen der Appropriation: die imitative Phase (borrowing), die der positiven Identifikation (adoption) und jene der Adaption, in der Bestandteile des US-Modells an eigene lokale Ausdrucksbedürfnisse angepasst werden (adaption). Er unterstreicht dabei die Verwendung regionaler Sprachen und Inhalte als erstes und zugleich wichtigstes Indiz lokaler Aneignung (Scholz 2003: 152).

In einem ersten Schritt soll im Blickwinkel der von Klein erwähnten lokal-globalen Dialektik näher auf die sprachlichen Aspekte des ‚Montreal Rap' eingegangen werden. Globales Identifikationsmerkmal für die HipHop-Szene ist eine kodierte Sprache, welche im Sinne einer Rekontextualisierung nicht nur in einem HipHop-Jargon, sondern auch in lokalen Nicht-Standard-Sprachen ihren Niederschlag findet. Bis zu drei verschiedene Nicht-Standard-Ausdrucksweisen konnten für den ‚Montreal Rap' festgemacht werden: die massive Verwendung der Muttersprache (für Raper nicht Québecer Herkunft), das Joual bzw. ein familiäres Register des ‚français québécois' sowie eine eigene HipHop-Sprache, die die Zugehörigkeit zur HipHop-Kultur ausdrückt (vgl. Auzanneau 2003; Bethune 2003; Lull 1995).

Die Verwendung der Muttersprache von Rapern, die nicht aus Québec stammen, ist nicht nur ein Indiz für den fortgeschrittenen Emanzipationsprozess gegenüber ‚der' globalen Kulturform, sondern prägt auch ein multilinguales Bild des ‚Montreal Rap', wie es das spanisch betitelte Lied *Que quieres* (2003) der Gruppe *Metazon* (bestehend aus zwei Lateinamerikanern und einem Haitianer) deutlich macht (vgl. Schweiger 2004: 143-144): Nachdem die ersten Takte auf Spanisch gerappt werden, erfolgt ein Wechsel zum Englischen und Kreolischen, bevor wieder auf das Spanische zurückgegriffen wird: „que quieres, dime lo que quieres de mí / [...] dim non shap f t asw'an / ou konin kijan bagaye yo y / paguin jou tl s cos lanmou/hey!You! for real m'paguin temps poum di awe / en nous be straight / tell me what you want / let's just keep it like that / [...] que quieres / dime lo que quieres de mí?"[8] Die Verwendung der verschiedenen Sprachen folgt keinen festen Regeln. Lieder können einheitlich in ein und derselben Sprache gerappt sein; es kann aber auch spontan und pas-

---

8   Die Übersetzung aus dem Kreolischen lautet: „Dis moi donc ce que tu fais ce soir / tu sais comment sont les choses / y a pas seulement les causes d'amour / hey! You! For real, j'ai pas le temps de dire aïe".

sagenweise zu Code-Switching kommen, wie dies im angeführten Beispiel zum Ausdruck kommt.

Der multilinguale Charakter des ,Montreal Rap' verwundert nicht, spiegelt dieser doch den alltäglichen Sprachgebrauch der Jugendlichen wider. Auf die Frage, welche Sprachen er benutzt, antwortet der Raper Maxime:

> Créole, français, anglais, c'est les trois langues que je parle. C'est toujours un mélange, toujours. Mettons quand je parle à mes amis, je vais toujours mélanger le français, l'anglais et le créole ... non pas forcément avec les Haïtiens, oui avec des Haïtiens mais avec n'importe qui aussi ... c'est comme ... j'ai mon slang à moi, tsé. C'est sûr que je, si je parle à quelqu'un qui n'a aucune notion et qui n'est pas dans dans ... dans le même vibe que moi et qui ne comprend pas le dialecte, je vais pas parler avec lui en créole, tu comprends? Mais si je parle à ma ... garde ma génération [les jeunes] ... qui de Montréal et qui comprennent mes textes et qui comme ... ils savent de quoi je parle, tsé? (Schweiger 2004: 143)

Diese Selbstverständlichkeit der Mehrsprachigkeit unter jugendlichen Rapern ist für die Québecer Soziologin Deirdre Meintel Abbild der sprachpolitischen Situation Montréals. Ihr zufolge ist ein hoher Anteil an Dreisprachigkeit unter Jugendlichen der zweiten und dritten MigrantInnen-Generation festzustellen. Meintel führt dies darauf zurück, dass die Muttersprache oft die einzige ,lingua franca' im Elternhaus jugendlicher MigrantInnen ist und so der Kommunikation mit der älteren Generation dient (vgl. Meintel 1992). Sie stützt damit die These des Erhalts der Muttersprache des Québecer Soziologen Pierre Anctil, welcher die starke Beibehaltung der Muttersprache auf die ,double majorité' der frankophonen und anglophonen Bevölkerung der Stadt zurückführt. Im Gegensatz zu einer Gesellschaft mit nur einer offiziellen Amtssprache übt eine ,double majorité' weniger Druck in Richtung Assimilation aus (Anctil 1984: 446).

Achtet man genau auf das verwendete Französisch, so ist auch hier eine kodierte Form im Sinne einer Nicht-Standard-Sprache feststellbar. „Rime Organisé c'est mes couleurs, chu full patch // c'est ce qu'on a de plus précieux, tu catch? // pas le choix, on se watch le back le gros." (Rime Organisé 2004a) Ausdrücke anglophonen Ursprungs wie ,être full patch', ,catch' oder ,se watcher', wie sie von der Gruppe *Rime Organisé* im Lied *Nos couleurs* verwendet werden, gehören nicht dem HipHop-Jargon an, sondern sind integrierte Bestandteile des familiären Registers bzw. des vor Ort gesprochenen Joual, das besonders unter Jugendlichen großen Anklang findet, wobei derartige Ausdrücke oft sehr kurzlebig sein können.[9] Häufig ist ihnen nicht einmal bewusst, dass es sich um anglophone Ausdrücke handelt. ‚Tu catches-tu, men?' oder ‚Check' mon flow, qu'c'est hot, men!' gehören dem alltagssprachlichen Repertoire der Montreal Raper an. Englische Verben wie ‚to catch', oder ‚to check' werden durch die Anhängung des französischen Suffixes ‚-er' französisiert und finden so reibungslos Einzug in die von Jugendlichen verwendete Sprache (Schweiger 2004: 134-140).

Die HipHop-Szene Montréals zeichnet sich auch durch sprachliche und diskursive Besonderheiten wie den spezifischen Jargon der urbanen Jugendkultur aus. Die Verwendung von Wörtern wie z.B. ‚track', ‚battle', ‚flow', ‚beat', ‚crew' und ‚yo' ist ein klares Bekenntnis der Verbundenheit mit den Ursprüngen des Rap (Westbrook 2002). Die Interjektion ‚yo' wird am häufigsten verwendet, dient sie doch der Begrüßung zwischen Rappern oder dazu, mit den Fans in Kontakt zu treten. Das schon fast obligatorische ‚Yo men, wassup men?' bei Konzertbeginn bringt die Verbundenheit der Montreal Raper mit den ‚Ursprüngen' der Jugendkultur zum Ausdruck (Westbrook 2002). Die gleiche Funktion hat auch die Verwendung von Boasten und Dissen. Boasten, als betonte Form des Eigenlobs, des Hervorhebens musikalischer Künste, und Dissen, abgeleitet von ‚disrespect', als Schlechtmachen eines ‚Gegners' bzw. von dessen Texten, sind zwei wesentliche Bestandteile der HipHop-Kultur (Karrer 1996: 27). Sie kommen v.a. in so genannten Battle-Situationen zum Ausdruck, wenn die eigene musikalische Leistung betont werden soll. Mit ‚Check' mon flow, qu'c'est hot, men!' stellen Montreal Raper das hohe Niveau ihres Könnens keinen Augenblick in Frage. Hingegen wird mit ‚tu catches tu men?' oder ‚ton crew on le diss, comme dans Primé comme dix' der ‚Gegner' abgewertet (Rime Organisé 2004a).

Zwei wesentliche Merkmale des Aneignungsprozesses von globaler Kultur sind im Verorten einer kodierten Sprache zu finden: Einerseits wird im Sinne von Klein (2003a; 2003b) und Scholz (2003) die globale Sprache verändert und gebrochen, andererseits findet auch eine klare Identifikation mit dem ‚Ursprung' der Rap-Kultur statt, was besonders durch das Abgrenzen mit Hilfe von Codes sichtbar wird. Als Ergebnis sozialer und sprachlicher Differenzierung gegenüber der Mehrheitsgesellschaft entsteht im Gegensatz zur Standardsprache, dem ‚they-code', ein ‚we-code'[10], der auf die afrikanischen Wurzeln des Raps zurückgreift. Aus der Zeit der Sklaverei gibt es Verweise auf die Verwendung kodierter Sprache: ‚Field hollers' nannte man diejenigen, die sich in der kanon-

---

9   Vor einigen Jahren war das Adverb ‚full' für ‚beaucoup' noch selten zu hören, es wurde
     aber in den letzten Jahren zu einem ‚Modewort' unter Jugendlichen. ‚Chus full patch' oder
     ‚c'est full le fun' sind nur zwei von vielen Beispielen.
10   Zum Konzept von ‚they-code' und ‚we-code' vgl. Gumperz 1982.

artigen Organisationsform von ‚call and response' in einer dem Sklaven-
halter unverständlichen Mischung aus Englisch und Wörtern aus afrikanischen Sprachen Nachrichten und Neuigkeiten zuriefen. Diese widerstän-
dige Technik, sich aufgrund von Unterdrückung in einer kodierten Sprache zu verständigen, blieb bestehen und wurde in den 1970er Jahren in
den Staaten als Black English bekannt (vgl. Bethune 2003; Potter 1995).
Bilden im Englischen das Black English und im Französischen der Ver-
lan (vgl. Boucher 1998, Bazin 1995) eine Grundlage für die Hybridspra-
chen des Rap, so kann man für die Kodierung des ‚Montreal Rap' das familiäre Register des ‚français québécois' bzw. das Joual nennen.[11]

Im Sinne der Definition des skandinavischen Anthropologen Ulf Hannerz entstehen Hybride nicht aus homogenen Formen, die aufeinanderpral-
len, sondern über kulturelle Überlagerungsprozesse. Dies gilt auch für die
Kunstform des ‚Montreal Rap': „local is, for at least the reasons I sug-
gested before, something special. In the end, however, it is an arena where
various people's habitats of meaning intersect, and where the global, or
what has been local somewhere else, also has some chance of making it-
self at home." (Hannerz 1996: 28) Weder ganz im Lokalen noch im Globalen verankert, stellt der ‚Montreal Rap' eine hybride Form kultureller Praxis dar, bei der in einem aktiven Prozess der Aneignung traditionelle und
neue Elemente zusammengeführt werden (vgl. Lull 1995).

‚What is it all about …?'

Wie zu Beginn des vorherigen Kapitels ausgeführt, lässt sich der Grad der
Emanzipation gegenüber den Ursprüngen des Rap nicht nur auf der Ebene
der Sprache, sondern auch auf jener der Inhalte feststellen (vgl. Scholz
2003). Alle im Rahmen der Studie befragten Rapper bestätigten, dass sie
erst nach einer Phase der Imitation ihre eigene Sprache gefunden hatten.
Manu, Québecer Herkunft und 24 Jahre alt, rappt seit seinem 15. Lebens-
jahr. Seine Texte waren anfangs stark vom ‚Gangsta Rap' inspiriert:

> J'imitais plus que je m'inspirais au début, tsé. Le côté gangsta, mafia là, c'est
> ça qui m'a attiré. Mes premiers textes que j'avais écrit c'était genre: ‚get the
> fuck out motherfucker'. Aujourd'hui, je m'influence de mes idées là, je
> m'influence de ce que je vois, de ce que je vis, de ce que je pense. (Schweiger
> 2004: 150)

Auffallend ist, dass er sich in seinen Texten nicht direkt mit politischen
Fragestellungen auseinandersetzt. Die ‚große Politik' interessiert nicht;

---

11 Die große Anzahl an Schimpfwörtern kann ebenso als Merkmal einer Nicht-Standard-
Sprache, wie sie vor allem unter Jugendlichen anzutreffen ist, betrachtet werden. Hier sei
nur ein Beispiel aus *Pour qui tu t'prends*, (Rime Organisé 2004b) angeführt: „sti d'fif, tu
t'prends pour une sale excité/enywé, sacre ton camp pour qui tu t'prends" (Schweiger
2004: 127-140).

dafür rückt das Private in den Mittelpunkt. Im Vordergrund steht die Darstellung der eigenen Person, der Gruppe sowie der lokalen HipHop-Szene. Es sind also vor allem die persönlichen Geschichten, die im ‚Montreal Rap' Platz finden. Kritik an der politischen und ökonomischen Situation der Jugendlichen bleibt weitgehend ausgespart.

‚It's all about me and my boys ...'

In ihren Rap-Texten präsentiert die Gruppe Rime Organisé ihre vier Mitglieder als „quatre têtes rasées, rusées qui viennent se poser". Gleich darauf wird die ‚Aufgabe' der Gruppe definiert: „on est pas icit pour niaiser [...] on est là pour représenter" (Rime Organisé 2004a). Nach Menrath (Menrath 2001) kann man diese Form der Repräsentation als schöpferischen, kreativen Akt begreifen, welcher der Schaffung von Identität dient. Menrath greift im Kontext des HipHop auf Halls Repräsentationsverständnis zurück, der Repräsentation als Prozess der Bedeutungsgebung in einem dialogischen Sinn versteht. Für Hall beinhaltet ‚to represent' sowohl ‚stand for' als auch ‚stand in the place of' (vgl. Hall 1997).

Auch die Texte der Rapper von Montréal machen eine Identifikation mit der ethnischen Vielfalt in der Szene und der Stadt auf einer doppelten Ebene deutlich. Das Sich-Identifizieren zeigt sich nicht nur, wie bereits angedeutet, auf sprachlicher Ebene durch den Gebrauch der Muttersprache, sondern auch auf der Ebene des Inhalts. Pluriethnizität wird direkt angesprochen: „Rime Organisé on représente toutes les couleurs, toutes les races qui sont dans le quartier." (Rime Organisé 2004a)

Die Raper weisen zum Teil direkt auf ihre ethnische Herkunft hin: Jaime, peruanischer Herkunft, unterstreicht im Lied *Contradiction* seine lateinamerikanische Herkunft: „I've been all around in every place I had 2 struggle / Cuz I was immature, insecure, always getting in trouble / I'm proud of my race I'm a Latino hands Arriba / I try to follow my track every time I feel bigger." (Youngzta 2003). Um sich und seine Gruppe zu repräsentieren, wird häufig auf die Technik des so genannten Naming zurückgegriffen, der Grenier eine identifikationsstiftende Funktion zuschreibt: „[...] nommer est une opération stratégique qui permet à la fois de distinguer, de catégoriser, de classer et de sélectionner." (Grenier 1997: 36) Die Angehörigen der eigenen ‚Crew' werden zu wichtigen Bezugspersonen. Nicht selten übernimmt der soziale Zusammenschluss in einer HipHop-Gemeinschaft die Funktion einer Familie. Wie aus der Schilderung des Rappers Maxime hervorgeht, ist ‚Familie' hier eher als Metapher für den starken Zusammenhalt der Gruppe zu verstehen und weniger als Beschreibung einer hierarchischen sozialen Institution:

C'est ma vie, le rap le hip-hop. Je le mange, j'l'chie, je l'respire, j'l'fume, et
pis … tu comprends? C'est comme … pour moi c'est un métier mais la passion en même temps. C'est ma passion, c'est vraiment avec les gars avec qui
je chante, Madison, tsé, c'est mon crew, c'est ma famille, vraiment c'est …
on est à la même longeur. (Schweiger 2004, CD)

Darüber hinaus kann festgestellt werden, dass die Beschäftigung mit der
persönlichen Situation eine zentrale Motivation des ‚Montreal Rap' darstellt. Wie Raphael behandeln viele Rapper in den Texten Alltagsproble-
me ihrer Generation, insbesondere das Gefühl der Ausweglosigkeit:

Como salir de donde estoy saber a donde voy / si mi vida es un dilema y no le
hallo la solución / soledad la compañera en mis noches de depresión / penas y
penas consumidas en alcohol / he perdido la razón dios bríndame tu mano
necesito reflexión. (Raphael 2003)[12]

HipHop ist in diesem Sinn eine Möglichkeit, Erlebtes aufzuarbeiten und
die Lebensbedingungen der jugendlichen MigrantInnen in Montréal zu
thematisieren.[13]

‚... and the hip-hop community ... and my own world'

Eine Unterscheidung zwischen der Präsentation der eigenen Person und
jener der ‚Crew' bzw. der lokalen HipHop-Gemeinschaft zu machen, ist
nicht ganz einfach, da Musik und damit auch Rap sowohl Performanz
(das Soziale) als auch Geschichte/Biographie (das Individuelle) impliziert
(Frith 1999: 153). Zunächst soll dieser Zusammenhang durch die Erörte-
rung der besonderen Rahmenbedingungen, unter denen sich Rap in der
Metropole Montréal entfalten kann und auf welche die Rapper in ihren
Texten hinweisen, näher beleuchtet werden.

Pourquoi, dans l'rap on a même pu d'salles? / on est ptêt tanné d'toujours
voir les mêmes putes sales/des shows plates, des MC[14]'s qui font d'la business / ça c'est les plus grands rêverurs de toute le record guiness / ici on juge

---

12   Die Übersetzung aus dem Spanischen lautet: „Comment sortir d'où je suis, savoir où je
     vais / si ma vie est un dilemme et je ne trouve pas de solution / solitude ma compagne de
     mes nuits de dépression / des peines et des peines consommées dans l'alcool / j'ai perdu la
     raison, mon Dieu tends-moi la main / j'ai besoin de réfléchir."

13   „Hip-hop, it's a conversation of my self [...] I was by my self all the time when I came
     here to Canada. [...] and suddenly you have no one... [...] My mother was trying to help me
     on the phone but what do I do on the phone? We were always talking on the phone but you
     know it is not the same … I can't see in her eyes, I can't touch her hands. I can't do that,
     so [...] I made myself with tears and swat … it was very hard for me to be struggling like
     that so I, I, I try to make myself for my self, by myself [...] I just try to, you know, write
     my shit it's like talking to my paper. I'm all the time, I'm all the time talking to my paper,
     I'm all the time talking to my pen. It's all about to write about, to my pen and my paper.
     [...] Definitly, hiphop was my way out." (Jaime, in: Schweiger 2003: 146-147)

14   „Master of Ceremony – Synonym für Raper, das seine Publikumswirkung und Öffentlich-
     keitswirksamkeit hervorhebt." (Menrath 2001:156)

un MC par son accent / quand c'est sur s'qui dit qui faudrait mettre l'accent / sauf quand qu'tu bites pis qu'ton flow laisse des indices. (Rime Organisé 2004b)

Der Rapper Manu stellt hier direkt die Frage nach der prekären Situation der Auftrittsmöglichkeiten und verweist auf die Stigmatisierung der MigrantInnen und ihres sprachlichen Ausdrucks. Authentizität ist auch für den Rapper David eine wichtige Bedingung, um Erfolg zu haben. Sich an einen anderen Rapper wendend, regt er diesen im Lied *Comme tout t'es rien* dazu an, seinen eigenen Stil zu suchen und aufzuhören, andere MCs zu imitieren:

Hors norms chus fière, faut qu'tu resonnes p'tit frère / j'l'sais qu't'es blessé pis qu'tu t'sers du microphone comme civière / mais y a du monde qui t'écoute / les rêves qu'tu montres me dégoutent / faut qu'tu surmontes les déroutes, faqu'est pas honte de tes doutes / pis arrêtes de biter Sans Pression pis Attache ta Tuque/explores ton cerveau, ta tête, ce qu'arrache ta nuque. (Monk. E 2003)

Der Anspruch auf sprachliche und inhaltliche Authentizität wird nicht nur im ‚Montreal Rap' hochgehalten, sondern stellt eine globale ‚Teilnahmebedingung' in der HipHop-Kultur dar und wird eng mit der Frage der Repräsentation verbunden.

Fazit

Fasst man die hier angesprochenen Aspekte der Repräsentation und des Sprachgebrauchs zusammen, so lassen sich drei Identifikationsebenen unterscheiden: die ethnische Herkunft, die Zugehörigkeit zur HipHop-Szene und der Lebensraum Montréal. HipHop bzw. dessen regionale Ausformung, der ‚Montreal Rap', scheint vor diesem Hintergrund, abseits einer exklusiven Fokussierung auf die Frage der Nationalität, als Genre einer positiven Identifizierung zu dienen. Die im nordamerikanischen Kontext spezifische Situation der frankokanadischen Metropole Montréal bietet jugendlichen MigrantInnen, die ihre Identität weder einseitig in der Kultur des Herkunftslandes noch in der Québecs verankert sehen, einen besonderen Freiraum, um sich sprachlich wie kulturell neu und ambivalent verorten zu können. Stark von Migration geprägte Metropolen wie Montréal können insofern als idealtypische Kulturräume für neue kulturelle Praktiken wie den HipHop gesehen werden.

Bibliographie

Anctil, Pierre 1984, „Double majorité et multiplicité ethnoculturelle à Montréal", in: *Recherches sociographiques*, Bd. XXV, 3. 441-455.

Androutsopoulos, Jannis 2003, „HipHop und Sprache: Vertikale Intertextualität und die drei Sphären der Popkultur", in: Androutsopoulos, Jannis (Hg.), *Hip-Hop. Globale Kultur – lokale Praktiken*, Bielefeld. 111-137.

Androutsopoulos, Jannis/Scholz, Arno 2002, „On the recontextualization of hip-hop in European speech communities: a contrastive analysis of rap lyrics", in: *Philologie im Netz* 19. 1-42, URL: http://web.fu-berlin.de/phin/phin19/p19t1. htm (10.07.2006).

Auzanneau, Michelle 2003, „Rap als Ausdrucksform afrikanischer Identitäten", in: Androutsopoulos, Jannis (Hg.), *Hip-Hop. Globale Kultur – lokale Praktiken*, Bielefeld. 190-217.

Bazin, Huges 1995, *La Culture hip-hop*, Paris.

Béthune, Christian 2003, *Le Rap. Une esthétique hors la loi*, Paris.

Boucher, Manuel 1998, *Rap. Expression des lascars. Signification et enjeux du rap dans la société française*, Paris.

Dufresne, David 1991, *Yo! Revolution Rap*, Paris.

Frith, Simon 1999, „Musik und Identität", in: Engelmann, Jan (Hg.), *Die kleinen Unterschiede. Der Cultural Studies-Reader*, Frankfurt a.M. 149-169.

George, Nelson 1998, *Hip-Hop America*, New York.

Grenier, Line 1997, „‚Je me souviens' ... en chanson. Articulation de la citoyenneté culturelle et de l'identitaire dans le champ musical populaire au Québec", in: *Sociologie et société*, Bd. XXIX, 2. 31-47.

Guenette, Gilles 1999, „Ici radio libre", in: *Le Québécois libre* 30. 4-8.

Gumperz, John 1982, *Discourse Strategies*, Cambridge.

Hall, Stuart 1997, *Representation. Cultural Representations and signifying practices*, London. 13-74.

Hannerz, Ulf 1996, „The local and the global. Continuity and change", in: *Transnational Connections. Culture, People, Places*, London/New York. 17-30.

Karrer, Wolfgang/Fuchs, Thomas 1996, *Rap im Fadenkreuz*, Berlin.

Klein, Gabriele/Malte, Friedrich 2003a, „Populäre Stadtansichten. Bildinszenierungen des Urbanen im HipHop", in: Androutsopoulos Jannis (Hg.), *Hip-Hop. Globale Kultur – lokale Praktiken*, Bielefeld. 85-101.

Klein, Gabriele/Malte, Friedrich 2003b, *Is this real? Die Kultur des Hip-Hop*, Frankfurt a.M.

Lull, James 1995, *Media, Communication, Culture. A global approach*, Cambridge.

Meintel, Deirdre 1992, „L'identité ethnique chez de jeunes Montréalais d'origine immigrée", in: *Sociologie et société* Bd. XXIV, 2. 73-89.

Menrath, Stephanie 2001, *Represent what... Performativität und Identität im Hip-Hop*, Hamburg.

Ministère de la culture et des communications 2000, *Les Pratiques culturelles des jeunes de 15 à 35 ans en 1999*, Québec.

Ploudre, Michel 2003, *Le Français au Québec. 400 ans d'histoire et de vie*, Québec.

Potter, Russel A. 1995, *Spectacular Vernaculars. Hip-Hop and the politics of Postmodernism*, New York.

Scholz, Arno 2003, „Rap in der Romania. Global Approach am Beispiel von Musikmarkt, Identität, Sprache", in: Androutsopoulos, Jannis (Hg.), _Hip-Hop. Globale Kultur – lokale Praktiken_, Bielefeld. 147-167.

Schweiger, Magdalena 2004, _L'Appropriation locale d'un phénomène global. Le rap montréalais_ (mit einer CD mit Interviews) Diplomarbeit, Wien.

Termote, Marc 2003, „La dynamique démolinguistique du Québec et de ses régions", in: Piché, Victor/Le Bourdais, Céline (Hg.), _La démographique québécoise. Enjeux du XXI siècle_, Montréal. 264-299.

Ville de Montréal. 2000, _Portrait des populations immigrantes. Variables démographiques et Ethnoculturelles. Villeray/Saint Michel/Parc Extension_, Montréal.

Ville de Montréal 2001, _Portrait de quartier sensible. Jean-Rivard. Quartier de Saint-Michel_, Montréal.

Westbrook, Alonzo 2002, _Hip Hoptionary. The dictionary of hip hop terminology_, New York.

Diskographie

Metazon 2003, „Que quieres", in: Metazon, _Album rouge_, Montréal, Metazon Creations.

Monk. E 2003, „Comme tout t'es rien", Montréal, Eigenproduktion.

Raphael 2003, „Mi vida", Montréal, Eigenproduktion.

Rime Organisé 2004a, „Nos couleurs", in: Rime Organisé, _Règlement de compte_, Montréal, Studio Piccolo.

Rime Organisé 2004b, „Pour qui tu t'prends", in: Rime Organisé, _Règlement de compte_, Montréal, Studio Piccolo.

Youngzta 2003, „Contradiction", Montréal, Eigenproduktion.

Verena Berger

‚Violence urbaine‘ in Montréal: Inklusion und Exklusion jugendlicher MigrantInnen in Literatur und Film

> Whenever and wherever two or more
> cultures meet – peacefully or violently –
> there is a border experience.
> (Gómez-Peña 1993: 46)

Montréal – Ville du monde, ville de la diversité culturelle

Kanada zählt zu jenen Ländern, deren Bevölkerung vorrangig in urbanen Zonen siedelt. 80 % aller KanadierInnen leben in Städten mit über 100.000 EinwohnerInnen (Norris/Bryant 2003: 11). Führend waren im Jahr 2005 Toronto mit 5,3 Mio. Ansässigen, gefolgt von Montréal mit 3,6, Vancouver mit 2,2 sowie Ottawa und Edmonton mit jeweils knapp über einer Mio.[1] Die Volkszählung 2001 ergab, dass von den zu diesem Zeitpunkt 3,4 Mio. EinwohnerInnen Montréals 621.900 Personen (18 % der Gesamtbevölkerung) außerhalb Kanadas geboren waren. Seit 1991 stieg damit der Anteil an MigrantInnen in der frankokanadischen Metropole um insgesamt 16 %, was für die 1990er Jahre dem Durchschnitt der Zuwanderungsrate Gesamtkanadas entspricht. Zu den 10 bedeutendsten Herkunftsländern der neuen BewohnerInnen Montréals zählen Haiti (6,6 %), die Volksrepublik China (6,4 %), Algerien (5,8 %), Frankreich (5,8 %), Libanon (4,9 %), Marokko (4,1 %), Rumänien (3,7 %), die Philippinen (3,5 %), Indien (3,4 %) und Sri Lanka (3,3 %). Bei Vernachlässigung des Zeitpunkts der Zuwanderung sind Italien, Frankreich, Griechenland, Haiti und der Libanon führende Herkunftsländer.[2] Wie Soja anmerkt, gilt damit auch für Montréal, dass

> […] cityspace is coming more and more to resemble global geographies, incorporating within its encompassing reach a cosmopolitan condensation of all the world's cultures and zones of international tension. The postmetropolis thus becomes a replicative hub of fusion and diffusion, implosive and explosive growth, a First-Second-Third World city wrapped into one. (Soja 2000: 153)

---

1 Vgl. die jüngsten Erhebungen für 2005 in „Population of census metropolitan areas (2001 Census boundaries)“, URL: http://www40.statcan.ca/l01/cst01/demo05a.htm und „Population by selected ethnic origins, by census metropolitan areas (2001 Census, Montréal)“, URL: http://www40.statcan.ca/l01/cst01/demo27h.htm (07.08.2006).

2 Vgl. die Ergebnisse der Volkszählung 2001, URL: http://www40.statcan.ca/l01/cst01/demo27h.htm (14.07.2006).

Die Postmetropole wird durch ihre Heterogenität definiert und ist Produkt der Migrationsbewegungen. Alte und neue Zuwanderergruppen konkurrieren mit der ‚ursprünglichen' Bevölkerung um kulturelle und politische Einflussbereiche im urbanen Raum. Damit stellt sich die Frage, ob und in welcher Form sich die von Soja beschriebene Komplexität einer ‚Erste-Zweite-Dritte-Welt-Stadt' (immerhin gilt Montréal als zweitgrößte französischsprachige Stadt der Welt nach Paris) in der Migrationsliteratur und im Migrationsfilm widerspiegelt.

Tribalisierung und ‚Borderlands': der Roman *Côte-des-Nègres* und der Dokumentarfilm *Zéro Tolérance*

In seinem Debutroman *Côte-des-Nègres*, in dem die komplexen Beziehungen zwischen jugendlichen MigrantInnen und Stadtraum im Vordergrund stehen, führt Mauricio Segura seine Leserschaft in die multikulturelle Postmetropole Montréal. Der junge frankokanadische Schriftsteller chilenischer Herkunft wählte eines der kosmopolitischsten Viertel der Stadt als Schauplatz der Handlung: Côte-des-Neiges, wo mehr als 75 verschiedene Ethnien leben. Waren laut Volkszählung von 2001 insgesamt 28 % der Bevölkerung Montréals MigrantInnen, so beträgt ihr Anteil in Côte-des-Neiges 45 %. Davon gehören 57,6 % den so genannten ‚minorités visibles'[3] an, zu denen Schwarze, AsiatInnen, LateinamerikanerInnen und AraberInnen gerechnet werden. Die Vielfalt der ethnischen Gruppen mit unterschiedlichen Herkunftskulturen bedingt daher auch eine Vielzahl von Sprachen, die mit dem Französischen als offizieller Amtssprache und dem Englischen im Status einer Minderheitensprache koexistieren.[4]

Damit könnte Côte-des-Neiges angesichts dieses multiethnischen und multilingualen Hintergrundes als Paradebeispiel für das gelungene Zusammenleben von Menschen unterschiedlichster Herkunft (in der Metapher eines kulturellen Mosaiks) gelten, für welches Kanada mit der Politik des Multikulturalismus stehen möchte. Anders als in den USA soll in Kanada die Vielfalt der Kulturen nicht in einem assimilierenden ‚melting pot' eingeschmolzen werden, sondern jede ethno-kulturelle Gruppe soll ihre kulturellen Merkmale beibehalten. Diversität als prinzipielles Ja zur ethno-kulturellen Vielfalt, das Recht auf kulturelle Differenz sowie kultu-

---

3   „The Employment Equity Act defines visible minorities as ‚persons, other than Aboriginal peoples, who are non-Caucasian in race or non-white in colour'. The visible minority population includes the following groups: Chinese, South Asian, Black, Filipino, Latin American, Southeast Asian, Arab, West Asian, Japanese, Korean and Pacific Islander." URL: http://www12.statcan.ca (14.07.2006). Die sichtbaren Minderheiten haben sich in den vergangenen drei Jahrzehnten zu einem zahlenmäßig gewichtigen Segment in der kanadischen Gesellschaft entwickelt.

4   Zur Pluriethnizität des Montréaler Stadtteils Côte-des-Neiges vgl. die umfassende Studie von Meintel/Piché/Juteau/Fortin 1997 und Germain 1999.

relle Gleichwertigkeit und gegenseitige Toleranz gelten als Grundprinzipien des kanadischen Multikulturalismus-Modells. In diesem Sinne sind auch Äußerungen wie jene des Urbanisten Luc-Normand Tellier zu verstehen, für den die Pluriethnizität Montréals vor allem eine „capacité de coexistence harmonieuse entre communautés de langues et de cultures différente" darstellt (Roy 2005: 18).

Das kanadische Konzept einer multikulturellen Gesellschaft, in der viele verschiedene Kulturen koexistieren sollen, erkennt damit zwar das Konfliktpotential im Neben- und Miteinander verschiedener Ethnien, löst aber nicht das eigentliche Grundproblem: Kultur, die auf ihrer Eigenheit beharrt, schließt letztlich auch aus. Die Beschäftigung mit Kulturproduktion, die im MigrantInnen-Milieu einer mehrsprachigen und multikulturellen Postmetropole wie Montréal entsteht, führt daher zwangsläufig auch zum Begriff der Hybridität im Sinne einer vielschichtigen Kultur. Ein Ort, an dem der Einzelne innerhalb des Geflechts der Kulturen dem kulturell Anderen ausgesetzt ist, wird gleichzeitig auch zu einem Ort der Konturierung, der Polarisierung der Gegensätze und der Verhandlung von Differenzen und von hybriden Existenzformen im Sinne Bhabhas (Bhabha 2000: 37).

Der Roman *Côte-des-Nègres* von Mauricio Segura und der Dokumentarfilm *Zéro Tolérance* von Michka Saäl fokussieren auf solche Prozesse des interethnischen Aushandelns von Differenzen in den ‚in-between spaces' (Bhabha 2000: 58) von Montréal. Im Gegensatz zu Bhabha bezeichnet die Chicana-Schriftstellerin Gloria Anzaldúa diese Zwischenräume vielleicht noch treffender als ‚Borderlands': sichtbare und unsichtbare Grenzgebiete als Schnittstellen, die durch das gleichzeitige Bewohnen mehrerer Identitäten zustande kommen. Diese Kontaktzone weitet Anzaldúa über eine geographische Definition auf kulturelle, physische und geistige Räume aus zu einem Ort der vielfältigen Veränderungen und zum Ausgangspunkt ständiger Konfrontation: „It's not a comfortable territory to live in, this place of contradictions. Hatred, anger and exploitation are the prominent features of this landscape." (Anzaldúa [2]1999: 19) Jugendliche MigrantInnen werden in Roman- und Filmtext zu ProtagonistInnen dieser urbanen Grenzzonen, in denen Differenz in einem fortlaufenden Prozess der Interaktion verhandelt wird. Ihre Positionierung im Hinblick auf

1) die Herkunftskultur,
2) die Québecer Aufnahmegesellschaft,
3) interethnische Beziehungsformen sowie
4) Rassismus in Form einer ‚Tribalisierung' (vgl. Maffesoli 1988)

stehen daher bei Segura und Saäl im Vordergrund.

Mauricio Segura: ‚Literatura latino-canadiense' und die zweite MigrantInnen-Generation

Der Begriff ‚literatura latino-canadiense'[5] bezeichnet die literarische Produktion von MigrantInnen aus Lateinamerika, die sich seit den 1960er Jahren in Kanada niedergelassen hatten. Ihre Werke, die vom Roman über Erzählung, Lyrik, Theater, Kinderliteratur bis hin zur Autobiographie praktisch jedes literarische Genre erfassen, veröffentlichten die latino-kanadischen AutorInnen entweder in spanischer Sprache oder in französischer bzw. englischer Übersetzung. Nach Ansicht des Lyrikers Gary Geddes trifft daher auch der Begriff ‚literatura paralela' für das literarische Schaffen der ersten Generation lateinamerikanischer SchriftstellerInnen in Kanada zu, weil sich die latino-kanadische Literatur nur allmählich und parallel zur etablierten literarischen Produktion in den beiden offiziellen Sprachen entwickeln konnte (Hazelton 2004). Zu den AutorInnen der in den 1960er und v.a. 1970er Jahren – vorrangig aus politischen Gründen – nach Kanada immigrierten LateinamerikanerInnen zählen der chilenische Dichter und Künstler Jorge Etcheverry (*De chácharas y largavistas*, Ottawa, La Cita Trunca 1993), der chilenische Schriftsteller Leandro Urbina (*Cobro revertido* erschien 1992 in Santiago de Chile bei Planeta sowie 1996 in französischer Sprache unter dem Titel *Longues distance* bei Lanctôt, Montréal), der chilenische Lyriker und Dramaturg Alberto Kurapel (*Correo de exilio/Courrier d'exil*, Montréal, Les Éditions du Trottoir, 1986; *Alberto, le Guanaco gaucho.– Pasarelas/Passerelles*, Montréal, Les Éditions du Trottoir, 1991), der mexikanische Romancier Gilberto Flores Patiño (*Esteban*, Montréal, Boréal, 1987) ebenso wie der brasilianische Maler, Autor und Psychoanalytiker Sergio Kokis (*Le pavillon des miroirs*, Montréal, XYZ, 1994; *Errances*, Montréal, XYZ, 1996). Der salvadorianische Lyriker Alfonso Quijada Urías wiederum ist bereits einer zweiten – diesmal ökonomisch motivierten – Migrationsbewegung aus der südlichen Hemisphäre zuzurechnen. Eine Vielzahl der latino-kanadischen AutorInnen widmet sich der Lyrik, darunter die Kolumbianerin Yvonne Truque und die KubanerInnen Yolanda Gómez und Eucilda Jorge Morel. Die Chilenin Marilú Mallet ist eher als Cineastin bekannt, hat aber wie die aus Uruguay stammende Gloria Escomel auch einige Romane in französischer Sprache veröffentlicht. Gemeinsamer Nenner der AutorInnen der so genannten ‚literatura latino-canadiense' ist, dass fast alle der ersten MigrantInnen-Generation angehören und nur wenige – etwa Kokis oder Escomel – ihre Muttersprache als literarische Sprache zugunsten des Englischen oder Französischen aufgeben.

---

5   Zur latino-kanadischen Literatur vgl. u.a. Hazelton 1997, 2004, 2006; Del Pozo 1999 sowie die Beiträge von Ertler und Küster in diesem Band.

Mauricio Segura, der bereits in Kanada aufwuchs, nimmt daher im Gesamtpanorama der latino-kanadischen Literatur eine Sonderposition ein.[6] Die Familie von Segura, der 1969 in Temuco in Chile geboren wurde, flüchtete nach dem Militärputsch 1973 über Argentinien nach Montréal und ließ sich im Stadtteil Côte-des-Neiges nieder. Als 1998 sein Debutroman *Côte-des-Nègres* im renommierten Québecer Verlag Boréal erschien[7], bezeichneten die Literaturkritiker den Band zu Recht als „premier roman écrit par un fils d'immigrant francisé par la loi 101" (Bergeron 1999: 55). Segura gilt damit als erster Autor der zweiten Generation der ‚literatura latino-canadiense‘.

Als Nachkomme einer chilenischen Einwandererfamilie ist Segura mit dem Leben in vielen Kulturen, zwischen den Kulturen und quer durch die Kulturen vertraut. In einem Interview schildert er die Sicht eines Jugendlchen in der Migration aus der eigenen Erfahrung heraus folgendermaßen[8]:

> Il faut comprendre qu'un jeune immigrant qui arrive au Québec vit une sorte d'état schizophrénique [...]. À la maison, on a une langue, une culture avec ses codes, et dehors, c'est l'Occident, le Québec; et ça cause toutes sortes de problèmes identitaires. Essayer de comprendre cette réalité constitue un grand pas vers la solution de certains problèmes. (Bertin 1998: 55)

Seguras eigener Werdegang ist von Erfolgen markiert: mehrsprachig aufgewachsen, abgeschlossenes Hochschulstudium (Université de Montréal), Promotion in französischer Sprache und Literatur (2001, McGill-Universität), Lehrender an den Universitäten McGill und Concordia, greift der junge Autor in *Côte-des-Nègres* jene Identitätsprobleme auf, denen sich jugendliche MigrantInnen inmitten der ‚urbanen Grenzgebiete‘ von Montréal stellen müssen.

Inklusion und Exklusion in *Côte-des-Nègres*

Inklusion und Exklusion sind angesichts der Polaritäten von Zuwanderung und Aufnahme, Ausgrenzung und Integration, Armut und Reichtum im Zeitalter der globalen Migration zu zentralen Themen geworden. Als

---

6 Neben Segura rechnet Bernier 2002 u.a. auch Ook Chung, Philippe Poloni, Aki Shimazaki und Nino Ricci zur zweiten Generation der ‚écriture migrante‘.

7 1976 kam der *Parti Québécois* an die Macht und setzte ein Jahr später das Gesetz 101 (*Loi 101*, auch *Charte de la langue française* genannt) durch, das dem Französischen in allen Bereichen zum endgültigen Durchbruch verhalf. Québec wurde damit per Gesetz eine einsprachige Provinz mit Französisch als offizieller Sprache. Die bis heute gültige Rechtslage schreibt vor, dass Kinder frankophoner Eltern eine französischsprachige Schule besuchen müssen; nur Kindern von Anglophonen ist der Besuch einer englischsprachigen Schule erlaubt.

8 Zur Biographie von Mauricio Segura vgl. den Eintrag in „L'ÎLE, le Centre de documentation virtuel sur la littérature québécoise", URL http://www.litterature.org/detailauteur.asp? numero=1138 (14.07.2006).

Grundbegriffe der Soziologie werden damit soziale Differenzierungspro-
zesse beschrieben, die im Anschluss an Luhmann zur Berücksichtigung
von Personen in sozialen Systemen bzw. zu deren Einschluss oder Ausgrenzung führen (Luhmann 1995). Inklusion und Exklusion eignen sich
daher zur Beschreibung innergesellschaftliche Trennlinien. Der öffentliche Raum, um einen Grundgedanken von Hannah Arendt aufzugreifen,
gilt als Ort der Verhandlung, an dem alle wichtigen Entscheidungen ge-
troffen werden, die eine Gemeinschaft anbelangen (Arendt 2001: 45). Zu
den wichtigsten Herausforderungen, die sich in einer Postmetropole wie
Montréal stellen, zählen daher Multikulturalität und der nachhaltige Umgang mit den Themen Differenz und Vielfalt. Kann jedoch von Aushand-
lung kultureller Differenz und Vielfalt im öffentlichen Raum gesprochen
werden, wenn zunehmend Inklusion und Exklusion die Rahmenbedingungen einer ‚Erste-Zweite-Dritte-Welt-Stadt‘ im Sinne Sojas prägen?

Wegen des hohen Anteils an MigrantInnen in den Medien oft abschät-
zig ‚Côte-des-Nègres‘ – daher auch der Titel des Erstlings von Segura –
oder ‚Bronx‘ von Montréal genannt, wird der Stadtteil Côte-des-Neiges
mit stereotypen Bildern von sozialer Armut, Gewalt und Verbrechen assoziiert. Mit seinem Debutroman[9] unternimmt der Autor den Versuch,
entgegen dem gängigen Klischeebild einen differenzierteren Blick auf die
Lebensrealität jugendlicher MigrantInnen in diesem Stadtviertel zu werfen und der Frage nachzugehen, in welchen Mechanismen Inklusion, Exklusion und in der Folge urbane Gewalt ihren Ursprung nehmen. Ursprünglich als journalistisches Feuilleton über ethnische Jugend-Straßen-
gangs in Montréal geplant, beschloss Segura angesichts der Komplexität
des Themas, stattdessen einen „récit journalistique de l'intérieur" (Bergeron 1999: 55) zu verfassen und die Identitätsproblematik, die ‚politics of
location‘ (Bhabha 2000), zum zentralen Thema eines Romans zu machen.
Obwohl selbst nie Mitglied einer Straßengang, kann Segura dem autobiographischen Text seine eigenen Kindheits- und Jugenderlebnisse im
Stadtteil Côte-des-Neiges zugrunde legen, wo er mit interethnischen Rivalitäten, Gewalt und Verbrechen in Berührung kam, für sich aber einen
anderen Ausweg fand:

> En sixième année et en secondaire I, j'ai failli devenir délinquant. J'allais à
> une école très bourgeoise, mais en même temps, j'habitais un quartier défavo-
> risé. Je me tenais encore avec mes amis latinos. [...] Ils ne comprenaient pas
> que je m'intéresse aux livres, que je veuille devenir écrivain. (Bergeron 1999)

Seguras Roman *Côte-des-Nègres* baut sich in Form einer doppelten Erzählung vor der Leserschaft auf und setzt sich aus zwei Erzählebenen zu-

---

9   Nach dem Erfolg von *Côte-des-Nègres* erschien 2003 Seguras zweiter Roman *Bouche-à-*
    bouche, in dem er sich jedoch von der Migrationsthematik entfernt und auf Themen wie
    Mode und Erotik fokussiert. *Bouche-à-bouche* erschien im Montréaler Verlag Boréal.

sammen, zwischen denen ein zeitlicher Abstand von 5 Jahren liegt. Die Handlung ist kunstvoll ausgearbeitet und bruchstückhaft in viele Einzelteile gegliedert, die sich erst am Ende zu einem Ganzen fügen. Auf einer ersten Erzählebene verläuft die Handlung in der Gegenwart und wird immer wieder unterbrochen von einer zweiten, rückblendenden Erzählebene, auf der sich eine Stimme in der zweiten Person an den Protagonisten Marcelo richtet:

> Souviens-toi de ce début d'année scolaire, Marcelo: c'était le mois de septembre et déjà le soleil ne se montrait plus que rarement. Un vent froid se levait par à-coups, tu le sentais sur tes jambes et tu courais plus vite pour éviter de grelotter. Oui, l'érable au milieu de la cour, à l'écorce en spirale, aussi haute que l'école, ses feuilles étaient déjà jaunes et pourpres. Mais l'école … Y avait-il un immeuble plus fade dans le quartier? ¡Ay Marcelito! (Segura 1998: 27)

Die Handlungsstränge wechseln im Verlauf des Romans immer wieder zwischen Ereignissen in der Kindheit und der Jugend Marcelos und seiner Kumpanen ab. Der Montréaler Stadtteil Côte-des-Neiges wird dabei zum urbanen Schauplatz, der die Handlungsebenen zeitlich und räumlich definiert. Die Wirklichkeit spiegelt sich in *Côte-des-Nègres* in einer eindeutig definierten Toponymie wider, die den Roman mit dem Stadtplan in der Hand lesbar macht: Straßen, Plätze und öffentliche Gebäude wie Chemin de la Côte-des-Neiges, Avenue Appelton, Parc Vézina, die Grundschule Saint-Pascal-Baylon oder die Metro-Station Plamondon führen der Leserschaft anschaulich jenes städtische Milieu vor Augen, das der Handlung als Kulisse dient. Ebenso realistisch wird die Avenue Linton beschrieben, wo Segura in seiner Kindheit als Neuankömmling in Montréal mit seinen Eltern wohnte und in der er auch Marcelo, sein Alter Ego, wohnen lässt: als verfallener, schmutziger und lauter Ort, an dem die dreistöckigen Wohnhäuser aus roten Ziegeln ein eintöniges Bild der Gleichheit bieten und leer stehende Gebäude zum Spielplatz von Ungeziefer, Kindern und jungen Paaren werden (Segura 1998: 46).

Allem voran fokussiert Segura in seinem Roman jedoch auf die Identität der jugendlichen MigrantInnen: Altersstufe, Sprache und Ethnizität markieren dabei das Territorium auf allen Ebenen und werfen immer wieder die Frage auf, wo sie sich als Individuum, aber auch als Gruppe in Montréal verorten können. *Côte-des-Nègres* liest sich wie ein topographischer Kriegsbericht, in dem interethnische Konflikte zwischen den jugendlichen MigrantInnen auch ihre Beziehungen zum urbanen Umfeld bestimmen. Im Mittelpunkt des Geschehens stehen der aus Chile stammende Marcelo und der Haitianer Cléo. Treue Freunde in der Grundschule, die mit anderen Kindern unterschiedlichster Herkunft friedlich Hockey spielen, werden sie in der Adoleszenz unter den Spitznamen Flaco (Marcelo) und CB (Cléo) zu Anführern verfeindeter Jugendgangs. Die gegenseitige Akzeptanz aus Zeiten der Kindheit verflüchtigt sich allerdings mit den Jahren: Am Beginn des Romans stehlen zwei Latinos in der Schule aus dem Spind von CB eine Kette mit einem silbernen Anhänger in Form eines Kondors, ehemals ein Geschenk von Marcelo an Cléo und Symbol einer Freundschaft. Das Verschwinden der kleinen Figur bestimmt in der Folge den gesamten weiteren Handlungsverlauf des Romans, in dessen Mittelpunkt letztlich die Eskalation der Gewalt zwischen den beiden rivalisierenden Jugendgangs steht: die ‚Latino Power' der Lateinamerikaner mit Marcelo alias Flaco als Anführer, und die Haitianer mit ihrer ‚Bad Boys' genannten Gang unter der Führung von Cléo alias CB.

Seguras literarische Fiktionalisierung der ethnischen Jugendgangs in Montréal erinnert nicht nur an *Gangs of New York* (2002) von Martin Scorsese, der Verfilmung des gleichnamigen Romans von Herbert Ashbury, oder an *La Haine* (1995) von Mathieu Kassovitz. In seinem Artikel „Les Gangs de Rue" schildert Pierre Blondin das Phänomen der Gangs in Montréal als eine – ähnlich wie in den USA – historisch gesehen seit langem bestehende Erscheinung. Waren es ursprünglich irische, italienische und jüdische Zuwanderer, die sich in organisierten Banden zusammenschlossen, sind es seit Ende der 1980er Jahre vor allem Haitianer, Jamaikaner, Südamerikaner und Vietnamesen, die in den Stadtteilen Montréal-Nord, Côte-des-Neiges, am Plateau Mont-Royal, in Saint-Henri, Parc Extension oder Longueuil Jugendgangs bilden, deren Namensgebungen ‚Master B', ‚Chilien Boys' oder ‚Les Posses' zeigen, wie realistisch dieses Phänomen in *Côte-des-Nègres* nachgezeichnet wird (Blondin 1993). Segura kontrastiert in seinem Roman die noch relativ reibungslos funktionierende ethnische Koexistenz in der Kindheit mit einer wesentlich komplexer verlaufenden Akzeptanz des Differenzfaktors in der Jugend und der Gang-Bildung als Abwehrmechanismus nach außen hin. Er greift die Zeit des Heranwachsens als eine problematische Zeit der Unentschiedenheit zwischen dem Ich und der Welt auf, die sich in der Grenzzone einer „troisième solitude" (Lequin 2001) noch verschärft. Seine Protagonisten lässt Segura daher in einer Insellösung gegenseitiger Absonderung Zuflucht suchen und im Sinne von Anzaldúa neue unsichtbare Grenzen errichten, „to define the places that are safe and unsafe, to distinguish *us* from *them*" (Anzaldúa [2]1999: 25). Segura thematisiert damit in *Côte-des-Nègres* zum ersten Mal in der Literatur Québecs interethnische Konflikte im Milieu heranwachsender MigrantInnen. Er fokussiert in seinem Roman auf jene ‚Borderlands', die inmitten eines multikulturellen urbanen Raums der Postmetropole Montréal liegen und die gleichzeitig trennend und verbindend sind. Imaginär und doch existent ermöglichen sie Differenz und Vermischung, Undurchlässigkeit und Hybridität. Grenzen und ‚Sich-Abgrenzen' versprechen Sicherheit, das Gefühl ‚zu Hause' zu sein, erzwingen aber auch Exklusion und untermauern den Zustand, fremd, aus einem anderen Land zu sein. Wenn aber die ‚Borderlands' grundsätzlich in Binären verankert zu sein scheinen, warum verzichtet dann Seguras Roman auf die Balance im Rahmen der ethnischen Verortung der jugendlichen MigrantInnen zugunsten einer von diesen selbst gewählten Exklusion und Gewalt als Versuch der Lösung ihrer Identitätskonflikte?

Familie, Schule und Peergroup in den Montréaler ‚Borderlands'

Segura ortet die interethnischen Konflikte in der Phase der Adoleszenz – einem Lebensabschnitt, in dem Abgrenzung, Opposition und Protest auf dem Weg zwischen Ich-Findung, Ablösung vom Elternhaus und Infragestellung vorgegebener gesellschaftlicher Wertkategorien die Oberhand gewinnen. Die Verschränkung dieser Prozesse, in deren Zentrum die Identitätsfindung der Heranwachsenden steht, mit der Frage der Zugehörigkeit zu einer Sprache, einer Ethnie, einem Ort oder einer Nation, wie sie sich generell im Fall jugendlicher MigrantInnen stellt, verschärft somit das Problem der Festlegung eines eigenen Ich in der Adoleszenz (vgl. Mey 1999). Gerade eine in der Kindheit stattfindende Prägung kultureller Identität im Migrationsprozess spielt eine entscheidende Rolle im weiteren Verlauf sozialer und kultureller Integration in der Jugend und im Erwachsenenalter. Untersuchungen über jugendliche MigrantInnen der zweiten Generation haben gezeigt, dass diese bis zum Eintritt in das Schulalter durch Eltern und andere familiäre Beziehungen an die Kultur des Herkunftslandes gebunden bleiben. Erst in der Adoleszenz werden soziale Werte und Verhaltensweisen, Denken und Fühlen allmählich davon geprägt, was die Gesellschaft den Heranwachsenden in der Schule, auf der Straße oder in der Peergroup bietet (Mansel/Hurrelmann 1991: 12). Dass sich daher die Komplexität der Identitätsfrage jugendlicher MigrantInnen in den urbanen ‚Borderlands' einer Metropole wie Montréal nicht nur als einfacher Patchwork-Mechanismus darstellen lässt, durch den Neues aus Kulturüberlappungen entsteht, führt Segura in *Côte-des-Nègres* anhand der Kategorien Familie, Schule und Peergroup vor.

Das familiäre Milieu des heranwachsenden Haitianers Cléo wird als sehr instabil beschrieben: Der Vater ist seiner Frau untreu und ständig auf erfolglosen Geschäftsreisen, die Mutter nach einem Autounfall an den Rollstuhl gefesselt. Beide Elternteile haften dem ‚mythe du retour' im Sinne des in Frankreich lebenden algerischen Soziologen und Schriftstellers Azouz Begag an: Sie träumen von einer Rückkehr in die Heimat, einem Ort, an dem das Leben besser war (Begag/Chaouite 1990: 20-21; 37-40). Ohne seine Herkunftskultur wirklich zu kennen, fühlt sich Cléo auch in der Aufnahmegesellschaft Québecs fremd. Im Gegensatz zu seinen Eltern ist ihm jedoch bewusst, dass es keinen Weg zurück nach Haiti gibt

(Segura 1998: 113). Die Freundschaft zu Marcelo, der einzige Halt in Cléos Leben, zerbricht, als Cléo erkennt, dass er als Schwarzer und ohne Spanisch-Kenntnisse in der chilenischen Familie keinen Anschluss finden kann. In der Folge zieht sich Cléo aus dem pluriethnischen Gefüge seiner Kindheit zurück und flüchtet mehr und mehr in den Kreis anderer junger Haitianer. Verstärkt wird diese selbst auferlegte Exklusion durch den Vater, der seinen Sohn für den Verlust von typisch karibischen Identitätsmerkmalen heftig kritisiert. Gleichzeitig stellt er jede Annäherung Cléos an die Aufnahmegesellschaft Québec in Frage:

> [...] tout ce qui te reste d'haïtien, c'est l'aspect physique. Tu deviens de plus en plus québécois. [...] tu t'occidentalises [...] Tu t'habilles comme un rapper, tu cours au McDonald chaque fois que je te donne de l'argent. Tu parles de moins en moins le créole. Et surtout, qu'est-ce que tu connais d'Haïti? Pas grand-chose ... (Segura 1998: 114)

Der Wunsch der Eltern, dass ihre Kinder in der Migration die Identitätskennzeichen des Herkunftslandes nicht verlieren, wird hier zum Druck, eine ,Bindestrich-Identität' gar nicht erst zustande kommen zu lassen. Damit verschärft Cléos Vater die Identitätskrise seines Sohnes, die dieser zu bewältigen versucht, indem er die Haitianer-Gang ,Bad Boys' gründet, „pour mieux défendre nos droits, comme tu me l'as appris toi-même. Et tu dis que je ne suis plus haïtien?" (Segura 1998: 114) Angesichts des fehlenden Halts in der Familie wird damit für Cléo die Rolle als Anführer der Gang zu einem Ort des emotionalen Rückhalts.

Für den Chilenen Marcelo stellt sich die Identitätsfrage im Spannungsfeld zwischen der fehlenden Erinnerung an die Herkunftskultur der Eltern, die nicht mehr als Referenzrahmen herhalten kann, und seiner Gegenwart als jugendlicher Migrant in Québec: „Parce que tu avais quitté le Chili trop jeune pour en avoir des souvenirs précis, tu ne pouvais concevoir un Noël à trente degrés, sous les palmiers, comme te racontaient tes cousins dans leurs lettres." (Segura 1998: 151) Die Beziehung zu seiner Verwandtschaft ist konfliktiv, aber nicht so zerrüttet wie die familiären Verhältnisse von Cléo. Allerdings verspürt Marcelo Verachtung für das Milieu der MigrantInnen. Er möchte aus dem Leben in Côte-des-Neiges ausbrechen und beneidet alle, deren Eltern in andere Stadtviertel Montreáls übersiedeln:

> Il longe le couloir sombre qui empeste éternellement les épices et descend l'escalier [...]. La vérité, c'est qu'il ne les supporte plus [ses parents]. À la fin de l'année scolaire, quand il aurait terminé le secondaire, il dénicherait un deux-et-demi ou quelque chose du genre, face à un parc et, surtout dans un autre quartier [...]. (Segura 1998: 55)

Ähnlich der Protagonistin in *La Québécoite* von Régine Robin, die zwischen dem mittelständischen, jüdisch-anglophonen Montréaler Stadtteil

Snowdon und dem eleganten frankophonen Outremont eine Verortung ihrer Identität sucht, strebt auch Seguras Hauptfigur nach dem Ausbruch aus dem MigrantInnen-Milieu. Sozialer Aufstieg und damit die Chance auf Integration – und Assimilation – scheinen ihm nur durch das Knüpfen anderer sozialer Netze möglich zu werden (Robin 1993; Simon 1999: 44). Marcelos Identitätskonflikt verdeutlicht sich daher in der Zerrissenheit zwischen dem Versuch, ähnlich wie Cléo Anerkennung im Kreis seiner Latino-Clique zu finden, und dem gleichzeitigen Wunsch, in der Aufnahmegesellschaft Québecs integriert zu sein. So fühlt er sich gerade deshalb von seiner Freundin Paulina angezogen, weil sie – obwohl Latina – in seinen Augen keine typische Lateinamerikanerin ist (Segura 1998: 61). Während Cléo völlig auf sich selbst gestellt aufwächst, vertieft sich der Graben zwischen Marcelo und seiner Familie erst in der Adoleszenz. Als er kurz vor Cléo-CBs Tod Rat und emotionale Hilfe bei seinem Vater sucht, gibt der ihm zu verstehen, dass er seinen eigenen Sohn nicht mehr kennt. Er betrachtet Marcelo nun als erwachsen, womit er auch für seine eigenen Entscheidungen geradestehen muss (Segura 1998: 246). Der Vater überlässt Marcelo mit dieser Haltung sich selbst und schickt ihn indirekt zurück in den interethnischen Bandenkrieg auf der Straße.

Haitianern und Latinos ist im Roman *Côte-des-Nègres* gemeinsam, dass sie die Welt der Eltern in der Adoleszenz ablehnen. Zwischen dem Migrationserlebnis der ersten Generation, die noch eine wache Erinnerung an die Herkunftskultur hat, und der eigenen Lebensrealität bleiben den Jugendlichen der zweiten Generation vorerst nur die ‚Borderlands' zwischen den Kulturen und auf der Straße. Hier tragen sie ihren inneren Kampf um eine Selbstverortung inmitten der Widersprüchlichkeit der Identitätsfrage aus: Typische Merkmale wie Latino-Tänze empfinden die jugendlichen MigrantInnen als altmodisch und überholt, Spanisch und Kreolisch pflegen sie hingegen wie Geheimsprachen als Abgrenzung gegenüber der Außenwelt (Segura 1998: 60).

Aber nicht nur die Familie kann den Protagonisten in *Côte-des-Nègres* keinen Halt bieten, auch die Schulbehörden lässt Segura in seinem Roman scheitern. Der Direktor der Grundschule, der mit naiven Konzepten von ‚Brüderlichkeit' gegen Gettoisierung und Differenzierung in ethnische Gruppen predigt, erntet nur Gelächter und Spott (Segura 1998: 18ff.). Der Englischlehrer treibt die jugendlichen MigrantInnen geradezu in ihre ethnischen Ghettos, wenn er einen Streit zwischen Italo- und Latino-Kanadiern mit einem „Please stick with your own people!" lösen will, was jedoch sofort als ein „défends les tiens avant de défendre les autres!" interpretiert wird (Segura 1998: 235). Die katholische Ordensfrau Sœur Cécile stellt sich insgeheim gar die Frage, ob es für Québec die richtige Entscheidung gewesen sei, so viele Menschen aus aller Welt aufzunehmen. Sie fürchtet um den Fortbestand Québecs und versteht nicht, warum die jugendlichen MigrantInnen die frankokanadische Kultur ablehnen. Sœur Cécile ist auch diejenige, die Cléo in eine Gruppe leistungsschwacher Schüler versetzt und ihn damit aus dem Klassenverband der Grundschule reißt – letztlich ein weiterer Auslöser für seine Rolle als Anführer einer Jugend-Gang (Segura 1998: 122).

In ihren Studien über mexikanische Jugendliche im Osten von Los Angeles hat Joan Moore vier wesentliche Definitionskriterien für Jugendgangs festgelegt:

1) Sie sind territorial verankert,
2) sie sind stark nach Altersklassen strukturiert,
3) sie üben speziell auf Kinder aus belasteten Familienverhältnissen große Anziehungskraft aus und
4) Kämpfe um ein Territorium mit anderen Gangs spielen eine zentrale Rolle in ihrem Alltag (Vgl. Moore 1991).[10]

Cliquen- und Gangbildung werden damit zu einer speziellen Form von Ethnizität unter Jugendlichen der zweiten MigrantInnen-Generation und dienen dazu, mittels symbolischer Marker nach innen und außen hin Akzeptanz zu erreichen. Auch in Seguras Roman *Côte-des-Nègres* versuchen die Protagonisten Identitätskonflikte in einer geschlossenen Peergroup zu lösen. Angesichts der Bedrohung ihrer Identität vervielfachen sie die externen Zeichen ihrer Andersartigkeit und nehmen Codes an, die nur innerhalb ihrer Gemeinschaft verstanden werden: Sprache, Kleidung, Farben oder Musik sollen jene Fragilität ihrer Position in der Referenzgesellschaft verhüllen, die durch Entwurzelung, Verlust bzw. Infragestellung ihrer Herkunftskultur und aus den Einflüssen der neuen Lebensumstände in Nordamerika resultieren. Was in der Familie oder in der Schule nicht mehr gelöst werden kann, soll die Gang lösen helfen. Der Park Kent verwandelt sich in *Côte-des-Nègres* in der Folge für die ‚Latino Power' und die ‚Bad Boys' zu jenem urbanen Raum, in dem Differenz verhandelt wird: Hier tragen die Gangs ihre Kleinkriege aus, schließen Friedensabkommen und ziehen imaginäre Grenzen, die die unsichtbaren Montréaler ‚Borderlands' nochmals unterteilen und das Gebiet der jeweiligen ethnischen Gruppe markieren sollen (Segura 1998: 57). Und hier werden auch die erbitterten Kämpfe zwischen den beiden Gangs ausgetragen, die schließlich zum tragischen Ende des Romans führen: CB fügt einem Polizisten eine Stichwunde zu und wird daraufhin von ihm erschossen. Damit spielt Segura in *Côte-des-Nègres* auch auf die reale Gegebenheit an, dass in den Straßen der frankokanadischen Postmetropole in der jüngsten Vergangenheit zahlreiche Angehörige der ‚minorités visibles' von der Mont-

---

10 Zur Thematik der Jugendgangs siehe auch Vigil 2003 und Perreault 2005.

réaler Polizei SPVM[11] getötet wurden. Die Ermordung des schwarzen Jugendlichen Cléo am Ende des Romans lässt daher an Fälle wie den 19-jährigen Jamaikaner Anthony Griffin (1987), den 24-jährigen Haitianer Marcellus François (1991), den 23-jährigen Ecuadorianer Martin Suazo (1995) oder zuletzt den 24-jährigen Marokkaner Mohamed Anass Bennis (2005) denken, deren Schicksale seit Ende der 1980er Jahre immer wieder die Aufmerksamkeit der öffentlichen Meinung Québecs wecken. Ihnen allen ist gemeinsam, dass sie den ‚minorités visibles' angehörten und bei Einsätzen der Montréaler Polizei – zumeist durch Erschießung – ums Leben kamen.[12]

‚La rue, c'est la guerre': Urbane Gewalt in *Zéro Tolérance*

Die konfliktiven Beziehungen zwischen der Montréaler Polizei und den Jugendlichen der ‚minorités visibles' greift die Filmemacherin Michka Saäl in ihrem Dokumentarfilm *Zéro Tolérance* auf.[13] Bevor dieser 75-minütige vom *Office National du Film du Canada* (ONF) produzierte Film im März 2004 uraufgeführt werden konnte, begleitete Saäl ein Jahr lang mit ausdrücklicher Genehmigung die Montréaler Polizei bei ihren Einsätzen und interviewte jugendliche MigrantInnen sowie deren Angehörige, Sozialarbeiter und PolizistInnen. Dem Klassifizierungsmodell des Filmwissenschaftlers Bill Nichols folgend handelt es sich im Fall von *Zéro Tolérance* um einen so genannten interaktiven Modus: Seine Merkmale sind Vielstimmigkeit in Form von verschiedenen AkteurInnen, unterschiedliche Positionen und die Verwendung von kontrastierendem, oft widersprüchlichem Material (Nichols 1976: 172f.). Auf eine erzählende Stimme verzichtet Saäl daher zur Gänze. Stattdessen steuert die Regisseurin die Argumentation in *Zéro Tolérance* über die Aussagen verschiedener sozialer Akteure, die sie in einer synchronen Montage von Stimme, Musik und Bild verknüpft.

Während in Seguras Roman vorrangig vom Identitätskonflikt jugendlicher MigrantInnen in Form von ethnischen Jugendgangs die Rede ist, denunziert die Regisseurin die systematische rassistische Diskriminierung sowie die verbale oder physische Brutalität, mit der die Montréaler Polizei all jenen gegenüber tritt, die ‚sichtbar anders' sind: Schwarze, Lati-

---

11 SPVM = Service de police de la Ville de Montréal.

12 Vgl. u.a. Colpron 1991: B7; Grenier 2004: 14; Hachey 1999: A3; Normandeau 1995: B3.

13 Michka Saäl stammt ursprünglich aus Tunesien. Die Cineastin studierte in Jerusalem Soziologie und Kunstgeschichte, in Paris Orientalische Sprachen und Journalismus und in Montréal Film. Sie immigrierte Anfang der 1980er Jahre nach Québec und drehte zahlreiche Dokumentar- und Spielfilme, die der Interkulturalität, dem Leben in der Fremde und im Exil sowie der Erinnerung an die Heimat gewidmet sind. Filmographie von Michka Saäl: *Loin d'où?* (1989), *Nulle part la mer* (1991), *L'Arbre qui dort rêve à ses racines* (1992), *Le Violon sur la toile* (1995), *La Position de l'escargot* (1998).

nos, AsiatInnen oder AraberInnen, vornehmlich Jugendliche. Saäl stellt den Aussagen junger MigrantInnen jene von PolizistInnen gegenüber und rüttelt mit Bildern und Zeugenaussagen am Selbstverständnis der kanadischen Multikulturalität und dem Bekenntnis einer Gesellschaft, Diversität und Differenz im Alltag eines kulturellen Mosaiks zu leben.

Zentraler Ort des Geschehens sind auch hier die Straßen von Montréal. Einer der interviewten Jugendlichen rappt vor laufender Kamera: „La rue, c'est la guerre". Von welchem ‚Krieg' er hier spricht, erfährt das Publikum gleich zu Beginn des Dokumentarfilms im Stil des Cinéma Verité: Im nächtlichen Centre-Ville wird Perry Calpeto, ein junger Filipino, willkürlich von der Polizei festgenommen. Es folgen weitere Augenzeugenberichte: Ein anderer Filipino, Roderick Carreou, schildert das Procedere von Ausweiskontrollen, eine junge Schwarze erzählt, dass bereits die Gegenwart von fünf oder sechs Jugendlichen der ‚minorités visibles' in der Öffentlichkeit als Gefahr aufgefasst und von der Polizei nach dem Motto „Ich nehme Dich fest, bevor Du etwas anstellen kannst" kriminalisiert wird (*Zéro Tolérance*: 0:01:15-0:05:09). Eine Gruppe junger Latinos, in deren Kultur der öffentliche Raum eine große Rolle spielt, berichtet, wie sie immer wieder aus den Parks vertrieben werden, weil sich die Nachbarn beschweren (*Zéro Tolérance*: 0:44:45-0:45:55). Ihre Klagen erinnern an eine Passage in Seguras Roman *Côte-des-Nègres*, in der die Polizei den auf der Straße spielenden Migrantenkindern, nervös mit dem Knüppel in der Luft hantierend, erklärt, was der schönste Lärm auf dieser Welt sei: die Stille (Segura 1998: 82ff.). Der Film *Zéro Tolérance*, der ähnlich dem Roman von Segura eine stark realistisch-dokumentarische Ästhetik aufweist, illustriert damit die Gegensätze zwischen Mehrheit und Minderheit sowie zwischen Polizei und Jugendlichen.

Von der Exklusion zum offenen Konflikt? – ‚Laissez-nous vivre!'

Die ‚unsichtbaren Grenzen', die ‚Borderlands' inmitten der multikulturellen Metropole Montréal, die zwischen den Ethnien, aber auch zwischen den Generationen ‚stehen', sind Schauplätze des literarischen Textes von Segura wie auch des filmischen Textes von Saäl. Während im Roman das Stadtviertel Côte-des-Neiges im Vordergrund steht, blickt der Film auch nach Montréal-Nord, St. Michel und Parc Extension, wo die Zahl der EinwohnerInnen mit Migrationshintergrund sehr hoch ist: Im Jahr 2004 betrug ihr Anteil in den Stadtteilen Saint Laurent 48,5 %, Côte-des-Neiges/Notre-Dame-de-Grâce 44,9 %, in Villeray, Saint Michel und Parc Extension 41,3% und in Montréal-Nord 26,5 %.[14] Da das Phänomen der Ju-

---

14 Vgl. dazu „Citoyenneté et immigration", URL: http://ville.montreal.qc.ca/pls/portal/docs/ PAGE/PES_PUBLICATIONS_FR/PUBLICATIONS/IMMIGRATION.PDF (14.07.2006).

gendgangs grundsätzlich eine urbane Erscheinung ist und vorrangig in diesen Stadtteilen auftritt, ergibt sich daraus eine Topographie der urbanen Gewalt, die sich in *Côte-des-Nègres* und *Zéro Tolérance* eindeutig ablesen lässt.

Während in Seguras Roman interethnische Konflikte zwischen jugendlichen MigrantInnen im Vordergrund stehen, fokussiert *Zéro Tolérance* auf deren tägliche Konfrontation mit einer vorwiegend ‚weißen' Polizei, für welche die Gegenwart der Jugendlichen der ‚minorités visibles' im öffentlichen Raum der frankokanadischen Metropole sichtlich eine Bedrohung darstellt. Der Soziologe Maurice Chalom führt an, dass 60 % der jugendlichen MigrantInnen in Montréal bereits einmal Opfer von Diskriminierung oder Rassismus waren. Davon gaben 73,8 % an, verbaler Gewalt ausgesetzt gewesen zu sein, und 78,3 %, physische Gewalt erlitten zu haben (Chalom 1993: 77). Aus einer zwischen 1986 und 1990 durchgeführten Gallup-Studie geht zudem hervor, dass die Mehrheit der MigrantInnen die Montréaler Polizei eher mit Repression als mit Schutz assoziiert (Chalom 1993: 85f.; Perreault 2004). Angesichts der bei Polizeiaktionen zu Tode gekommenen Jugendlichen, zuletzt des Marokkaners Mohamed Anass Bennis im Dezember 2005, entsteht der Eindruck, dass die Politik der ‚Zéro Tolérance' gegenüber Kriminalität und Verbrechen insgeheim auch den Keim einer Null-Toleranz gegenüber vorrangig jugendlichen Einwanderern in sich birgt: „La ‚tolérance zéro' devant le crime implique souvent, larvée, une tolérance zéro face à des citoyens d'origine étrangère qui en font les frais." (Tremblay 2004: E7) Damit schließt sich auch der Kreis: Besonders in der Adoleszenz führt der Migrationsprozess oft zu einer generellen Ablehnung der Kultur des Gastlandes und einem Rückzug in die eigene ethnische Minderheit. Angesichts der Infragestellung der eigenen Identität, der gleichzeitig ausgrenzenden Haltung der Aufnahmegesellschaft und damit dem Ausschluss aus den wichtigsten Sozialisationsnetzwerken (Schule, Arbeitsmarkt) greifen die Jugendlichen auf Strategien wie Jugendgangs und in einem zweiten Schritt mittlerweile auch auf Gewalt zurück, die von der Aufnahmegesellschaft wiederum mit Gewalt beantwortet wird (Chalom 1993: 79).

Diese Übergriffe institutioneller Gewalt, die die MigrantInnen wegen ihrer Hautfarbe bzw. ihrer – störenden – Präsenz im Straßenbild stigmatisiert und gleichzeitig kriminalisiert, klagen die Jugendlichen in *Zéro Tolérance* mit zornigen Berichten und in mehrsprachigen Rap-Texten vor der Kamera an und lassen ein deutliches ‚Laissez-nous vivre!' hören (Prevate 2004). Bevor Rafael Pérez, ein junger Latino, einen Strafzettel über 100 kanadische Dollar vor die Kamera hält, den er an der Metro St. Michel mit dem Vermerk erhielt: „Il est interdit de flâner" (*Zéro Toléran-*

ce: 0:46:27-0:46:35), rappt er gemeinsam mit seiner Latino-Clique eine Friedensbotschaft in spanischer Sprache:

> Tener un buen ambiente, tener un buen ambiente
> Ahora recordando de todo lo que ha pasado
> Allí en St. Michel donde todos nos encontramos
> Las veces que reímos, las veces que lloramos
> Las broncas que tuvimos, pero se han arreglado [...]
> Yo les quiero pedir algo:
> Que cambien para bien, para que todos estos problemas ya se vayan acabando
> [...]
> Yo no soy delincuente. (*Zéro Tolérance*: 00:43:39 – 00:44:43)

Im zweiten Teil des Dokumentarfilms überwiegen eher die Stimmen der Polizei. Die VertreterInnen der Institution betreiben in *Zéro Tolérance* aber keineswegs eine Vogel-Strauß-Politik. Vielmehr bekennen sie sich dazu, dass es noch ein weiter Weg ist, die Grundprinzipien von Diversität, Differenz und Toleranz zwischen allen in Québec lebenden Ethnien umzusetzen. Die meisten PolizistInnen Montréals sind ‚Québécois de souche' und ihrerseits isoliert von der neuen multiethnischen Realität in Stadtteilen wie Côte-des-Neiges, Montréal-Nord oder St. Michel. Hier führt Maurice Chalom, Berater für interkulturelle Beziehungen bei der Montréaler Polizei, das Beispiel eines jungen Québécois an, der aus der Provinz in die Polizeischule nach Montréal kommt und dessen erster Einsatzort Côte-des-Neiges ist. Der Soziologe schildert eingehend, dass auch dieser junge Québecer in der Postmetropole einen Kulturschock erleidet und bei ungenügender Vorbereitung seiner Aufgabe nicht gewachsen sein mag. Umso mehr ist die Absicht des Dokumentarfilms *Zéro Tolérance* zu würdigen, eine, wenn auch nicht gerade ermutigende Bilanz zu ziehen: eine Ausbildung der Polizei, die dem raschen Wandel und der Realität einer zunehmend transnationalen Bevölkerung nicht gerecht wird; mangelnde Kenntnis anderer Kulturen und keine ausreichende Präsenz von VertreterInnen anderer Ethnien in der Institution selbst (Anger 2004). Stattdessen herrscht auch hier ein korporatistischer, tribaler Geist vor, der den Jugendlichen der ‚minorités visibles' im Reflex mit Angst entgegentritt und in beidseitigem Misstrauen, Repression und des Öfteren in institutioneller Gewalt mündet. Diesen latenten Rassismus der Montréaler Polizei illustriert Saäl in *Zéro Tolérance* mit stark kontrastierenden Bildern von einem hauptsächlich von weißen Québecern besuchten Straßenfest (St. Jean Baptiste) anlässlich der Sommersonnenwende und Bildern der *Carifète*, dem karibischen Straßenkarneval: Während sich die Ordnungshüter bei den einen gemütlich unter die Menge mischen, säumt eine bis zu den Zähnen bewaffnete und berittene Polizei bei den anderen bedrohlich den Straßenrand. Der Dokumentarfilm unterstreicht damit die Notwendigkeit einer Institution Polizei, die nicht nur der Wahrung der Rechte des Individuums, sondern auch einer Annäherung zwischen den verschiedenen in Québec lebenden Ethnien Rechnung trägt (Griffin 2004). Die Begegnungen zwischen der Polizei und den Jugendlichen der ‚sichtbaren Minderheiten' werden in *Zéro Tolérance* als Gratwanderung geschildert, deren Erfolg oftmals mehr von den einander begegnenden Persönlichkeiten als von gelebter Toleranz im kulturellen Mosaik Québecs abhängt.

‚Quel avenir pour Montréal?' – Kulturelles Mosaik mit Fragezeichen

Während Segura in seinem Roman *Côte-des-Nègres* Abgrenzung und Exklusion im Umfeld heranwachsender MigrantInnen als Folge von Identitätskonflikten der zweiten MigrantInnen-Generation und interethnische Gewalt von Jugendgangs thematisiert, fokussiert Saäl in *Zéro Tolérance* auf das ethnozentristische Verhalten der Polizei als Institution, aber auch auf Xenophobie und Gewalt gegenüber anderen Ethnien, insbesondere gegenüber Jugendlichen. Die kritische Perspektive auf die (Auto-)Exklusion jugendlicher MigrantInnen in der kanadischen Metropole Montréal ist in Buch- und Filmtext, die urbane Gewalt auf zwei einander ergänzenden Ebenen beleuchten, vergleichbar.

Wenn Moisan und Hildebrand in *Ces étrangers du dedans* als zentrale Themen der transnationalen Migrationsliteratur Québecs Exil, Gedächtnis, Raum, Reise, Sprache und Schreiben nennen, so sticht Segura als Autor der zweiten Generation mit seinem urbanen Drama der Gewalt heraus (Moisan/Hildebrand 2001: 207ff.). In *Côte-des-Nègres* ist die urbane Gewalt unter jugendlichen MigrantInnen eine Konsequenz der postmodernen Ära der Globalisierung. Seguras Roman kreist mit der Konstruktion binärer Gegensätze von Wir/Andere, Eigen/Fremd, Schwarz/Weiß, Kind/Erwachsener, Gleichheit/Differenz, Minderheit/Mehrheit die Position von jugendlichen MigrantInnen symbolisch und materiell ein. Er wendet dabei den Grenzbegriff im Sinne Anzaldúas an, um ihr Verhältnis zueinander und ihre Strategien gegenüber der Aufnahmegesellschaft Québecs zu bestimmen. Zu einem Ansatz einer Auflösung der ‚Borderlands' mitten in der Postmetropole Montréal kommt es jedoch nicht. Wie in Saäls Dokumentarfilm *Zéro Tolérance* wird der urbane Raum vielmehr zur Kontaktzone und Grundlage neu zu entwickelnder Identitäten, aber auch zum Austragungsort ständiger, mitunter gewalttätiger Konfrontation.

Obwohl Roman und Film Zeugnis für die Mehrsprachigkeit Montréals sind, spricht keiner der beiden Texte das bestehende Konkurrenzverhältnis zwischen anglophoner und frankophoner Kultur direkt an. Die Befürchtungen der Québécois angesichts des Zuzugs neuer MigrantInnen, die sich vorrangig in der frankokanadischen Metropole niederlassen und

eher dazu neigen, für die anglo-kanadische Kultur und Sprache zu optie-
ren, wurden letztlich mit der Loi 101 beschwichtigt, welche Französisch
zur einzigen offiziellen Sprache in der Provinz Québec erhob. Segura verwendet in seinem französischsprachigen Roman auch Englisch, Spanisch,
Kreolisch und Joual, in Saäls Film kommt zu den genannten Sprachen
noch Arabisch in Rap-Texten hinzu. In *Côte-des-Nègres* und *Zéro Tolérance* liegt das Gewicht nicht auf dem schwelenden Konflikt zwischen
den beiden Gründernationen Kanadas. Die Frage, welche der beiden dominanten Kulturen und damit Sprachen langfristig die Sympathie der
Einwanderer davontragen wird, stellt sich in keinem der beiden Texte.
Vielmehr geht es bei Segura und Saäl darum, wie jugendliche MigrantInnen, die sich in der Adoleszenzkrise gegenseitig diskriminieren oder aufgrund ihrer Herkunft von der Aufnahmegesellschaft diskriminiert werden
und permanent möglicher Gewalt ausgesetzt sind, andere Mechanismen
im interethnischen Umgang an den Tag legen können als jene, die man
ihnen zumutet bzw. die sie ohnehin benutzen, um ihre Identität festzulegen und nicht selbst rund um den ‚kanadischen Bindestrich' ‚auseinan-
derzufallen', wie Camilo Roumer es in *Zéro Tolérance* bedingungslos
formuliert: „Je suis Québécois. Si je vais en Haïti, je suis un étranger.
[…] Moi, c'est ici." (*Zéro Tolérance*: 0:59:48-1:00:03).

Sowohl Segura als auch Saäl sind als Kulturschaffende mit Migrationshintergrund nach Spivak ‚Subalterne', die sich das Recht zu sprechen
erkämpft haben (Spivak 1988). Als Französisch schreibender Chilene, der
im MigrantInnen-Milieu des Montréaler Stadtteils Côte-des-Neiges aufgewachsen ist, steht Segura als ein Beispiel dafür, dass der ‚kanadische
Bindestrich' im Erwachsenenalter die Herkunfts- und die Aufnahmekul-
tur in eine transkulturelle und mehrsprachige Identität führen kann. Die
Intoleranz, die in Form interethnischer Konflikte zwischen jugendlichen
MigrantInnen im Roman und im rassistischen Verhalten seitens einer Institution gegenüber Heranwachsenden anderer Ethnien im Film thematisiert wird, zeugt jedoch von der Verunsicherung aller Beteiligten. Aber
auch von der Schwierigkeit, die Ziele einer Gesellschaft, die sich dem
Konzept des kulturellen Mosaiks, dem Respekt der Differenz und der Toleranz verschrieben hat, inmitten der Postmetropole Montréal tatsächlich
umzusetzen. Denn, um mit Gloria Anzaldúas Konzept der Auflösung der
‚Borderlands' zu schließen:

> To survive the Borderlands
> you must live sin fronteras
> be a crossroads. (Anzaldúa ²1999: 217)

Filmographie:

Zéro Tolérance, Michka Saäl, ONF, Kanada (Québec), 2004, 76 Min.

Bibliographie:

Anger, Jean Philippe 2004, „Le rap du triste sentiment d'injustice", in: *Métro*, 31. März. 13.

Anzalduá, Gloria ²1999, *Borderlands: [the new mestiza]* = *La frontera*, San Francisco.

Arendt, Hannah 2001, *Vita activa oder Vom tätigen Leben*, München.

Begag, Azouz/Chaouite, Abdellatif 1990, *Ecarts d'identité*, Paris.

Bergeron, Patricia 1999, „Les mot qui frappent", in: *Elle-Québec*, Februar. 55.

Bernier, Silvie 2002, *Les héritiers d'Ulysee*, Montréal.

Bertin, Raymond 1998, „Mauricio Segura. Péril en la demeure", in: *Voir* 12/41, 15. Oktober. 55.

Bhabha, Homi K. 2000, *Die Verortung der Kultur*, Tübingen.

Blondin, Pierre 1993, „Les Gangs de rue", in: Chalom, Maurice/Kousik, John (Hg.), *Violénce et deviance à Monréal*, Montréal. 91-103.

Chalom, Maurice 1993, „Inadaptation et déviance des jeunes issus de l'immigration", in: Chalom, Maurice/Kousik, John (Hg.), *Violénce et deviance à Monréal*, Montréal.

Colpron, Suzanne 1991, „La mort violente de Marcellus François", in: *La Presse*, 5. Oktober. B7.

Del Pozo, José 1999, „Écrivains hispano-américains et brésiliens au Québec: une littérature à ses premiers pas", in: *Espaces Latinos* 165. 32-33.

Germain, Annick 1999, „Les quartiers multiethniques montréalais: une lecture urbaine", in: *Recherches sociographiques*, XL, 1. 9-32.

Gómez-Peña, Guillermo 1993, *Warrior for Gringostroika*, Saint Paul.

Grenier, Éric 2004, „Droit de cité. Le silence des agneaux", in: *Voir* 14/11, 16. März. 14.

Griffin, John 2004, „City's mean streets. Documentary looks at Montreal police and their uneasy relationship with minorites", in: *The Gazette*, 26. März. D12.

Hachey, Isabelle 1999, „Une litanie de bavures", in: *La Presse*, 18. Mai. A3.

Hazelton, Hugh 1997, „Quebec Hispánico. L'exil et l'intégration. Thématique de la littérature latino-américaine du Québec", in: *Neue Romania*, 18. 127-141.

Hazelton, Hugh 2004, „Una literatura nueva: la latinocanadiense", in: URL: http://artsandscience.concordia.ca/cmll/spanish/antonio/Hugh_Hazelton_Nac e_nueva_literatura.html (14.07.2006).

Hazelton, Hugh 2006, „La soledad del exilio: marginalidad y aislamiento en la literatura latinocanadiense", in: *Lakúma-Pusáki. El fuego en el agua*, 4, 13, in: URL: http://www.poesias.cl/latinocanadiense02.htm (14.07.2006).

Lequin, Lucie 2001, „Les écrivaines migrantes et la troisième solitude", in: Resch, Yannick (Hg.), *Définir l'intégration? Perspectives nationales et représentations symboliques*, Montréal. 149-159.

Luhmann, Niklas 1995, „Inklusion und Exklusion", in: Luhmann, Niklas, *Soziologische Aufklärung 6. Die Soziologie und der Mensch*, Opladen. 237-264.

Maffesoli, Michel 1988, *Le temps des tribus. Le déclin de l'individualisme dans les sociétés de masses*, Paris.

Mansel, Jürgen/Hurrelmann, Klaus 1991, *Alltagsstreß bei Jugendlichen: eine Untersuchung über Lebenschancen, Lebensrisiken und psychosoziale Befindlichkeiten im Statusübergang*, München.

Meintel, Deirdre/Piché, Victor/Juteau, Danielle/Fortin, Sylvie (Hg.) 1997, *Le quartier Côte-des Neiges à Montréal. Les interfaces de la pluriethnicité*, Paris.

Mey, Günther 1999, *Adoleszenz, Identität, Erzählung. Theoretische, methodologische und empirische Erkundungen*, Berlin.

Moisan, Clément/Hildebrand, Renate 2001, *Ces étrangers du dedans. Une histoire de l'écriture migrante au Québec (1937-1997)*, Québec.

Moore, Joan W. 1991, *Going down to the Barrio. Homeboys and Homegirls in Change*, Philadelphia.

Nichols, Bill (Hg.) 1976, *Movies and Methods: An Anthology*, Berkeley/Los Angeles.

Norris, Douglas/Bryant, Cindy-Anne 2003, „Demographic Change in Canada's Urban Areas: Results from the 2001 Census", in: *Canadian Issues*, Februar. 11-13.

Normandeau, André 1995, „De l'affaire Griffin-Gosset a l'affaire Barnabé. Le message est clair: tolérance zéro a la violence policière", in: *La Presse*, 30. Juni. B3.

Perreault, Luc 2004, „Le racisme existe-t-il à Montréal?", in: *La Presse*, 27. März. C3.

Perreault, Marc 2005, „Bandes de jeunes et gangs de rue. Les dérives criminelles d'une quête identitaire", in: *Globe. Revue International d'Études Québécoises*, 8, 2. 91-119.

Prevate, Sylvain 2004, „Une tension potentiellement explosive", in: *Le Journal de Montréal*, 27. März. E48.

Robin, Régine 1993, *La Québécoite*, Montréal.

Roy, Jean-Louis 2005, *Montréal. Ville nouvelle. Ville plurielle*, Montréal.

Segura, Mauricio 1998, *Côte-des-Nègres*, Montréal.

Simon, Sherry 1999, *Hybridité culturelle*, Montréal.

Soja, Edward W. 2000, *Postmetropolis: Critical Studies of Cities and Regions*, Oxford.

Spivak, Gayatri Chakravorty 1988, „Can the Subaltern Speak?", in: Nelson, Cary/Grossberg, Lawrence (Hg.), *Marxism and the Interpretation of Culture*, Chicago. 271-313.

Tremblay, Odile 2004, „Prendre les préjugés à bras-le-corps", in: *Le Devoir*, 27. März. E7.

Vigil, James Diego 2003, *Rainbow of Gangs: Street Cultures in the Mega-City*, Austin.

,Littérature migrante' oder
,littérature tout court'?

Festival International Nuits d'Afrique, Montréal © Verena Berger

Klaus-Dieter Ertler

Lateinamerika in der ‚écriture‘
der frankokanadischen Metropole

Lateinamerika im kanadischen Kontext

Die lateinamerikanische Präsenz im kulturellen Ambiente Montréals hat
seit der Öffnung der sechziger Jahre ständig zugenommen. In konzeptuel-
ler und diskursiver Hinsicht ist die politische Bewegung der ‚Révolution
tranquille‘ ein Importprodukt aus Süd- und Mittelamerika und weist enge
Verbindungen zur kubanischen Revolution von 1959 und anderen lateinamerikanischen Befreiungsmodellen auf. Das bekannte Chanson *Cartier*
von Robert Charlebois aus den 1970er Jahren, das die historischen Verbindungen zwischen dem extremen Winter am Sankt-Lorenz-Strom und den
karibischen Palmen thematisiert, schreibt sich ebenso in dieses Diskurspa-
norama ein. Zum anderen zeugen auch die politisch motivierten Texte dieser sanften Revolution der Québecer von der Übernahme metaphorischer
Konzepte aus dem lateinamerikanischen Diskursreservoir.

Auf Grund der historischen Entwicklung des amerikanischen Subkontinents lieferte Lateinamerika sowohl Vorbilder als auch abschreckende
Beispiele, nicht nur durch die Diktatur Batistas und die Entwicklung in
Kuba. Auch die Vorfälle in Chile, der Umsturz der Regierung Salvador
Allendes durch Augusto Pinochet am 11. September 1973 sowie die Dik-
taturen von Papa und Baby Doc in Haiti verstärkten das Interesse an den
lateinamerikanischen Modellen. Die Immigration einer großen Zahl an
politisch motivierten MigrantInnen bewirkte, dass die Unabhängigkeits-
diskurse im frankophonen Kanada eine nicht zu unterschätzende Stär-
kung erfuhren, die sich insbesondere in der Metropole Montréal bemerkbar machte. Auf diese Weise beeinflusste der konzeptuelle Import aus Lateinamerika die politische und historische Narrativik der Frankokanadier
und lieferte den Protestkulturen in diesem Bereich eine Reihe von Argu-
menten. Lateinamerikanische Narrative und Mythisierungen – wie etwa
jene von Che Guevara oder Salvador Allende – durchwirkten die beste-
henden axiologischen Isotopien und schufen Voraussetzungen für die
spätere Genese der ‚écriture migrante‘ aus Lateinamerika in der frankokanadischen Metropole.

Nach einer ersten Phase der politischen Rezeption und ihren unmittel-
baren Auswirkungen auf die kulturelle Diskursivik, insbesondere auf die
Lyrik, sollten in den achtziger Jahren Prosatexte folgen, die vor allem aus
dem romanischen Substrat hervorgingen und einen neuen Schub im literarischen System bewirkten. Autoren mit prononciert lateinamerikani-

schem Hintergrund lieferten nun einen wichtigen Beitrag zu jener Strömung, die im postmodernen Kontext der neunziger Jahre als ‚écriture mi-
grante' bezeichnet wurde. Die aus Haiti stammenden Schriftsteller Émile
Ollivier und Dany Laferrière sowie der brasilianische Migrant Sergio
Kokis trugen mit ihren Texten zur Begründung einer auf Lateinamerika
fokussierten ‚écriture migrante' bei. Ihre Erzähltexte in französischer
Sprache wurden von der innovativ ausgerichteten Institution ‚Literatur'
Québecs rasch aufgenommen und fanden eine breite Leserschaft. Dieses
transkulturelle Phänomen beruht insofern auf einem lateinamerikanischen
Beitrag zur theoretischen Aufarbeitung der Migrationsproblematik, als
bedeutende Grundlagentexte aus der Feder des kubanischen Autors Fernando Ortiz stammen (Ortiz 1963a; 1963b). Die bereits bestehende Ver-
bindungslinie zwischen den nationalistischen Bestrebungen Québecs und
den lateinamerikanischen Befreiungsdiskursen förderte diese Entwicklung, so dass heute die breite Rezeption der vom Süden geprägten Texte
keineswegs überraschend wirkt.

Auch durch Bewegungen in der Gegenrichtung gerät der Subkontinent ins Blickfeld, nämlich wenn sich Québecer Autoren lateinamerikanischen Themen zuwenden, Transkulturalität schreibend verwirklichen und
so die Literatur der MigrantInnen in Québec ergänzen. Man denke an die
Erzähltexte *La Proie des autres* (1998) von Daniel Pigeon, *Clair-Obscur
à Rio* (1998) von Claire Varin sowie *Frontières ou tableaux d'Amérique*
(1995) von Noël Audet. Die Gemeinsamkeiten dieser Annäherungen an
Lateinamerika schreiben sich in den diskursiven Gesamtzusammenhang
zwischen dem Subkontinent und Québec insofern ein, als nun auch aus
der Québecer Innenperspektive fiktionale Beschreibungen der anderen
Kulturen versucht werden. In diese Kategorie fallen auch die Texte von
Pierre Samson, dessen Werke *Le Messie de Belém* (1996) oder *Un Garçon de compagnie* (1997) noch weiter als die oben genannten in transkulturelle Bereiche vordringen. Samsons Romane unterscheiden sich von
den eben genannten Texten dadurch, dass nicht nur die erzählten Hand-
lungen und die Figuren nach Lateinamerika – in diesem Fall Brasilien –
verlegt werden, sondern auf einer höheren narrativen Ebene auch der Erzähler in denselben Kulturbereich versetzt wird. Seine Romane fingieren
damit eine Erzählinstanz, die weit vom Erfahrungshorizont des Autors
entfernt liegt und im Québecer Erzählsystem eine kulturspezifische Besonderheit darstellt.

Gemeinsam ist diesen Texten ein starker Bezug zur lateinamerikanischen Toponymik und zu einschlägigen geographischen Parametern. Es
werden Ortsnamen, Personen- oder Sachbezeichnungen aus den südlich
der USA gelegenen Kulturen als Faktum der Wirklichkeit eingesetzt, um
damit die Atmosphäre einer spezifischen ‚Lateinamerikanität' zu schaffen,

die tendenziell in Opposition zu den Spezifika der frankokanadischen Lebenswelt steht und ausgewählte Verbindungslinien zwischen den Kulturen zieht und zelebriert. Darüber hinaus kommen die Unterschiede zur borealen Topographie mit ihrem charakteristischen Klima zum Ausdruck. Wenn man nach den kleinsten gemeinsamen Nennern von ‚Lateinamerikanität' sucht, stößt man einerseits auf die stereotypisierten Themenkreise von Diktatur, Willkür und Folter, andererseits auf Darstellungen einer ausgeprägten Sensualität wie auch sexueller Devianzen, die im Norden zum Teil exotisch wirken. Als weiteres zentrales Thema dieser Texte ist die Armut im lateinamerikanischen Zusammenhang zu nennen wie auch – umgekehrt – die Zuschreibung von Reichtum an den Norden. Zu den thematischen Stereotypen gehört auch die Selbstsicherheit der KanadierInnen im Bereich der gesellschaftlichen Organisation – wie auch umgekehrt – die Improvisationskünste im lateinamerikanischen Alltag. Gilles Dupuis (2006: 16) verweist im Zusammenhang mit diesem Themenbestand auf einen Prototext, der sich maßgeblich auf die Genese des Lateinamerikabildes auswirkte, d.h. auf Manuel Puigs *Le Baiser de la femme-araignée* (1976).

‚Écriture migrante vs. écriture d'ici'?

Ein wichtiger Schritt in der transkulturellen Wahrnehmung erfolgte mit dem Hervortreten jüngerer AutorInnen lateinamerikanischer Deszendenz, die meist in Kanada aufgewachsen sind und das literarische Schaffen um eine neue Dimension ergänzen: Ihre Perzeption folgt nicht mehr der binären Logik von Exil und Gastland, sondern legt einen Blick frei für die multi-, intra- und transkulturellen Aspekte der nordamerikanischen Metropole. Als paradigmatisches Beispiel dafür sei das Werk des jungen chilenischstämmigen Autors Mauricio Segura genannt, dessen Roman eine Vorstellung von den facettenreichen Lebensformen Montréals gibt. Wenn er in *Côte-des-Nègres* (1998) die Rivalitäten von ethnischen Gruppen fiktionalisiert und die Problematik der Dichotomie ‚écriture migrante vs. écriture d'ici' damit auf originelle Weise überwindet, wird die neuere Entwicklung von einer ‚écriture migrante' zu einer ‚écriture néo-québécoise' deutlich. Es ist gerade diese Dichotomie, die der neuen Poetik ihre Grenzen vorgegeben hat. ‚Lateinamerikanität' wird bei Segura im frankokanadischen Kontext innerhalb der komplexen Metropole konstruiert, wenn von Straßengangs wie der ‚Latino Power' oder den ‚Bad Boys' aus dem Roman *Côte-des-Nègres* die Rede ist. Sie verweisen nur mehr beschränkt und weitgehend indirekt auf den Subkontinent, zumal sie ‚das Lateinamerikanische' als eine Art kulturelles Residualprodukt mitführen.

Wie sich auch auf dem Gebiet der theoretischen Auseinandersetzung zeigt, wirkt die Dichotomie ‚écriture migrante vs. écriture d'ici' in dem Maße verzerrend, als die tatsächlichen Verhältnisse durch eine kulturelle

Gemengelage geprägt sind. Pierre Nepveu hat diese Erkenntnis mit seinem richtungweisenden Essay über die *Ökologie der Wirklichkeit* bereits
vorweggenommen, indem er zeigte, wie eng die beiden Systeme seit den
60er Jahren miteinander verknüpft waren. Gilles Dupuis (2006: 13-22)
schlägt eine ähnliche Richtung ein, wenn er anhand der frankokanadischen Texte von Pierre Samson die Fiktionalisierung von ‚Lateinamerikanität' nachzeichnet und dieses Feld nicht als privilegiertes Territorium der
MigrantInnen anerkennt. Einen Schritt weiter geht Simon Harel in seinem
rezenten Buch *Les Passages obligés de l'écriture migrante* (2005), wo er
die Lokalisierung der ‚écritures migrantes' im Einzelnen thematisiert und
im Hinblick auf ihre literarische und kulturelle Funktion im Québecer Zusammenhang beleuchtet. Er stellt sich die Frage, ob die besagte Dichotomie nicht mit einer groben Fehleinschätzung der kulturellen Sachlage zu-
sammenhängt. Kann man die ‚écriture migrante' in Québec wirklich als
Gegenbewegung zur einheimischen Literatur sehen, als eine Strömung,
deren Werke auf fremde Kulturräume wie etwa auf Lateinamerika rekur-
rieren und sich keineswegs in die Québecer Realität mit ihrer Symbolik
und ihrer historischen Selbstbeschreibung einfügen? Für Harel gehören
diese Texte ebenso zum Bestand der Québecer Literatur wie traditionelle
Titel der lokalen Literaturgeschichte. Sie können allerdings die Schwach-
stellen und Unsicherheiten in der Québecer Identität bloßlegen und die
Legitimität der nationalen Symboliken offen hinterfragen. Das bedeute
aber keine Positionierung der Texte außerhalb des Systems, sondern im
Gegenteil eine aktive Teilnahme am Prozess der kulturellen Entwicklung
Québecs (vgl. Harel 2005: 38).

Harel stützt sich in seiner richtungweisenden Analyse auf die Untersuchungen von Michel de Certeau (1980) über das Alltagsleben und richtet
sich gegen das zu grobe Konzept einer kulturellen Hybridität, wenn sie
als frei schwebendes, in territorialer Hinsicht nicht positionierbares Sein
verstanden werden soll, das in Form des nomadischen und pluralen Den-
kens als neue Ideologie über allen Grenzen steht. Wenngleich die Anlage
dieses Konzepts nicht falsch sei, so würde man doch eine differenziertere
Betrachtung benötigen. Im Anschluss an Michel de Certeau rekurriert
Harel auf die Notwendigkeit der Lokalisierung der ‚écriture migrante',
die in der Regel als deterritorialisiert eingeschätzt wird. Es geht Harel
(2005: 110) um eine Entflechtung der beiden Begriffe ‚migration' und
‚déterritorialisation', weil sie gemäß seiner Auffassung in ihrer systemati-
schen Zusammenführung zu einer Reihe von Irrtümern führen. Demnach
ist Émile Olliviers transkulturelles Werk *Mille Eaux* (1999) nicht als vorrangig hybridisiertes Werk einzuschätzen, sondern auch als Québecer
Text im engeren Sinn, der auf ‚lieux habités' verweise, auf die auch eine
transkulturelle, auf Nomadismus und ständige Veränderung ausgerichtete

Lebensführung nicht verzichten könne. Der Begriff des ‚Ortes' besitzt Harel zufolge eine zentrale Funktion für die Beschreibung transkultureller Phänomene. So hybrid und transkulturell die ‚écriture migrante' auch sein mag, sie benötigt einen ‚lieu habité'. Das bedeutet auch für die lateinamerikanisch ausgerichteten Texte der ‚écriture migrante' eine deutlich gezeichnete Lokalisierung und Verankerung im Québecer Kulturraum, der den Texten als ‚lieu habité' eingeschrieben ist: „[Cela] nous permettra de voir comment ces auteurs recréent, dans la matérialité même de l'écriture, un rapport à un ‚chez soi', à un habitat, qui s'oppose à cette conception idéaliste de l'écrivain sans assises et constamment déraciné." (Harel 2005: 110)

Montréal als ‚lieu habité': Sergio Kokis' *Le Pavillon des miroirs*

Als idealer Ort dieser Entwicklung hat sich in der kulturellen Genese der Provinz Québec die Metropole Montréal erwiesen, ein Ort, der im Laufe der Geschichte des laurentinischen Nationalismus bis zur ‚Révolution tranquille' mit dem Makel der dysphorischen Urbanität, des Bösen und des Hybriden behaftet war. Während der postkolonialen Periode, die mit den 1980er Jahren auf breiter Ebene einsetzte und die nationale Diskursivik desavouierte, wurde Montréal zum geeigneten Terrain, auf dem sich das Schreiben der MigrantInnen frei entfalten konnte und wo jene ihre ‚lieux habités' fanden. Die Texte mit lateinamerikanischer Symbolik sind eng an die Metropole Montréal geknüpft, während Pierre Samsons Text auf Toronto verweist:

> Montréal est l'inscription conflictuelle de cette hybridité culturelle, lieu étrange qui donne au sujet le sentiment de se constituer de façon inédite. Montréal offre le plaisir d'être un sujet rêvé dans l'espace urbain. Pour tous, il s'agit de confronter la ville et de s'y perdre, d'abandonner une ville fondatrice pour la ville rêvée du *trans*. La constitution de l'écriture migrante ne peut se concevoir sans un amour désespéré pour Montréal, un rêve de ressaisissement que Montréal rejoue à chaque fois dans l'écriture. (Harel 2005: 57)

In der Tat lassen sich auch in den neueren Texten der lateinamerikanischen Migration solche Verweise auf die frankokanadische Metropole beobachten. Dabei zeichnen sich sogar bevorzugte Viertel ab, wie etwa Outremont oder Côte-des-Neiges. Man denke etwa an Mauricio Seguras bereits genannten Roman *Côte-des-Nègres*, dessen Titel als Anspielung auf die Schattenseite des renommierten Universitätsviertels zu verstehen ist, oder an Émile Olliviers Werk *La Brûlerie*, das zwar starke Bezüge zu Lateinamerika aufweist, aber auch eng mit diesem Stadtviertel verknüpft ist.

Im Folgenden soll diese lokale Verankerung des ‚lieu habité' exemplarisch am Werk von Sergio Kokis problematisiert werden. Das Werk des aus Brasilien stammenden Autors bietet sich für unsere Untersuchung insofern an, als Kokis zehn Jahre nach der Publikation seines erfolgreichen Romans *Le Pavillon des miroirs* (1995) in Montréal eine neue Version seines autobiographischen Schreibens mit dem Titel *L'Amour du lointain* (2005) veröffentlichte, die nicht als Fiktion, sondern – wie der Untertitel verrät – als *Récit en marge des textes* verstanden werden soll. In *Le Pavillon des miroirs* wird die Entwicklung eines jungen Brasilianers zum Maler und Schriftsteller erzählt, dessen Identität durch die vielfältige Erfahrung der Emigration neu erfunden werden muss. In 27 Kapiteln blickt der etwa 50-jährige Erzähler auf sein bewegtes Leben zurück und lässt in seinem Montréaler Atelier die tendenziell aggressiven Bilder aus der Vergangenheit auf sich einwirken. Sein isoliertes Dasein als Künstler erlaubt ihm weder die Eingliederung in die frankokanadischen Gegebenheiten, in denen er bis zu diesem Zeitpunkt schon über 20 Jahre lebt, noch eine Rückkehr nach Brasilien, dem er einst aus eigenem Antrieb den Rücken gekehrt hat. In dieser Spannung zwischen den beiden konträren Welten sieht sich der Erzähler nicht in der Lage, über die lebensweltliche Schiene einen Ausgleich zu finden. Zu dominant sind die Phantasien, die ihn aus der Jugendzeit verfolgen, zu steril findet er die kanadische Umgebung, der er wenig an Lebensfreude und Sinnlichkeit abzugewinnen vermag. Es bleibt ihm nur mehr der Weg in die Kunst, denn sowohl über die Malerei als auch über die Erzählung kann er die teilweise beängstigende Bilderwelt in den Griff bekommen.

Trotz oder gerade wegen der Existenz in der Isolation, die der Erzähler führt, erhält der ‚lieu habité' eine besondere Bedeutung. Zum einen wird zwar die urbane Außenwelt durch die Konstruktion des intimen Raumes explizit ausgegrenzt, zum anderen gelingt eine solche selbst gesetzte Ausgrenzung des Künstlers gerade im großstädtischen Ambiente am besten. So wird bei Kokis die Vereinsamung des modernen Individuums im spezifischen Raum Montréals auch zum Paradigma für das künstlerische Schaffen und kann auf diese Weise katalysatorisch wirken:

> Je me revois à la sortie de l'aéroport, m'étonnant de la taille énorme des automobiles, de l'apparence moderne de cette grande ville où je pouvais enfin me perdre, passer inaperçu. Rien ne m'y attachait, aucun souvenir, aucune souffrance. L'étranger porte un masque d'apparence anodine pour être accepté, pour qu'on le laisse en paix. (Kokis 2004: 45)

Die kanadische Umgebung ist dem Immigranten vorerst fremd und wird ihm auch fremd bleiben. Er sucht sich an seine Umgebung strategisch anzupassen, wenngleich er sich von einer solchen Annäherung wenig verspricht. Der autobiographische Erzähler kapselt sich bewusst von der neuen Umwelt ab und wird diese Distanz auch weiterhin kultivieren. Auf diese Weise inszeniert sich Kokis selbst als Modell des ‚écrivain migrant'. Dennoch lässt sich trotz dieser beabsichtigten Ausgrenzung die neue Nische des ‚lieu habité' erkennen. Einer Auseinandersetzung mit der Metropole kann er nicht entrinnen und ist gezwungen, über die Bilder seiner Erinnerung eine neue Identität aufzubauen. Montréal wird die symbolische Basis für die literarische Rekonstruktion seiner Identität liefern.

L'Amour du lointain: „cheminer en marge de mes propres textes"

Etwas anders sieht die Positionierung des Erzählers im Récit *L'Amour du lointain* aus, der zum sechzigsten Geburtstag des Autors publiziert wurde und eine erweiterte Aufarbeitung der Vergangenheit darstellt. Es handelt sich um eine distanziertere Darstellung, die aus der zeitlichen Distanz möglich wurde und auch eine Art begleitender Bericht zu seinem Romanwerk ist. Im Vordergrund steht nach wie vor die Genese der Identität des Schriftstellers und Malers Sergio Kokis, der nun seinen Fundus an Erinnerungen ausleuchtet und eine Archäologie seiner Persönlichkeit entwirft, indem er das Kaleidoskop seiner Erinnerungen im Akt des Schreibens hervortreten lässt. Es handelt sich hier um dasselbe Unternehmen wie bei *Le Pavillon des miroirs*, nur dass in diesem autobiographisch-dokumentarischen Werk zum Teil ausführlicher und nüchterner erzählt wird. Der Text fungiert somit nicht mehr ausschließlich als persönliche Aufarbeitung eines eben angekommenen Immigranten, sondern als Versuch eines Selbstbildnisses ohne literarischen Anspruch, als Reflexion eines arrivierten Schriftstellers und Malers, der die Genese und Rezeption seiner Werke neu erzählt. Im Vorwort kommt diese Intention explizit zum Ausdruck: „C'est ce que je compte faire ici: cheminer en marge de mes propres textes et des paroles sur ma propre vie, dans l'espoir sinon de me les approprier, du moins d'y trouver une sorte de panorama me donnant l'illusion d'une totalité." (Kokis 2004: 13)

Daraus wird zum einen deutlich, dass Kokis eine überlegene Haltung gegenüber dem Québecer Kulturleben einnimmt und sich distinguieren möchte, andererseits aber dennoch einen ‚bewohnbaren Ort' gefunden hat, der durchaus mit dem großstädtischen Ambiente dialogisch verbunden ist. Wenngleich sein reiches Innenleben bei dem Versuch einer Identitätskonstruktion einen größeren Einfluss auszuüben scheint als die kulturelle Umgebung, wird dennoch deutlich, in welchem Ausmaß die Existenz des schreibenden und malenden Künstlers von der Metropole geprägt wird. Der Erzähler oder Autor dieses Berichts spricht gerne von der fruchtbaren Vermengung von Phantasie und Wirklichkeit, die an der Identitätskonstitution beteiligt ist, um diese Verbindung zu Montréal nicht in den Vordergrund zu rücken:

> Ma vie antérieure, elle-même, s'est mise imperceptiblement à se transformer dans ce mouvement de souvenirs fictifs, au point de vouloir se mélanger avec mes romans pour tisser de nouvelles possibilités au passé, de nouvelles cohérences jusqu'alors insoupçonnées. Et je finis par ne plus savoir ce qui appartient à la mémoire et ce qui appartient à la fiction. (Kokis 2004: 29)

Die Autorenfigur betrachtet sich auch in diesem Werk als Fremdkörper im kulturellen System der Provinz Québec und sucht nach geeigneten Identitätsmerkmalen, um sich selbst in den Blick zu bekommen. Als bildspendender Fundus dienen vorrangig – wie in *Le Pavillon des miroirs* – die Erfahrungen der brasilianischen Kindheit, obgleich sich der Autor nicht sicher ist, in welchem Verhältnis sich Traum und Wirklichkeit auf seinem Weg der Rekonstitution der Vergangenheit zueinander verhalten. Richtungweisend bei der persönlichen Genese sind Faktoren, die der existentialistischen Philosophie entstammen und mit Freiheitsstreben, Selbsterfüllung und Erfüllung der Existenz durch die Mittel der Kunst verknüpft sind. Auf all diese Elemente scheint die Autorenfigur in Montréal realiter zu stoßen.

Trotz der Konzentration des Textes auf Brasilien und der Isolationsthematik drängt sich Montréal als ‚lieu habité' immer wieder in den Vordergrund. Dies ist etwa der Fall, als der Schriftsteller Kokis eines Tages in einem Antiquariat zufällig seine seit langem aus den Augen verlorene Studie *Franz Kafka und der Ausdruck der Wirklichkeit* findet.

> Curieusement, au début des années quatre-vingt, j'ai trouvé un exemplaire de mon livre chez un libraire de livres d'occasion à Montréal qui venait de recevoir un lot de vieux livres en provenance de Cuba! Cet étrange périple m'a permis d'acheter mon propre petit essai, et de l'avoir enfin dans ma bibliothèque malgré la distance et malgré le temps. (Kokis 2004: 170)

Dieses Beispiel verdeutlicht, wie sich die frankokanadische Metropole für Kokis nolens volens als ‚lieu habité' erweist, als Ort, von dem aus er seine Identität literarisch gestaltet und der ihm darüber hinaus das kommunikationelle Netz für die weitere Entwicklung seines Kunstschaffens garantiert.

Der Récit *L'Amour du lointain* widmet sich ab dem achten Kapitel jenem Lebensabschnitt, der die Metropole betrifft. Der Text weist nun engere Verbindungen mit dem Urbanen auf und skizziert einen Protagonisten, der zusehends intensiver mit der frankokanadischen Kultur in Beziehung tritt. Zu Beginn des achten Kapitels wird erzählt, wie der Immigrant sich nach der Ankunft in Montréal auf die Suche nach einer geeigneten Universität macht:

> Je crois que la frustration de ne pas avoir pu faire mon doctorat en France m'a poussé à m'inscrire à l'université dès que j'ai été bien établi en ville. J'avais d'abord opté pour McGill, car j'escomptais apprendre l'anglais comme

bénéfice secondaire à la psychologie; mais, dans cette université, on était trop expérimentaliste à cette époque et éloigné de la psychologie clinique, alors que je n'éprouvais aucun intérêt pour le comportement des rats de laboratoire. Je suis donc allé à l'Université de Montréal. (Kokis 2004: 185)

Auf diese Weise erweitert der Récit von *L'Amour du lointain* auch die Abschnitte, die bereits im ersten Roman erzählt wurden und vermittelt einen Einblick in das Verhältnis, das der Erzähler zur Stadt aufbaut. Berichtet wird von der Arbeit als Kinderpsychologe im Hôpital Sainte-Justine, wobei der Autor diese Beschäftigung weit hinter seine Tätigkeit als bildender Künstler und als Schriftsteller einreiht. Der Erzähler setzt sich mit der Großstadt auseinander und verdrängt sie zugleich erfolgreich, wie dies auch im ersten Roman bereits zum Ausdruck kommt.

Andererseits verfolgt *L'Amour du lointain* eine weitere Intention. Der Text will in Anlehnung an Umberto Eco oder Jorge Luis Borges unterstreichen, dass ein literarisches Werk intertextuell konstituiert wird, nicht aus der realen Umgebung des Schriftstellers, sondern vielmehr aus dessen Leseerfahrung entsteht. Dieser Vorgabe folgend gibt Kokis seine bevorzugten Bücher preis und schafft damit einen literarisch-poetologischen Begleittext zu seinem bisherigen Werk. Gegen Ende des achten Kapitels beschreibt er die Textgenese von *Le Pavillon des miroirs* und behält dabei seine kulturelle Fremdheit im Auge:

Et à mesure que j'avançais dans l'écriture, je voyais pour la première fois à quel point j'étais étranger dans ce pays, même après plus de vingt ans. J'avais tellement vécu dans le cocon de mes rêveries et de mon atelier que je n'avais pas pris conscience du caractère artificiel de mon intégration. (Kokis 2004: 207)

Es lässt sich eine Art Widerstand erkennen, der mit der Isolierung des Autors im ‚lieu habité' einhergeht. Dieser Gedanke wurde von Simon Harel mit dem Konzept der *Passages obligés de l'écriture migrante* (Harel 2005) theoretisch ausformuliert.

In den Werken von Sergio Kokis dominiert der lateinamerikanische Erfahrungshorizont. Immer wieder kehrt der Autor zu der kulturspezifischen Axiologie des Subkontinents zurück und thematisiert zentrale Aspekte wie Diktatur, Verbrechen, Sexualität und Armut. Kokis erzählt Brasilien aus der Sicht eines Migranten, der sich in den frankokanadischen Kontext nicht integrieren möchte. Mit spitzer Feder richtet er sich gegen den Québecer Kulturbetrieb und versäumt keine Gelegenheit, sich davon explizit zu distanzieren. Die nationalistischen Ambitionen seiner Zeitgenossen sind ihm fremd. Auch in seinem letzten Werk schreibt er auf der Ebene der von Monique LaRue entfachten Polemik über die ‚migrants' und die ‚Québécois pure laine' weiter, um sich jenseits des nationalistischen Diskurses und seiner VertreterInnen zu positionieren, wobei er gerne auf die territoriale Metaphorik zurückgreift:

> [...] les écrivains de la place voyaient d'un très mauvais œil l'arrivée intempestive de cet autre immigrant dans leurs lettres vénérables. Ils étaient bien d'accord pour accepter un peu d'exotisme de la part d'un vieil étranger gentil qui avait choisi leur langue. Mais de là à le voir publier un roman par année, tout en prétendant qu'il écrivait pour se désennuyer, il y avait des limites! Ma façon quelque peu iconoclaste de parler de la littérature comme terrain de jeux d'adolescent aggravait mon cas et me faisait gagner des ennemis; mes propos avaient l'air de blesser les bonzes des lettres, pour qui l'acte d'écriture relève à la fois du sacré et de la survie de la race. (Kokis 2004: 34)

Wie das Beispiel der beiden Werke von Sergio Kokis zeigt, erweist sich die frankokanadische ,écriture migrante' als eine Schreibweise, die einerseits eng mit dem Kulturraum Lateinamerikas verbunden ist und dessen semantische und stilistische Faktoren erkennen lässt, andererseits aber ohne eine Positionierung in der Metropole Montréal kaum denkbar wäre. Gerade die kulturelle Vielfalt dieser Großstadt, die der nationalistischen Diskursivik der Provinz oft im Wege stand, fungiert heute mehr denn je als bedeutender Katalysator für eine Literatur, die mit der ,écriture migrante' eine wesentliche Bereicherung erfährt.

Bibliographie

Audet, Noël 1995, *Frontières ou tableaux d'Amérique*, Montréal.

Certeau, Michel de 1980, *L'Invention du quotidien*, Paris, 10/18.

Dupuis, Gilles 2006, „Migration et transmigrations littéraires: l'exemple brésilien", in: Ertler, Klaus-Dieter (Hg.) 2006, *Migration und Schreiben in der Romania*, Münster/Wien. 13-22.

Harel, Simon 2005, *Les Passages obligés de l'écriture migrantes*, Montréal.

Kokis, Sergio 2005, *L'Amour du lointain. Récit en marge des textes*, Montréal.

Kokis, Sergio [1994] 1995, *Le Pavillon des miroirs*, Montréal.

Nepveu, Pierre 1988, *L'Ecologie du réel. Mort et naissance de la littérature québécoise contemporaine*, Montréal.

Ollivier, Émile 1999, *Mille eaux*, Paris.

Ollivier, Émile 2004, *La Brûlerie*, Montréal.

Ortiz, Fernando 1963a, *Contrapunteo cubano del tabaco y el azúcar: Advertencia de sus contrastes agrarios, económicos, históricos y sociales, su etnografía y su transculturación*, La Habana.

Ortiz, Fernando 1963b, *La Africanía de la música folklórica de Cuba*, La Habana.

Pigeon, Daniel 1998, *La Proie des autres*, Montréal.

Puig, Manuel 1976, *Le Baiser de la femme-araignée*, Barcelona.

Samson, Pierre 1996, *Le Messie de Belém*, Montréal.

Samson, Pierre 1997, *Un Garçon de compagnie*, Montréal.

Segura, Mauricio 1998, *Côte-des-Nègres*, Montréal.

Varin, Claire 1995, *Clair-Obscur à Rio*, Laval.

Martin Kuester

,Fronteras Americanas' in der multikulturellen Metropole: Migrationserfahrung und ihre Spiegelung im zeitgenössischen kanadischen Drama

Migration – das ist wahrhaftig ein urkanadisches Phänomen. Nicht nur konnten die bisweilen immer noch so genannten Gründernationen England und Frankreich erst durch Kolonisierung ihre kanadischen Territorien erwerben; auch die kanadischen UreinwohnerInnen, die inzwischen mit durchaus mehr Recht ,First Nations' bezeichnet werden, kamen erst durch Migration, wenn auch vor Tausenden von Jahren, auf den nordamerikanischen Kontinent. Also sind eigentlich alle ethnischen Gruppen von Kanadiern irgendwann einmal in das Land eingewandert, wenn sich dies natürlich auch nicht mehr unbedingt in der Literatur widerspiegelt.

Aber die koloniale Form der Migration hinterlässt natürlich ihre Spuren, gerade in einer zwar multikulturellen, aber doch eigentlich zweisprachigen Gesellschaft wie der Kanadas. Das Konzept des kanadischen Bikulturalismus und Bilingualismus leitet sich aus diesem kolonialen Erbe ab. Seit den 1970er Jahren setzt sich stattdessen der Multikulturalismus als Basis des kanadischen Selbstverständnisses durch. Auch dieses Konzept steht heute in einer immerwährenden Diskussion, sowohl in der politischen und soziologischen Fachliteratur als auch in Romanen, Gedichten und Theaterstücken. Im Drama zeichnet sich solche Diskussion zum Beispiel in den Stücken *Mambo Italiano* von Steve Galluccio und *Fronteras Americanas (American Borders)* von Guillermo Verdecchia ab, wobei das eine in Montreal spielt und das andere in Toronto.

Im Rahmen der eben angesprochenen Multikulturalismus-Diskussion sieht sich Kanada mit seiner Akzeptanz kultureller und ethnischer Unterschiede seit Langem als Gegenpol zum US-amerikanischen Prinzip des ,melting pot'. In Kanada sei es, so kanadische PolitikerInnen und PhilosophInnen, möglich, neben der neuen kanadischen Identität seine ,alte' Identität beizubehalten, während diese im amerikanischen Schmelztiegel annulliert werde. Politisch haben diese Vorstellungen einer multikulturellen Gesellschaft ihren Ausdruck auch auf Gesetzesebene gefunden: Seit 1988 gibt es die *Loi sur le multiculturalisme canadien* (*Canadian Multiculturalism Act*). Eine Website der kanadischen Regierung verkündet hierzu:

> Le multiculturalisme canadien découle, à la base, de notre conviction que tous les citoyens sont égaux. Il permet à tous les citoyens de conserver leur identité, d'être fiers de leurs ancêtres et d'éprouver un sentiment d'appartenance. L'acceptation donne aux Canadiens un sentiment de sécurité et de

confiance en soi qui les rend plus ouverts aux diverses cultures et plus tolé-
rants envers celles-ci. L'expérience canadienne a prouvé que le multiculturalisme encourage l'harmonie raciale et ethnique ainsi que la compréhension interculturelle, et décourage la marginalisation, la haine, la discrimination et la
violence. (Multiculturalisme)

Die Multikulturalität der kanadischen Gesellschaft findet ihren augenfäl-
ligsten Ausdruck darin, dass viele KanadierInnen sich als ‚hyphenated
Canadians‘, also Bindestrich-KanadierInnen, bezeichnen und somit stolz
ihre doppelte Identifikation ausdrücken. Neben Anglo- und Franko-KanadierInnen gibt es unter anderem, Polish- und Ukrainian-Canadians, Ger-
mano- und Hungaro-KanadierInnen und in letzter Zeit eine wachsende
Zahl von Chinese-, Indian- oder Vietnamese-Canadians und natürlich auch
zahlreiche Bindestrich-KanadierInnen, die über Guillermo Verdecchias
‚fronteras americanas‘ nach Kanada gekommen sind.

Dieses kanadische Konzept des Multikulturalismus hat sicherlich dazu
beigetragen, dass Kanada sich im Laufe der letzten Jahrzehnte vordere
Listenplätze in UN-Statistiken zur Lebensqualität erarbeitet hat. Diese
Politik ist allerdings nicht ohne Kritik geblieben, wie das Beispiel des
Romanciers Neil Bissoondath zeigt. Er geht sogar so weit, Multikulturalismus als eine Form kultureller Apartheid zu kritisieren, die Individuen
in vorgefertigte Formen presst. Er verwirft den offiziellen Multikulturalismus zu Gunsten eines Konzepts der Hybridisierung, die es vermeidet,
irgend jemanden zu diskriminieren oder durch eine Bindestrich-Identität
zu brüskieren: „[…] a Canada where inherent differences and inherent
similarities meld easily and where no one is alienated with hyphenation.“
(Bissoondath 1994: 224)

Der Hauptfokus dieses Beitrags liegt auf der rezenteren Migration und
ihrer Darstellung im multikulturellen Drama der Gegenwart. Zu erwähnen ist jedoch ein wichtiger Vorläufer solcher Texte, nämlich das Drama
Balconville des anglophonen Montrealers David Fennario aus dem Jahre
1977 (Jahr der Uraufführung), das uns sozial randständige und von der
Arbeits- und Perspektivlosigkeit bedrohte Anglo- und FrankokanadierIn-
nen in einem Arbeiterviertel Montreals zeigt. Was sie eint, das ist ihre
Armut, was sie trennt, ist nur ihre Sprache. Dieses Theaterstück ist nach
Meinung Jerry Wassermans (Wasserman 2001) das erste wirklich bilinguale Drama, was im Text in Sätzen wie „J'ai un flat tire sur mon bicy-
cle" (Fennario 1980: 11) und „T'as oublié ton lunch“ (Fennario 1980: 15)
seinen Ausdruck findet. In diesem Text sind es schon vor allem die QuébecerInnen und weniger die anglophonen EinwohnerInnen Montreals, die
sich dieser Mischsprache bedienen, was natürlich auch damit zu tun haben kann, dass Englisch die Muttersprache Fennarios ist.

Catherine Graham schreibt über *Balconville*, es sei „[...] la pièce qui, jusqu'à ce jour, décrit le mieux le dilemme de la communauté anglo-montréalaise de l'époque" (Graham 2001: 412). Auch räumt das Stück mit gewissen Vorurteilen auf:

> Fennario rappelait aux Québécois, et plus particulièrement à cette partie de l'élite anglo-québécoise qui n'avait jamais traversé le canal Lachine, qu'il existe une classe ouvrière anglophone à Montréal et que l'anglais se parle ailleurs qu'à Westmount. (Graham 2001: 413)

Dieser Beitrag beschäftigt sich im Folgenden mit Aspekten des Multikulturalismus und der Integration von ImmigrantInnen in das Mosaik der kanadischen Metropolen Toronto und Montreal. Dabei rücken neben der sozialen und politischen Problematik auch Fragen einer übergreifenden kanadischen und/oder nord- bzw. panamerikanischen Identität sowie der ihr Ausdruck gebenden sprachlichen Hybridität in den Mittelpunkt. Während in Toronto die englische Sprache als Grundlage der Integration gelten kann, ist in Montreal hingegen das Substrat vor allem das Französische, selbst wenn die Stadt von jeher von anglophonen Bevölkerungsgruppen besiedelt wurde, die auch im wirtschaftlichen Bereich von nicht zu vernachlässigender Bedeutung sind. So ist auch die jüdische Bevölkerung Montreals, aus der führende englisch-kanadische AutorInnen wie A.M. Klein, Mordecai Richler und Leonard Cohen hervorgegangen sind, großteils anglophon.

Montreal: Galluccios *Mambo Italiano*

Die Verfilmung von Steve Galluccios *Mambo Italiano* ist vor kurzem auch in vielen deutschen Kinos gelaufen. Der Film spielt in Montreal, aber die Grenzen, um die es hier geht, verlaufen nicht nur zwischen ethnischen Gruppen wie Franko- und Italo-Kanadiern, sondern auch zwischen der traditionellen, von der ‚Mamma' dominierten Familie und dem alternativen Lebensmodell der Homosexuellen und Künstler. Galluccios Drama ist in englischer Sprache geschrieben, aber die erste Aufführung war die der französischen Übersetzung durch den Starautor des modernen Theaters in Québec, Michel Tremblay, die, so man dem Klappentext des Dramas glauben kann, zu einem „wildly successful Francophone theatrical phenomenon" wurde. Die Hauptfigur des Stücks, Angelo, lebt seit einem Jahr mit Nino in der St. Catherine Street in Montreal im *„omosessuale* village" (Galluccio 2004: 25) zusammen, ohne sich offen zu seiner Homosexualität zu bekennen. Seine klischeehafte ‚Mamma' will ihn aber nach wie vor mit Frauen verkuppeln. Nachdem Angelo den Eltern seine Homosexualität eingestanden hat, was die Mutter zunächst scheinbar verzweifeln lässt, kriselt es in der Beziehung zu Nino, der nun wieder mit

Frauen ausgeht, vor allem mit einer alten Schulfreundin, die die Baufirma ihres Vaters übernommen hat und fluchen kann wie es normalerweise wohl nur die Männer auf dem Bau tun: „*Ma che fazzo fai?* You think I'm an idiot or what? *Cornuto, disgraziato, figlio di putana! Awww FUCK YOU MORETTI! Shit!*" (Galluccio 2004: 36) Am Ende heiratet Nino die Bauunternehmerin, die von Ehe und Kindern träumt, driftet aber hin und wieder in die Homosexuellen-Szene ab, während Angelo sich ganz offiziell zu seiner Homosexualität bekennt und sich mit seinen Eltern versöhnt, so dass Mutter und Vater nun voller Stolz verkünden: „No one's gayer than my son." (Galluccio 2004: 104) Zumindest Angelo hat nun eine Grenze überschritten, und das nicht nur im topographischen Sinn, auf dem Weg hin zum „*omosessuale* village". Wie er am Ende des Stücks sagt: „I was Italiano, proud and gay." (Galluccio 2004: 126) Für die italienischstämmigen KanadierInnen in Montreal bietet die Familie einen zentralen Orientierungspunkt. Um diese von traditionell katholischen Werten geprägte Institution verläuft eine Grenze zum Rest der Gesellschaft, die sich als Konsequenz der ,Révolution tranquille' von diesen Traditionen immer mehr lossagt.

Toronto: Thompsons *Lion in the Streets*

Wie steht es nun mit der anderen kanadischen Metropole, Toronto, der wohl multikulturellsten Stadt Kanadas? Judith Thompson schildert in *Lion in the Streets*, in einer an Arthur Schnitzlers *Reigen* angelehnten Form, soziale Gruppen der Metropole, die eigentlich kaum – und wenn, dann auf sehr brutale Weise – miteinander kommunizieren: Ein Mädchen, Isobel, das aus einer portugiesischen Einwandererfamilie stammt, ist vor 17 Jahren ermordet worden und beobachtet nun als Geist die Handlung, die sie zu ihrem Mörder führt. Der Geist des toten Mädchens ist natürlich schon per se eine Außenseiterfigur, aber die soziale Marginalisierung der Familie kommt auch in der sprachlichen Unzulänglichkeit zum Ausdruck. Zu Beginn des ersten Akts sehen wir Isobel, die sich in ihrer kindlich gebliebenen Sprache darüber klar wird, dass sie gar nicht mehr lebt und die Handlung nur beobachten, nicht mehr in sie eingreifen kann: „Is my house but is not my house is my street but is not my street my people is gone I am lost. I am lost. I AM LOOOOOOOOOST!!" (Thompson 1992: 15) Sprache und Akzent marginalisieren Isobel sofort und markieren die sozialen Grenzen in der Metropole, doch am Ende kann Isobel – ob das nun glaubhaft ist oder nicht – als Erwachsene, aber immer noch in kindlicher Sprache, die Botschaft der Versöhnung verkünden und unter Begleitung eines Chorals in den Himmel auffahren: eine sicherlich nicht ganz leicht glaubwürdig zu inszenierende, aber um so bewegendere Szene, die, wie Craig Stewart Walker anmerkt, eigentlich auch wieder recht traditionell ist (Walker 2001: 392):

> ISOBEL [*an adult now*] I want to tell you now a secret. I was dead, was killed by lion in long silver car, starving lion, maul maul maul me to dead, with killing claws over and over my little young face and chest, over my chest my blood running out he take my heart with. He take my heart with, in his pocket deep, but my heart talk. Talk and talk and never be quiet never be quiet. I came back. I take my life. I want you all to take your life. I want you all to have your life. (Thompson 1992: 63)

Verdecchias *Fronteras Americanas*

Guillermo Verdecchias *Fronteras Americanas (American Borders)* aus dem Jahre 1993 ist eines der erfolgreichsten zeitgenössischen Dramen. Die wichtigsten Themen, die in diesem Stück angesprochen werden, sind die kanadische Politik des Multikulturalismus und die nordamerikanische Freihandelszone, die zunächst Kanada und die USA, dann später auch Mexiko umfasst. Die wirtschaftliche Integration Nord- bzw. Gesamtamerikas ist ein zentrales Projekt, das zumindest seit den 1980er Jahren, als es in der Regierungszeit des konservativen Ministerpräsidenten Brian Mulroney eine Diskussion über Freihandel gab, zur Debatte stand. Zu jener Zeit waren vor allem englisch-kanadische Intellektuelle, insbesondere SchriftstellerInnen, sehr besorgt, der kleine kanadische Buchmarkt könne vom großen amerikanischen Nachbarn aufgesogen werden. SchriftstellerInnen wie Margaret Atwood und Rick Salutin taten ihre Meinung zu dieser Frage auf vehemente Art und Weise kund.

In *Fronteras Americanas*, das mit den wichtigsten kanadischen Literaturpreisen ausgezeichnet wurde, spricht der Argentino-Kanadier Verdecchia zentrale Punkte an, die in Kanada auf der politischen und sozialen Agenda stehen. Er setzt diese Themen im Rahmen einer ‚one-man show' um, in der ein einziger Schauspieler, der Dramatiker selbst, auf äußerst unterhaltsame und ironische Art zwei völlig unterschiedliche Stereotypen des lateinamerikanischen Einwanderers in Kanada verkörpert. Im Mittelpunkt des Stückes steht somit die Perspektive eines lateinamerikanischen Einwanderers, der sich der multikulturellen Gesellschaft angepasst hat. Er hat nicht nur seine Bindestrich-Existenz als positiven Charakterzug aufrechterhalten, sondern erkennt, dass es auch Nachteile haben kann, wenn man keinen angelsächsisch klingenden Namen trägt. Dabei wird nicht so sehr zwischen den Vereinigten Staaten und Kanada, sondern eher zwischen dem anglophonen Nordamerika auf der einen Seite und Lateinamerika auf der anderen unterschieden. Helen Gilbert bemerkt dazu: „This geopolitical division is experienced not only where it putatively exists (between the two continents) but also wherever ‚Latinos' or ‚Hispanics' come into contact with dominant forms of North American culture: on the street, in the classroom, at the official border or even in the theatre." (Gilbert 2001: 420)

Das Stück besteht aus zwei Akten und insgesamt 29 oder 30 locker miteinander verbundenen Szenen, in denen der Darsteller viel Raum zur Improvisation hat. Seine Aktionen werden durch Dias und eingespielte Musik ergänzt und kommentiert. Die Songs und Melodien entsprechen Klischees über Lateinamerika, während die Dias Kommentare und Fuß-noten zur ‚Amerikanizität' beisteuern. Zum Beispiel wird Carlos Fuentes dahingehend zitiert, dass jeder Nordamerikaner vor dem Ende des 20. Jahrhunderts feststellen werde, dass er eine persönliche Grenze zu Latein-amerika habe.

Wenn das Drama auch ein Einpersonen-Stück ist, gibt es doch zwei Fi-guren, Verdecchia und Wideload. Sie verkörpern zwei alternative Ent-wicklungstendenzen, die einem Einwanderer nach Kanada offenstehen. Die Tatsache, dass beide Möglichkeiten von ein und demselben Schau-spieler dargestellt werden, der dauernd seine Identität wechselt, könnte auch als Zeichen dafür dienen, dass ein lateinamerikanischer Einwanderer in einem angelsächsischen Land (Wideload verballhornt das Wort ‚Anglo-Saxon' übrigens zu ‚Saxon') der Gefahr ausgesetzt ist, dass er früher oder später schizophrene Züge annimmt, wenn er zwischen den Möglichkeiten schwankt, sich entweder dem nordamerikanischen Mainstream anzupassen oder der stereotypen Erwartungshaltung an LateinamerikanerInnen zu ent-sprechen. Unter dem Namen ‚Verdecchia' spielt der Einwanderer den wohl integrierten und effizienten ‚Neukanadier', während er als Wideload genau den Vorurteilen entspricht, die die etablierte nordamerikanische (und auch die kanadische) Gesellschaft gegen MigrantInnen hegt.

Wie Verdecchia es bilingual ausdrückt: „Somos todos Americanos. We are all Americans." (Verdecchia 1997: 20) Er wendet sich gegen die essentialistische Definition von Amerikanizität und Grenzen, denn „I suspect we got lost while crossing the border". Während man zunächst versucht sein könnte, ‚the border' als die Grenze zu definieren, die die USA von Kanada oder das anglophone Nordamerika von Lateinamerika trennt, sollte man sich vielleicht fragen, ob die Grenzsituation nicht auch jenseits rein topographischer Fakten bestehen und den ganzen Kontinent umfassen kann: „Or is the border – is the border the whole country, the continent? Where does the U.S. end and Canada begin?" (Verdecchia 1997: 21)

Schon früh im Stück finden wir heraus, dass für Verdecchia die Iden-titätsbildung ein schwieriger Prozess ist, da er in Kanada aufwuchs, in Frankreich für einen Anglokanadier gehalten wurde, in seiner Heimatstadt Kitchener, Ontario, jedoch von ,richtigen' KanadierInnen aufgefordert wird, endlich nach Hause zurückzukehren.

Die Relativität historischer Interpretationen und die durchaus anzweifelbaren Verdienste der europäischen Kolonisatoren zeigen sich auch in Verdecchias *Idiosyncratic History of America* (Verdecchia 1997: 30), die uns an das Dekret der spanischen Krone aus dem Jahr 1542 erinnert. Demzufolge hatten die SiedlerInnen nur einen zeitlich begrenzten Zugang zu den Territorien, während die UreinwohnerInnen die wirklichen EigentümerInnen blieben. Verdecchias Drama klingt wie eine utopische Alternative zur traditionellen Geschichte der Kolonisierung, denn unglücklicherweise hätte die spanische Krone es verabsäumt, die ,First nations' zu informieren, dass das Land ihnen gehöre: „An oversight no doubt." (Verdecchia 1997: 30)

Die Tatsache, dass alte ,koloniale' Ansichten auch im Zentrum Nordamerikas bis weit ins 20., wenn nicht gar ins 21. Jahrhundert überlebt haben, zeigt sich in einer Szene, die der junge Guillermo in einer kanadischen Schule erlebt, in der der Lehrer als archetypischer ,Saxon' den spanischen bzw. wohl ursprünglich italienischen Namen Verdecchia kaum auszusprechen vermag. Der Junge hat allerdings das nordamerikanische Wertesystem schon dermaßen internalisiert, dass er automatisch die Position des Kolonisierten übernimmt und sich den Klischees der herrschenden Klasse anpasst: „,You can call me Willy,' I say." (Verdecchia 1997: 33) Aber gleichzeitig unterminiert der Autor Verdecchia – an Stelle seines jugendlichen Alter Ego – diese Haltung auf ironische Art und Weise, indem er gleichzeitig zugibt und negiert, dass er hier über sich selbst redet: „It could have been here – but I don't want to talk about myself all night." (Verdecchia 1997: 33)

In etlichen Werken der kanadischen Literatur kehren AutorInnen nach Europa zurück, um die Geister ihrer (meist englischen, schottischen oder irischen, manchmal aber auch italienischen) Vergangenheit zu befrieden. So verspürt auch Verdecchia als Protagonist mit einer Bindestrich-Identität das Bedürfnis, seine – diesmal südamerikanische – Heimat wieder zu sehen und sich mit ihr auseinanderzusetzen. Die Szene ,Going Home' zeigt die Schwierigkeiten und Ängste des Argentino-Kanadiers bei der Konfrontation mit seiner ,Heimat', die nicht nur für irgendwelche verschwommenen ,wirklichen' Heimatgefühle steht, sondern auch für die reale Gefahr, dort als geborener Argentinier, wenn auch eingebürgerter Kanadier, den Militärdienst ableisten zu müssen.

Als nordamerikanischer Tourist, vielleicht auch ungewollt als Repräsentant des ökonomischen und kulturellen Imperialismus, leidet er unter dem körperlichen Unwohlsein, das Reisende in für sie ungewohnten Regionen des Öfteren heimsucht. Seine einstmals ,argentinischen Gene'

können inzwischen ‚lateinamerikanischen Keimen' nicht mehr widerste-
hen, so dass er leidend nur noch nach Hause, d.h. nach Kanada, zurück
will. So hat sich sein Bezugssystem verändert, wenn ihn auch seine kanadischen Mitbürger immer noch als Vertreter einer Minderheit – also nicht
dem Mainstream zugehörig – ansehen. Im Kontext Lateinamerikas definiert er sich selbst als ‚The Other', den Nordamerikaner in Südamerika,
während er sich in Kanada auf seine Bindestrich-Identität als Argentino-
Kanadier bezieht.

Der Szenentitel ‚Border Crossings' wird zu einer Leitmetapher im Leben zeitgenössischer Nord- und LateinamerikanerInnen: Sie überqueren
internationale, kontinentale wie auch innere, individuelle Grenzen. Und
manchmal scheint es schwieriger, die Grenzlinien innerhalb eines Landes
zu überqueren als die zwischen zwei Ländern (vgl. Verdecchia 1997: 57).
Kulturelle Werte und Einstellungen kommen zum Teil schwer über Grenzen hinaus, während ironischerweise „diseases and disorders" keine Probleme damit haben: „Like amnesia. Amnesia crosses borders." (Verdecchia 1997: 60) All die internationalen Erinnerungen und Grenzen hinter-
lassen mit ihrer Widersprüchlichkeit in seinem Bewusstsein Spuren (auch
‚traces' Derrida'scher Art), die sich zu einem scheinbar inkohärenten Labyrinth verbinden, dem er ohne therapeutische Hilfe nicht mehr entkommen kann. Eine Diaprojektion erläutert diese von Desorientierung gekenn-
zeichnete Situation mit einem Zitat des Multikulturalismus-Experten Guillermo Gómez-Peña: „The West is no longer west. The old binary models
have been replaced by a border dialectic of ongoing flux." (Verdecchia
1997: 70) Traditionelle Mediziner sind hier hilflos, so dass Verdecchia
sich in die Obhut des ‚healers' ‚El Brujo' begibt. Der Medizinmann lebt
‚en la frontera', wobei sich diese Grenzsituation ironischer Weise mitten in
Toronto befindet. ‚El Brujo' konstatiert „a very bad border wound" (Verdecchia 1997: 71). Die wahre Heimat Verdecchias ist in seinen Augen die
Grenze oder Grenzsituation: „I'm not in Canada; I'm not in Argentina. /
I'm on the Border. / I am Home." (Verdecchia 1997: 75)

Im Gegensatz zu dem anscheinend wohlangepassten Argentino-Kanadier Verdecchia steht ein klischeebeladener Latino, der uns zunächst unter dem Titel ‚El Bandito' vorgestellt wird und ein Spanisch – oder vielleicht eher Spanglish – spricht, in dem das Publikum wohl zunächst nur
Termini wie ‚latinoamericanos' und ‚gringos' versteht, die sich also auf
die allseits bekannte Grenzsituation beziehen. Sein Text – er spricht Spanisch und Englisch und wechselt ständig zwischen diesen Sprachen hin
und her – reflektiert das Vokabular der linken und anti-amerikanischen
Bewegungen in Latcinamerika: „Bandito maldito, independista, Sandini-
sta, Tupamaro, mao mao powpowpow", doch bald stellt sich das Ganze
als harmloses Spiel heraus: „Ees an old Hallowe'en costume. Scary

huh?" (Verdecchia 1997: 23) Der Bandit ist zur Touristenattraktion ver-
kommen und hinterfragt die Welt- und Werteordnung in keiner Weise.

Bezeichnungen wie ‚Chicano', ‚Latino' and ‚Hispanic' werden zu
Schlüsselbegriffen in diesem Stück. Sie haben sowohl exotische als auch
negative Konnotationen, wie das Wideload, das Alter Ego des Protagonisten, mit starkem spanischem Akzent klarmacht: „Dese terms, Latino,
Hispanic, are very tricky you know, but dey are de only terms we have so
we have to use dem wif caution. If you will indulge me for a moment I
would like to make this point painfully clear." (Verdecchia 1997: 27) Die
Tatsache, dass Wideload viel zu intelligent ist, um ausschließlich als eine
stereotype Darstellung nordamerikanischer Vorurteile über Latinos zu
fungieren, wird auch dadurch klar, dass Verdecchia ihn (und nicht nur die
‚intellektuellere' Figur Verdecchia) als eine metatheatralische Instanz benutzt, um seine eigene dramatische Existenz auf der Bühne zu kommen-
tieren. Wideload nimmt ausführlich zum Thema Stereotypisierung in der
Gesellschaft Stellung und parodiert dabei gleichzeitig die Sprache der
Werbung:

> If I was a real estereotype, you would be laughing at me, not with me.
> And if I was a real stereotype, you wouldn't take me seriously and you do
> take me seriously. Don't you?
> I'm the real thing. Don't be fooled by imitations. (Verdecchia 1997: 56)

1972 postulierte Margaret Atwood in ihrer berühmten Studie *Survival,*
die stereotype kanadische Opferrolle solle zu Gunsten ihrer kreativen Ne-
gation (‚creative non-victim') aufgegeben werden.[1] Ähnliches scheint in
Verdecchias Stück zu geschehen: Ein Stereotyp, das auf der Bühne Aufmerksamkeit auf sich zieht, ist kein richtiges Stereotyp mehr. Eine stereotype Figur, die behauptet, dass anstatt ihrer selbst andere Figuren, die wir
zuerst nicht als Stereotypen wahrgenommen hatten, stereotyp sind (wie
zum Beispiel die ‚normale' Familie Smith und das ‚normale' Theaterpu-
blikum), stellt natürlich die generellen Paradigmen, auf denen das bürgerliche Theatervergnügen beruht, in Frage. Im Falle Wideloads trifft dies
umso mehr zu, als der Latino zum Beispiel seinem Publikum unterstellt,
dass es mit ihm und nicht über ihn lacht. Somit kann er bei den Zuschau-
erInnen ein Schuldgefühl hervorrufen, falls diese sich dabei ertappt fühlen, tatsächlich mit ihm und nicht über ihn gelacht zu haben.

Wideload positioniert die Grenzfrage auch innerhalb der politischen
Diskussion zum amerikanischen Freihandelsabkommen „all de way from
Méjico to Chile" (Verdecchia 1997: 77). Eine solche Freihandelszone
könnte man als Tor zur „Latin invasion" sehen, doch diese Angst erscheint als nicht mehr zeitgemäß: „I want to ask you please to throw out

---

1   Atwood, Margaret 1972, *Survival. A Thematic Guide to Canadian Literature,* 38.

the metaphor of Latin America as North America's ‚backyard' because
your backyard is now a border and the metaphor is now made flesh."
(Verdecchia 1997: 77)

In der vorletzten Szene werden die Alter Egos Verdecchia and Wideload wieder vereinigt, so dass die schizophrene Situation ein Ende nimmt.
In einem Ton, der an Walt Whitmans *Song of Myself* erinnert, intonieren
sie (mit spanischem Akzent):

> Consider those come from the plains, del litoral, from the steppes, from the
> desert, from the savannah, from the Fens, from the sertão, from the rain for-
> est, from the sierras, from the hills and high places.
> Consider those come from the many corners of the globe to Fort MacMurray,
> to Montreal, to Saint John's to build, to teach, to navigate ships, to weave, to
> stay, to remember, to dream.
> Consider those here first. Consider those I have not considered. Consider
> your parents, consider your grandparents.
> Consider the country. Consider the continent. Consider the border. (Verdec-
> chia 1997: 77-78)

Am Ende des Stücks hat sich Verdecchia schließlich damit abgefunden,
‚on the border', also in einer ständigen Grenzsituation zu leben, eine Bindestrich-Existenz zu haben, ohne dabei in zwei Hälften zu zerfallen.
Während Wideload zum Tanz bittet, wie man es von einem Latino wohl
erwarten kann, vermittelt das Ende des Dramas vor allem auch eine allgemeine Erkenntnis über KanadierInnen und ihre Grenzerfahrungen (Gómez 1995: 35-36). Wie Ann Wilson zeigt, ist Verdecchias Identitätsverlust bei der Überquerung der Grenzen eine Folge der Komplexität der sozialen Technologien des Spätkapitalismus und seiner Tendenz, Individuen den Luxus einer stabilen und sicheren Identität zu verwehren (Wilson 1996: 7). Verdecchias Rollenspiel und Rollenwechsel stehen so für
die produktive Instabilität des kolonisierten Subjekts (Gilbert 1998: 264).

Laut Jerry Wasserman ist es für Verdecchia die erste Aufgabe eines
Künstlers, die Vorstellungskraft zu ‚dekolonisieren' (Wasserman 2001:
309). *Fronteras Americanas* ist deshalb nicht nur ein sehr unterhaltsames
Drama, das sich mit Fragen der Identitätsbildung im Nordamerika des
späten 20. Jahrhunderts beschäftigt; es ist auch ein Manifest der panamerikanischen kulturellen Zusammenarbeit, der Dekolonisierung und der Integration im Zeitalter des kanadischen Multikulturalismus, der nordamerikanischen kulturellen und wirtschaftlichen Kooperation und einer im
wachsenden Maße globalisierten Welt. Gleichzeitig zeigt Verdecchias
Stück die Notwendigkeit auf, die Werte und Strategien, denen die nationale Identitätskonstruktion in der heutigen Welt unterliegt, ständig zu
hinterfragen.

Fronteras Americanas ist jedoch nur eines von vielen Stücken, die
sich mit dem Schicksal der EinwanderInnen in der Metropole Toronto be-

fassen. Sie zeigen, dass die Grenzen mittlerweile nicht mehr nur zwischen den amerikanischen Staaten verlaufen, sondern auch und vor allem quer durch die Metropolen Montreal und Toronto. Sogar die kanadischen UreinwohnerInnen haben in den heutigen Großstädten den Status von eingewanderten Randgruppen. In einer durch Einwanderung gekennzeichneten Gesellschaft sollen und müssen die meisten Individuen fähig sein, diese Grenzen im Bewusstsein zu überwinden. In der Sprache lässt sich dies durch eine gewisse Hybridisierung ausdrücken, wie wir sie bei Fennario und vor allem Verdecchia finden, metaphorisch natürlich vor allem auch in der hybriden lateinamerikanisch-italienischen Tanzgattung des ‚mambo italiano‘. Vielleicht sind Konzepte wie die ‚Hypergoods‘ des kanadischen Philosophen Charles Taylor oder die vor kurzem neu geprägte ‚Transdifferenz‘ oder der ‚Transkulturalismus‘[2] dabei hilfreich, über die Grenzen innerhalb der kanadischen Metropolen hinweg, seien sie nun ethnischer, sexueller, sozialer, wirtschaftlicher oder sonstiger Art, Brücken zu bauen. Die heutigen ‚fronteras americanas‘ sind also nicht mehr nur topographischer oder ethnischer Art, und ihre Überwindung findet nicht nur bzw. nicht in erster Linie auf der Landkarte statt, sondern in den Köpfen.

Bibliographie

Atwood, Margaret 1997, *Survival. A Thematic Guide to Canadian Literature*, Toronto.

Bissoondath, Neil 1994, *Selling Illusions. The Cult of Multiculturalism in Canada*, Toronto.

Ertler, Klaus-Dieter/Löschnigg, Martin (Hg.) 2004, *Canada in the Sign of Migration and Trans-Culturalism/Le Canada sous le signe de la migration et du transculturalisme*, Frankfurt a.M.

Fennario, David 1980, *Balconville*, Vancouver.

Galluccio, Steve 2004, *Mambo Italiano*, Vancouver.

Gilbert, Helen 1998, „Responses to the Sex Trade in Post-Colonial Theatre", in: Dale, Leigh/Ryan, Simon, (ed.), *The Body in the Library*, Amsterdam. 261-273.

Gilbert, Helen 2001, „Introduction to Fronteras Americanas", in: Gilbert, Helen (ed.), *Postcolonial Plays*, London. 419-422.

Gómez, Mayte 1995, „Healing the Border Wound. Fronteras Americanas and the Future of Canadian Multiculturalism", in: *Theatre Research in Canada/Recherches théâtrales au Canada* 16/1-2. 26-39.

Graham, Catherine 2001, „Le théâtre anglophone au Québec", in: Lafon, Dominique (éd.), *Le théâtre québécois 1975-1995*, Archive des lettres canadiennes 10, Montreal. 407-424.

---

2 Zu neueren Theorien im Bereich des Transkulturalismus und der Transdifferenz vgl. Ertler/Löschnigg 2004.

Multiculturalisme, URL: http://www.pch.gc.ca/progs/multi/inclusive_f.cfm (20.07.06).

Thompson, Judith 1992, *Lion in the Streets*, Toronto.

Verdecchia, Guillermo 1997, *Fronteras Americanas (American Borders)*, Vancouver.

Walker, Craig Stewart 2001, *The Buried Astrolabe. Canadian Dramatic Imagination and Western Tradition*, Montreal/Kingston.

Wasserman, Jerry Hg. [4]2001, *Modern Canadian Plays II*, Vancouver.

Wilson, Ann 1996, „Border Crossing: The Technologies of Identity in Fronteras Americanas", in: *Australasian Drama Studies* 29. 7-15.

Daniel Winkler

‚Esilio interiore, esilio anteriore': Bianca Zagolins Familienromane des urbanen Nomadentums

> Commençons d'abord par dire ‚littérature',
> tout simplement, sans ‚immigration' et même
> sans guillemets. Littérature.
>
> (Zagolin 1993: 59)

Italo-Québec

Bianca Zagolin gehört einer Generation italo-québecer SchriftstellerInnen an, die nicht nur in der Literaturszene der Metropolen Montréal und Toronto gut etabliert ist. Autoren wie Fulvio Caccia[1], Marco Micone oder Antonio D'Alfonso sind inzwischen Bestandteil des Kanons der zeitgenössischen Québecer Literatur. Ihrem Werk wurden zahlreiche Artikel gewidmet[2] und auch die jüngst erschienene deutschsprachige *Kanadische Literaturgeschichte* verzeichnet einige dieser (v.a. männlichen) Schriftsteller (Groß et al. 2005: 310ff.). Diese heute ca. 50- bis 60-jährigen Autoren sind somit wie viele andere SchriftstellerInnen der so genannten ‚littérature néo-québécoise'[3] in den „corpus national" integriert und in einem völlig anderen gesellschaftlichen Kontext zu situieren als die ihr vorausgehende(n) Generation(en) der Italo-Québecer (Ringuet 2005: 309). Kaum 20 Jahre älter waren Schriftsteller wie Tonino Caticchio, Pietro Corsi oder Ermanno La Riccia im Erwachsenenalter im Zuge der starken Nachkriegsmigration der 1950er Jahre aus der italienischen Region Molise nach Québec emigriert. Viele von ihnen arbeiteten für italienischsprachige (Wochen-) Zeitungen wie *Il Cittadino canadese* oder *Il Corriere italiano*, publizierten ihre Texte noch oft auf Italienisch und innerhalb der bereits um die Jahrhundertwende mehrere tausend Personen umfassenden italienischen Gemeinschaft in Montréal (Pivato o.A.; Reinke 2005: 62-65; Salvatore 1999: 24-27, 74-90).

Demgegenüber kamen die SchriftstellerInnen der nachfolgenden Generation entweder als Kinder nach Québec oder sie wurden hier als Angehörige der größten allophonen Gruppe geboren, die heute noch den ersten

---

1 Es sei angemerkt, dass der in Florenz geborene und 1959 nach Québec immigrierte Caccia seit 1988 in Frankreich lebt (Chartier 2003: 67).

2 Vgl. z.B. Harel, Simon 2005, *Les passages obligés de l'écriture migrante*, Montréal; Prud'homme, Nathalie 2002, *La problématique identité collective et les littératures (im)migrantes au Québec. Mona Latif Ghattas, Antonio D'Alfonso et Marco Micone*, Montréal.

3 Zur Begriffsverwendung vgl. Moisan/Hildebrand 2001, 11ff., 315ff.

Rang einnimmt und knapp 130.000 Personen umfasst (Volkszählung 2001)[4]. Sie haben zum Großteil in den 1960er und 1970er Jahren in Montréal studiert, einen sozialen Aufstieg erreicht und sich im Kontext der ‚Révolution tranquille' im Universitäts- und Künstlermilieu mit Fragen der kollektiven Identität auseinandergesetzt (Pivato o.A.). Sprich: Sie sind als ‚Kinder der Immigration'[5] in Québec sozialisiert. Viele der heute bekannten Québecer AutorInnen publizierten um 1980 ihre ersten Bücher. Dazu zählten z.b. Antonio D'Alfonso und Fulvio Caccia, Mary Melfi und Mary di Michele sowie Filippo Salvatore. In diesem Kontext entstanden auch die ersten literarischen Gemeinschaftsproduktionen, die gewissermaßen den Prozess einer kollektiven Selbstfindung und Standortbestimmung einleiteten. Die erste, vom Schriftsteller Pier Giorgio Di Cicco herausgegebene Anthologie italo-québecer Literatur stammt aus dem Jahr 1978. In den folgenden Dekaden erschien ein Dutzend weiterer Bände, die sich in Form von Anthologien oder Interviewbänden mit der italo-québecer Künstlerszene beschäftigten.[6] Dieses publizistische Engagement hat auch eine zunehmende Auseinandersetzung mit den Literaten und der Geschichte der italienischen Gemeinschaft in den kanadischen Metropolen nach sich gezogen. Spätestens ab den 1980er Jahren gewannen die Italo-Québecer damit an Sichtbarkeit und an kulturellem Kapital, zumindest innerhalb des akademischen Milieus der kanadischen Metropolen[7] (Salvatore 1999: 91-99).

---

4   Vgl. URL: http://www12.statcan.ca/francais/census01/Products/Analytic/companion/lang/ highlights_f.cfm (10.07.06).

5   Vgl. Ruhe, Ernstpeter (Hg.) 1999, *Die Kinder der Immigration/Les enfants de l'immigration*, Würzburg.

6   Di Cicco, Pier Giorgio (Hg.) 1978, *Roman Candles*, Toronto, Hounslow Press. In den 1980er und 1990er Jahren folgt eine Reihe von Anthologien, die von Caroline Morgan Di Giovanni, Tonino Caticchio, Fulvio Caccia und Antonio D'Alfonso, C.D. Minni und Dore Michelut, Joseph Pivato, Marisa De Franceschi und Francesco Loriggio herausgegeben wurden. Diese italo-québecer Anthologien erschienen in der Regel auf Englisch oder tragen zumindest englische Titel. Der Band *Quêtes. Textes d'auteurs italo-québécois* von Fulvio Caccia und Antonio D'Alfonso, der 1983 in Montréal bei Guernica veröffentlicht wurde und die von Caccia 1985 im gleichen Verlag herausgegebene Fortsetzung (*Sous le signe du Phénix. Entretiens avec quinze créateurs italo-québécois*) sind in dieser Hinsicht singulär. Der erste Band enthält mit Carole Fioramore-David eine der wenigen auf Französisch schreibenden Autorinnen des italo-québecer Milieus (D'Alfonso 1983: 241-247).

7   1984 fand die erste Konferenz über *Writing About the Italian Immigrant Experience in Canada* statt, bezeichnenderweise in Rom. Die Akten der Konferenz lauten: Perin, Roberto/ Sturino, Franc (Hg.) 1989, *Arrangiarsi. The Italian Immigration Experience in Canada*, Montréal, Guernica. Zwei Jahre später wurde die erste themenspezifische Tagung in Kanada von einer Gruppe von SchriftstellerInnen in Vancouver organisiert und die *Association of Italian-Canadian Writers* gegründet. Neben diesen in der Folge alle zwei Jahre an wechselnden Orten abgehaltenen Konferenzen entstanden Mitte der 1980er Jahre an der Universität Toronto das *Italian-Canadian Studies Symposium* und das Jahrbuch *Italian Canadiana*. Vgl. Pivato, Joseph o.A.

Die kleinen Unterschiede

In den folgenden Jahren und Jahrzehnten sind es zunächst Männer wie Antonio D'Alfonso, Fulvio Caccia, Marco Micone und Lamberto Tassinari, die zu den breit wahrgenommenen Vertretern der frankophonen italo-québecer Literaturszene avancieren. Sie verkörpern auch die Tendenz zur Zwei- und Dreisprachigkeit innerhalb der italo-québecer Literatur.[8] Doch gegen Ende der 1980er Jahre sind auch einige Schriftstellerinnen wie Lisa Carducci, Tiziana Beccarelli Saad und Bianca Zagolin aktiv, die sich des Französischen als Romansprache bedienen, auch wenn die Literaturwissenschaft sie lange nur am Rande wahrnimmt und sich mit ihnen wissenschaftlich kaum auseinandersetzt.

Carducci (geboren 1943 in Montréal) hat sich seit Mitte der 1980er Jahre vor allem der Lyrik und den Erzählungen verschrieben; seit 1997 hat sie neben ihrem Brotberuf als Journalistin in China auch drei Romane geschrieben, die in Italien und Québec erschienen sind.[9] Tiziana Beccarelli Saad und Bianca Zagolin, die erste ist 1952 in Como, die zweite 1942 in Ampezzo bei Udine geboren, haben in den 1980er Jahren ihre ersten Prosawerke veröffentlicht. Beccarelli Saad publiziert 1986 den Erzählband *Les Passantes* und 1988 den Kurzroman *Vers l'Amérique*, Zagolin 1988 ihren Roman *Une femme à la fenêtre*; insbesondere die letzten beiden Bücher setzen sich mit der Identitätsfindung in einer Exilsituation auseinander. Während Beccarelli Saad nach einigen Jahren in Frankreich 1966 (im Alter von 14 Jahren) nach Québec immigriert, ist Zagolin in einer frankophilen Familie aufgewachsen und schon mit neun Jahren nach Montréal gelangt, wo sie heute am Vanier College Französisch unterrichtet. Sie bedient sich wie Beccarelli Saad und im Unterschied zu Carducci ausschließlich des Französischen als Literatursprache. Auffallend ist bei allen drei Autorinnen, dass sie nicht Englisch publizieren und neben dem

---

8   Sie schreiben je nach Genre und Sujet auf Italienisch, Englisch und Französisch. Während Prosatexte wie D'Alfonsos *Avril ou l'anti-passion* (1990) nur an wenigen Stellen einzelne Wörter oder kurze italienische Phrasen, die allgemein verständlich sind, verwenden, um ein Code-Switching anzudeuten, sind manche Lyriktexte von D'Alfonso und Theaterstücke von Micone deutlich durch Mehrsprachigkeit gekennzeichnet. Dieser Tendenz zur Vielfalt steht allerdings oft die Publikationspraxis gegenüber, die den Globalisierungsdruck auf dem Buchmarkt deutlich widerspiegelt. Die Person des Autors und Verlegers Antonio D'Alfonso macht dies besonders deutlich: Er übersiedelt sein Verlagshaus Guernica von Montréal nach Toronto, weitet sein Programm stark über AutorInnen mit Migrationshintergrund hinaus aus und publiziert hier auch seine ursprünglich auf Französisch geschriebenen Bücher auf Englisch, während die Originalfassungen vom Markt verschwinden. Aus seinem Roman *Avril ou l'anti-passion*, der die Identitätsproblematik eines in einer nordamerikanischen Großstadt aufgewachsenen Künstlers mit italienischen Wurzeln thematisiert (1990), wird ab 1995 *Fabrizio's Passion*.

9   *Stagioni d'amore*, Salerno (1997); *Maleka*, Montréal (2000); *Le Rideau jaune*, Brossard (2001).

Schreiben einem Brotberuf nachgehen (müssen). Zudem sind sie nicht in den angeführten italo-québecer Anthologien vertreten und ihre Roman-texte sind auch nicht in Québecer Verlagen wie Guernica, die im Migra-tionskontext eine Rolle spielen, veröffentlicht worden (Chartier 2003: 48, 309; Moisan/Hildebrand 2001: 225-228; Zagolin 1990: 179-181).

Diese biographischen Daten deuten darauf hin, dass die Schriftstelle-rinnen nur am Rande der Literatur- und Wissenschaftsszene eine Rolle spielen. Als Autorinnen italienischer Herkunft sind sie einerseits doppelt marginalisiert, andererseits positionieren sie sich bewusst außerhalb des italo-québecer Milieus. Das kreative Potential dieser mehrfachen Margi-nalität soll in der Folge anhand von Bianca Zagolins Werk, das sich für eine solche Analyse besonders gut zu eignen scheint, untersucht werden: Zagolins literarische Einsprachigkeit ist im Kontext ihrer Herkunft aus der Grenzregion Friaul sowie ihrer USA-Aufenthalte in den 1960er Jah-ren bemerkenswert. Sie wehrt sich zudem immer wieder in Essays gegen eine ethnische Vereinnahmung, eine Haltung, die auch ihr literarisches Werk kennzeichnet. Zagolins erster und inzwischen vergriffener Roman *Une femme à la fenêtre* (1988) erscheint in Frankreich bei Robert Laf-font, eine italienische Fassung von Zagolin und Concetta Kosseim 1998 unter dem Titel *Una donna alla finestra* bei Edizioni del Noce in Padua. *Les Nomades* folgt 2001 in den Éditions de l'Hexagone in Montréal, ihr dritter Roman *L'année sauvage* im Februar 2006 bei VLB in Québec. Darüber hinaus hat Zagolin einige Kurzgeschichten, Übersetzungen und literaturwissenschaftliche Arbeiten sowie Essays über die Québecer Lite-ratur und die Immigrationsthematik verfasst (Ceccon 2003: 5-6; Lequin 1996: 5-6; Zagolin 1990: 178-182; Zagolin 1993: 57ff.). Von dieser Situ-iertheit Zagolins ausgehend soll überlegt werden, ob nicht gerade ihr Standpunkt am Rande der italo-québecer Schriftstellerszene einen kriti-schen und unkonventionellen Blick auf den Komplex der Migration und Migrationsliteratur zulässt.

Außen- und Innenwelten

Die ersten beiden Romane Zagolins, die in einem Abstand von über 10 Jahren entstanden sind und deren Handlung vor der ‚Révolution tran-quille' angesiedelt ist, rücken (dieselben) Protagonistinnen italienischer Herkunft in den Mittelpunkt. Aurore und ihre drei Töchter stammen wie Zagolin aus dem ländlichen Norditalien und verkörpern zwei unterschied-liche (Exil-) Generationen.[10] Aurore verlässt nach dem Tod ihres Mannes

---

10 Zagolins Fokus auf die Thematik der Entwurzelung und ihrem metaphorischen Gebrauch
   der (Im-) Migrationsthematik entsprechend wird hier auf der Ebene der Romanhandlung
   am ‚alten' Begriff des Exils festgehalten, der diesen Sachverhalt besser beschreibt. Vgl.

und dem Appell eines nach Québec emigrierten Onkels, sich hier niederzulassen, im Alter von 32 Jahren die ‚Heimat'; ihre Töchter hat sie bereits
ein Jahr zuvor vorausgeschickt. Mit diesem Handlungsverlauf greift Zagolin ein Motiv auf, das die Literaturwissenschaftlerin Christl Verduyn
als typisch für die biographische Prägung von Romantexten von neo-que-
becer AutorInnen beschreibt. Viele literarische Protagonistinnen emigrieren ihr zufolge nicht aus freien Stücken nach Québec, sondern sind aufgrund eines Schicksalsschlages mehr oder weniger gezwungen, einem bereits in einem anderen Land ansässigen (männlichen) Familienmitglied
nachzufolgen (Verduyn 1996: 131f., 142-144). Zagolin thematisiert anhand dieses Motivs einerseits die (psychische) Krise der Protagonistin
Aurore, andererseits den erst einmal als Chance empfundenen Neubeginn
jenseits des Atlantiks. Die ‚neue Welt' ist eine Gegenwelt zur von religiösen und familiären Traditionen geprägten ländlichen norditalienischen
Heimat, in der die Protagonistin als Ehefrau und Witwe eine weitgehend
fremdbestimmte Existenz geführt hatte. Für Aurore, die die letzten Jahre
ohne Mann mit ihren drei Kindern verbracht hatte, war es nicht möglich,
sich ohne äußeren Bruch von ihrer verinnerlichten Passivität zu befreien,
die durch den Tod ihres Mannes verstärkte depressive Verfasstheit zu
überwinden. Sie behielt über drei Jahre hinweg die Trauerkleidung bei,
konnte aber gleichzeitig keine wirkliche Trauerarbeit leisten. Der Beginn
eines ‚neuen' Lebens war für sie hier undenkbar:

> Était-ce son mari qu'elle regrettait ainsi en noir et blanc, ou quelque étincelle
> de vie qu'elle avait vue s'éteindre, il y avait déjà si longtemps? Aurore
> n'aurait su le dire. Elle ne souffrait pas dans sa chair; pour elle, cette morte
> n'avait été qu'un abandon; on la quittait, une fois de plus, et elle restait seule,
> face au vide, pour assumer la survie des autres. (Zagolin 1988: 24)

Aurore emigriert somit nicht aus politischen oder ökonomischen Gründen
nach Québec; sie wird schon vor ihrem Gang nach Montréal als gebro-
chener und passiver Mensch geschildert, der sein Schicksal abwartend
hinnimmt. Bereits zu Beginn des Romans wird deutlich, dass die depressive Verfasstheit der Protagonistin weit hinter die Emigration sowie den Tod
ihres Mannes zurückreicht und einen psychischen Zustand bezeichnet, der
zum Teil in ihrer Biographie und zum Teil in ihrer sozialen Determiniertheit als Frau in einem ländlich-traditionellen Umfeld begründet liegt. Das
Exil ist bei Zagolin also erst einmal eine Metapher für die psycho-soziale
Verfasstheit von Aurore. Im Sinne von Julia Kristevas Feststellung, dass
die Alterität Bestandteil des ‚Selbst' sei und wir unsere eigenen Fremden
seien – „étrangers à nous-mêmes" – (Kristeva 1988: 268), beschreibt der
Roman die Innenwelt der Protagonistin: „elle existait ailleurs; et, par le pa-

---

Gladischefski, Anke/Winkler, Daniel 2001, „Exil. Begriff und Forschungsansätze", in:
Quo vadis, Romania? Zeitschrift für eine aktuelle Romanistik 17. 5-10.

radoxe le plus étrange, cette autre Aurore, l'insaisissable inconnue, lui
semblait devoir posséder une plus grande épaisseur que les identités successives de sa propre transparence" (Zagolin 1988: 12-13).

Diesem Fokus auf die innere Depersonalisierung entspricht Zagolins
bedingtes Interesse für die äußere migratorische Dimension von Aurores
Exil. Im Roman erscheint ihr das neue Zuhause erst einmal als Ort der
Freiheit; die soziale Integration in das Québecer Umfeld wird aber nur
beiläufig geschildert. Es wird weder beschrieben, wie Aurore Bekannt-
schaft mit der Stadt Montréal und ihren BewohnerInnen schließt noch
wie ihr Alltag abläuft und wie sie sich in ein mögliches Arbeitsumfeld integriert. Wie in Italien tendiert sie auch in Montréal zu einem zurückge-
zogenen Leben am Fenster: Montréal erscheint nicht als italienisch oder
multikulturell geprägte, sondern vor allem als anonyme Stadt, die sie nur
aus der Distanz wahrnimmt. Die Protagonistin kommt mit ihr relativ wenig in Berührung, sie ist ihr eine „ville inconnue" (Zagolin 1988: 114),
die sie nicht als urbanes Subjekt, sondern nur über den Wechsel der Jahreszeiten und die Natur wahrnimmt. En passant wird Montréal als laute
oder brennende Stadt beschrieben, als Ort, an dem man sich verlieren
kann (Zagolin 1988: 61-67). Aurore nimmt sie aber im Verlauf des Romans besonders als verschneite und kalte Stadt wahr (Zagolin 1988: 88,
174, 194).[11] Insgesamt entspricht ihre Stadtwahrnehmung nicht der einer
‚Flâneuse', die sich durch die Stadt treiben lässt, sie atmet und spürt, sondern ist Spiegel ihrer inneren Realität.

Das schon im Titel zentral verankerte Fenster-Motiv ist nicht nur Aurores Lieblingsort, von wo aus sie das Leben apathisch beobachtet bzw.
an sich vorbeiziehen lässt, sondern auch eine zentrale Metapher des Textes, die eine literarische Tradition hat und schon Louis Hémons Protagonistin *Maria Chapdelaine* (1914), aber auch Jean-Claude Lauzons italo-
philen Film‚helden' Léolo Lauzone (*Léolo*, 1992) begleitet (vgl. z.B. Hémon 1954: 233). Sie versinnbildlicht Aurores – durch eine Glasscheibe –
gebremste Interaktion und auch Wahrnehmung der äußeren Realität,
sprich: ihre depressive Verfasstheit. Das Fenster erscheint als eine un-
überwindbare Schwelle nach außen, die zusätzlich mit dem Zagolin'schen Leitmotiv des Winters, Symbol für ihre Zurückgezogenheit und
Affektlosigkeit, verwoben ist (Caucci 1996: 84): „Il lui semblait parfois
que toute sa vie s'était écoulée derrière une vitre givrée, attendant qu'on
vînt la délivrer, elle ne savait plus trop de qui ou de quoi. D'interminables

---

11   Eine Ausnahme ist die Passage, in der sie aus Italien nach Montréal zurückkehrt. Vom Au-
     to aus, das sie vom Flughafen aus nach Hause fährt, blickt Aurore auf die Stadt. Aber auch
     hier hat sie keinen direkten, unvermittelten Zugang zur Stadt: „Par la vitre, elle vit défiler
     les rues de la vieille ville, si semblables à celle de l'Europe, mais dont les immeubles aux
     fac‚ades sculptées cédèrent bientôt la place aux gratte-ciel d'une grande artère commer-
     ciale. Aurore était rentrée dans sa ville, dans sa famille." (Zagolin 1988: 162)

années avaient fui, sans couleur et sans gloire, et il faisait de plus en plus froid." (Zagolin 1988: 10)

Die Zagolin'sche Metapher ähnelt damit einem Phänomen, das der Psychoanalytiker Vamik D. Volkan als Glaskugelphantasie bezeichnet hat. Durch einen materiellen Schutz von der äußeren Realität abgeschirmt, kann die Protagonistin diese beobachten, ohne in sie verwickelt zu werden. Volkan bringt diese Phantasie mit den Gefühlen der Selbstgenügsamkeit und Omnipotenz narzisstischer Persönlichkeiten in Verbindung: „Die Objektbeziehungen narzisstischer Menschen zeugen davon, dass sie sich selbst ‚unter Glas‘ halten. […] Ein kaltes Material wie Glas oder Plastik spiegelt auch die Kälte ihrer Persönlichkeit wider." (Volkan 1994: 54-56) Die depressive Verfasstheit Aurores kann in diesem Sinne mit einer existentiellen, aber unbewussten Angst in Verbindung gebracht werden, von anderen Menschen emotional abhängig zu sein und emotional zu versagen[12].

Auf der Ebene der äußeren Realität bedeutet dies: Aurore erscheint nicht als Exilantin oder Migrantin im klassischen Sinn. Sie befindet sich nicht nur in der ‚Fremde‘, sondern empfindet sich selbst als Fremde, für die es auf Erden keinen sicheren Zufluchtsort, keine Geborgenheit mehr gibt (Marchese 2006: 53-55). Sie kann sich von ihrer Vergangenheit nicht frei machen und sie auch nicht in ihr gegenwärtiges Leben integrieren. Die Exilmetapher beschreibt also den inneren Zustand der Protagonistin, steht aber auch für den einsamen literarischen Helden schlechthin:

> L'émigration n'est autre que le voyage initiatique; l'émigré est l'exilé et le marginal, le héros de tous les contes. Et les héros – explorateurs, aventuriers, amoureux et missionnaires, ou mères de famille qui franchissent l'océan – sont ceux qui partent, voués à une quête, laissant loin derrière le clan et ses traditions. Il assument leur destin dans la solitude, se soumettent aux rites de passage, vont jusqu'au bout de leur voyage dans l'espace et dans le temps. (Zagolin 1993: 61f.)

Sprache, Imagination und Integration

Der Kontakt zur Außenwelt läuft für Aurore auch im neuen Land ausschließlich über ihre jüngste Tochter Adalie. Aufgrund ihres Schulbesuchs ist diese mit der lokalen Kultur und der französischen Sprache in engem Kontakt, so dass ihre Integration in die Québecer Gesellschaft oh-

---

12 „An erster Stelle dagegen steht eine narzisstische Problematik, bei der die Forderungen des Ich-Ideals, gleichgültig, ob sie nun in Einklang mit oder in Widerspruch zum Über-Ich stehen, gewaltig sind. Deutlich ist ein Gefühl von Unfähigkeit: der Unfähigkeit, aus einer Konfliktsituation herauszufinden, zu lieben, Begabungen zu nutzen oder Lebenserfahrungen reifen zu lassen." Green, Alain 2004, „Die tote Mutter", in: Green, Alain, *Die tote Mutter. Psychoanalytische Studien zu Lebensnarzissmus und Todesnarzissmus*, Gießen. 233-265, 240.

ne Hindernisse abzulaufen scheint. Das Schulsystem ist in diesem Sinne
Vermittlerin der neuen äußeren Welt – für die Tochter wie auch für die
Mutter. Über die Lehrmaterialien und Schulkenntnisse Adalies nimmt
Aurore die neue Sprache an, die bei Zagolin Symbol für ihren neuen Lebenswillen und Wunsch nach einem Neubeginn ist. Der sich somit ab-
zeichnende soziale und psychische Integrationsprozess ist im Roman eng
mit der erwachenden Liebe Aurores für einen Québecer verbunden (Zagolin 1999: 19-20). Die besondere Bedeutung der französischen Sprache
für die Québecer Identität im Kontext der oft als Bedrohung empfundenen Dominanz des Englischen auf dem amerikanischen Kontinent spiegelt sich in Aurores Integrationsprozess wieder. Der Spracherwerb erscheint, wie Lucie Lequin ausführt, als kreativer und integrativer Prozess,
der die Protagonistin von ihrer Passivität befreit: „La langue pour Bianca
Zagolin est initiation au pays, enracinement et même appropriation du
corps." (Lequin 1992: 35-27, 37). Ganz in der Logik der Québecer
Sprach- und Immigrationspolitik gibt ihr das ‚Québécois' als Kohärenz
und Zugehörigkeit vermittelndes Element Halt: „Ce peuple s'abreuvait à
la source de sa langue; comme pour elle, la parole lui était synonyme de
vie. [...] Mot par mot, page par page, elle [Adalie] lui apportait le pays;
une fois de plus, c'est elle qui enracinait Aurore dans la vie." (Zagolin
1988: 59)

Hier wird noch einmal deutlich: Zagolin ist weniger an geographisch-
räumlichen Außenwelten und sozialen Verhältnissen als an psychischen
Innenwelten und dem literarischen Verhandeln von Konzepten interessiert. Die Schilderung der Ankunft und der ersten Schritte im neuen Land
kann als ein mehr oder weniger offenes Plädoyer für die Integration unter
dem Primat des Französischen, für den Québecer Pluri- und gegen den
gesamtkanadischen Multikulturalismus gelesen werden. Doch Zagolin
lässt nicht nur ihre Protagonistinnen sich ganz mit der Québecer Politik
des Plurikulturalismus identifizieren, sie repräsentiert und praktiziert ihn
als Schriftstellerin friulanischer Herkunft selbst: Zagolin ist in einem
frankophonen und bürgerlichen Milieu in Montréal fern von Little Italy
aufgewachsen (Zagolin 1990: 179-182). Vor dem Hintergrund ihrer eigenen, weitgehend problemlosen Integration setzt sie sich im Gegensatz zu
vielen anderen AutorInnen mit Fragen der ethnischen Gettoisierung und
des gesellschaftlichen Assimilationsdrucks in ihren Romanen kaum auseinander. Dies wird besonders deutlich, wenn man an bekannte italo-québecer Autoren wie Marco Micone denkt, dessen (Theater-)Texte von Code-Switching sowie Fragen der Sprachwahl, der Transkulturalität und des
Verlustes des kulturellen Erbes durchwirkt sind.[13] Wenig davon ist bei

---

13 Zum Begriff der Transkulturalität und den klassischen Topoi der italo-québecer Literatur
    vgl. Caucci, Frank 1999, „Topoi de la transculture dans l'imaginaire italo-québécois, in:

Zagolin zu finden. Ihre Romane sind alle in Standardfranzösisch verfasst; selbst ihre Protagonistinnen Aurore und Adalie tragen, obwohl italienischer Herkunft, französische Namen. Als *Aurore* erhofft die Mutterfigur eine ‚Morgendämmerung' für ihr Leben im neuen Land (Marchese 2006: 57). Auch auf einer thematischen Ebene ist die Auseinandersetzung mit Italien begrenzt und kaum nostalgisch geprägt: Abgesehen von den ersten Kapiteln, die die Zeit zwischen dem Tod ihres Ehemannes und der Abfahrt nach Québec schildern (Zagolin 1988: 12-42), ist Italien vor allem durch Aurores vorübergehende Rückkehr präsent, einem klassischen Thema der italo-québecer Literatur. Die Protagonistin fährt in ihre Heimatregion, um sich von der neuerlichen Traumatisierung durch den Tod ihres Freundes Sébastien zu erholen. Aber der sanfte Winter, den sie dort verbringen will, erweist sich als (psychisches) Wunschbild. Statt der erhofften Erholung ist sie der Erkenntnis ausgesetzt, dass es in der Vergangenheit kein Zuhause geben kann: „On lui trouva l'air maigre et fatigué. Et la voilà ravalée au rang de femme-enfant. Son pays tentaculaire l'enserrait déjà, exotisme facile pour les étrangers, prison pour elle qui y avait des engagements." (Zagolin 1988: 136)

Für sie gibt es nach dem sie transformierenden Liebeserlebnis mit Sébastien kein Zurück mehr in die Witwen-Existenz. Nach ihrer Rückkehr nach Montréal zerbricht die Protagonistin letztlich an dieser Erkenntnis und stirbt einen langsamen suizidalen Tod. Aurore sucht Zuflucht in der (antiken) Welt der Toten, dem letzten möglichen Exil (Ceccon 2003: 5-14). Trotz der auffallend konsequenten Einsprachigkeit des Romans geht Zagolins Sprachverständnis weit über die Funktion als Kommunikationsmittel hinaus. Sie postuliert auf einer inhaltlichen Ebene weder die sprachliche Assimilation – gemäß der Logik der deutschen Leitkulturdebatte – als zu erfüllende Integrationsleistung, noch sieht sie die Sprache aus der Perspektive der Betroffenen als bloßes Mittel zur Bewältigung des Alltags. Das frankokanadische Französisch ist für sie vielmehr Metapher für die Québecer Kultur im Allgemeinen und das Land schlechthin. In ihrem Essai *L'histoire d'un déracinement* beschreibt Zagolin die metaphorische Verkörperung und Rolle der Sprache im Kontext der Integrationsfrage in ihrem Roman (Zagolin 1990: 175-192): Für ein positives Einleben in eine neue Umgebung ist ihr zufolge eine emotionale Identifikation mit dem kulturellen Imaginären dieses Terrains im Sinne von „representatives of group beliefs, values, tensions, and fears" (Lindner 1999: 291) unabdingbar. Denn Integration ist nicht nur ein sozialer, sondern vor allem ein

---

Revue internationale d'études canadiennes 19. 113-124 sowie Nepveu, Pierre 1996, „La passion du retour. Écritures italiennes au Québec", in: Siemerling, Winfried (Hg.), *Writing Ethnicity. Cross-Cultural Consciousness in Canadian and Québécois Literature*, Toronto. 105-115.

psychischer Prozess. Um das Gefühl einer Zugehörigkeit entwickeln zu können, um gesellschaftlich partizipieren zu können – wozu auch die intellektuelle Auseinandersetzung mit dem kulturellen Imaginären gehört –, ist der Spracherwerb eine zentrale Voraussetzung. Im Québecer Kontext kommt zudem der (französischen) Sprache als Trägerin des kulturellen Imaginären eine besonders zentrale Rolle zu. Sie vermittelt schon auf der Ebene der Sprachmelodie, die für die Protagonistin Aurore zur „magie incantatoire" (Zagolin 1990: 183) wird, kulturelle Eigenheiten des Landes – über die inhaltliche Ebene von kulturellen Erzählungen hinaus. Für Aurore ist der Erwerb des ‚Québécois' synonym mit dem Beginn des neuen Lebens im neuen Land und der Überwindung ihrer sozialen Isolation. Der Spracherwerb wird so auch zur Metapher für die in ihr erwachende Leidenschaft (Zagolin 1990: 183-185):

> Tout comme dans la vie la langue est le véhicule essentiel de la culture, dans l'œuvre, elle devient le symbole du pays même, puisqu'elle permet de le découvrir, de le saisir, d'en prendre possession véritablement. Comme telle, elle est aussi l'image parfaite de l'amour qui enracine l'être dans sa chair. (Zagolin 1990: 184)

In diesem Sinne ist für Aurore die Identifikation mit der Sprache auch die Voraussetzung, um mit der (neuen) äußeren Welt in Kontakt kommen und ein soziales Leben nach ihrem Witwendasein entwickeln zu können. Wird Adalie ohne weitere psychische Probleme über ihr frankophones Schulumfeld sozio-kulturell integriert, so ist der ‚Spracherwerb' im metaphorischen Sinn bei Aurore erst mit dem Entflammen der Leidenschaft vollständig möglich. Es gelingt ihr – kurzzeitig – die Existenz hinter dem Fenster über die Liebe zu einem Québecer zu durchbrechen und sich scheinbar in das Hier und Jetzt zu integrieren. Sébastien, der zwischen Montréal und seinen geliebten Bergen und Wäldern pendelt, erweckt in Aurore neuen Lebensmut. Die Liebe zwischen den beiden wird zum Symbol für ihre *Vita Nuova*: „Grâce à Sébastien, elle avait retrouvé la parole et Aurore apprenait le langage de la colère; l'amour fait naître chez elle le désir de s'opposer, de se battre." (Zagolin 1988: 90)

Bianca Zagolin und Louis Hémon

Dieser Neubeginn, der regelrecht als Reinkarnation geschildert wird, geht nicht vor sich, ohne dass Zagolin auf die literarische Tradition Québecs anspielt. Ganz im Sinne ihrer Integrationsthese schimmert in der Form eines kulturellen Palimpsests, der als „incontro di culture secondo la prospettiva della riscrittura [...] tra immaginari, lingue ed esperienze diverse" (De Luca 1999: 9) geschildert wird, Louis Hémons Québecer Bestseller *Maria Chapdelaine* durch den Roman hindurch (Caucci 1996:

83-84). Mit dem 1914 in Paris erschienenen Feuilletonroman und internationalen Kassenschlager eignet sich Zagolin die literarische Sprache von Québec an und schreibt ihre italienischen ProtagonistInnen in das literarische Imaginäre des Landes ein, verweist aber auch auf die veränderten ideologischen und gesellschaftlichen Verhältnisse in Québec. Bei Zagolins ‚Réécriture' stehen nicht Konzepte wie das der kulturellen Hybridisierung oder der Transkulturalität im Vordergrund (Ceccon 2003: 11-12). Verbindender Ausgangspunkt der Romane ist die Migrationsthematik, die Wesensverwandtschaft der beiden ‚Heldinnen' und ihre soziale Determiniertheit. Sowohl Maria als auch Aurore sind stark durch das traditionelle Frauenbild ihrer Umgebung geprägt, fühlen sich in ihrem Milieu existentiell fremd und sehnen sich nach einem ‚ailleurs'.

Aurore erscheint so als vom Lande stammende Heldin, die ebenso rätselhaft und schweigsam ist wie Maria Chapdelaine. Doch während sich Maria am Ende gegen die Emigration nach Neu-England an der Seite des urban geprägten Lorenzo Suprenant und für den Québecer Holzfäller François Paradis und nach dessen Tod für den Bauern Eutrope Gagnon sowie eine Existenz am Lac Saint-Jean entscheiden muss, kann Aurore mit ihren Kindern nach Québec – vom Land in die Stadt – emigrieren und mit dem studierten Sébastien eine Beziehung eingehen. Die tief gläubige Maria wird von den Werten der Treue, der Familie und der Scholle zurückgehalten. Der gebildeten Aurore gelingt der Befreiungsschlag – auf den ersten Blick. Denn bald wird klar: „Une fois émigrée, donc, elle se rend compte que rien n'a changé sur le plan de sa marginalisation et de son déracinement, de son état d'exilée." (Caucci 1996: 85)

Sie ist Italien entfremdet, schafft es aber nicht, die neue Heimat Québec, in der sie sich nach dem Tod Sébastiens innerlich „en chute libre après la catastase" (Caucci 1996: 86) befindet, zu verlassen, und widersteht dem Angebot eines italienischen Witwers, mit ihm nach Australien zu gehen: „Mais la possibilité d'un recommencement lui faisait horreur car c'était la preuve que rien peut-être n'avait vraiment compte." (Zagolin 1988: 155) Hier wie dort sind die ‚Heldinnen' von ihren Männern (psychisch) abhängig; nur über sie kommen sie mit dem Leben und sich selbst in wirkliche Berührung. Doch während Aurores Lebensfähigkeit mit dem Tod Sébastiens existentiell bedroht ist, rettet sich Maria in die gesellschaftliche Konvention (Boivin 1996: 11ff.; Caucci 1996: 83-88; Zagolin 1990: 186-188).

Über die zentralen Figuren hinaus greift Zagolin weitere klassische Themen der (Québecer) Literatur auf: Die Motive des Winters und der Kälte, welche die innere Verfasstheit der Protagonistinnen von Hémon und Zagolin im Sinne einer Depersonalisierung widerspiegeln, ziehen sich wie die Weite des Landes und das Abenteurertum leitmotivartig durch die Romantexte. Mit dem Entfachen der Leidenschaft erwacht bei Aurore auch die Lust auf Neues, und die Beziehung zu Sébastien führt sie in unbekannte Landstriche. Sie entdeckt also buchstäblich eine neue innere und eine äußere Welt, die sich spiegelartig entsprechen. Aus der feindlichen Bedrohung, die für sie der Winter symbolisiert, wird mit dem ‚Wiedererwachen' aus der Natur ein Freund mit ästhetischen Reizen: „La saison hostile devint ainsi pays d'enchantement." (Zagolin 1988: 87) Gleichzeitig wird der weite Weg, der zurückgelegt werden muss, um die Symbiose mit ihrem Geliebten zu erreichen, zum Sinnbild ihrer ‚existence passagère', ihrer „identités successives de sa propre transparence" (Zagolin 1988: 12f.).

Die Autostrasse ist schließlich auch die Todesstrecke des Protagonisten; Sébastien kommt eines Tages bei einem Autounfall in Montréal ums Leben. Sprich: Die Parallele zwischen den geliebten und leidenden Frauen Maria und Aurore ist ebenso evident wie die zwischen ihren Liebhabern, den ‚coureurs de bois' Sébastien David und François Paradis. Beide Protagonisten sterben bei einem Unfall; der Winter und die Weite des Landes werden zu Tod bringenden Sinnbildern (Zagolin 1999: 20-23). Doch während Hémons Roman mit dem Heiratsantrag Eutropes endet, erholt sich Aurore nicht mehr und stirbt an einem Wintertag: „Pendant deux ans, elle avait cru marcher vers le soleil, mais elle ne faisait que suivre une courbe qui la ramenait immanquablement à son pays d'ombres. [...] Et, cette fois, Aurore ne tenait plus entre les doigts le fil conducteur qui devait assurer son évasion." (Zagolin 1988: 121-122)

Die deutliche Verankerung von Zagolins Roman in der Québecer Literaturtradition ist also auch als eine Selbstpositionierung zu verstehen, jedoch jenseits von ethnischen Etiketten. Sie versteht ihren Roman als Beitrag zu einer Québecer Kultur, die sich offen gegenüber Weiterentwicklungen der Tradition zeigt (Lequin 1992: 33). „Grâce aux écrivains néo-québécois, non seulement l'emigration vient-elle s'ajouter aux mythes de la littérature québécoise, mais de plus, cette dernière s'enrichit de tout un nouveau répertoire de décors, de masques et de symboles." (Zagolin 1993: 62) Die kulturelle Palimpseststruktur erweist sich als „ridefinizione di luoghi, storie, personaggi, paesaggi interiori, miti e mitologie" (De Luca 1999: 2) der literarischen Québecer Tradition des frühen 20. Jahrhunderts.

Der Mutter-Tochter-Komplex

Erzählt *La femme à la fenêtre* relativ chronologisch die Integrations- und Liebesgeschichte von Aurore in Montréal, ihre kurzweilige Rückkehr nach Friaul und ihren Verzweiflungstod, so stehen einander in *Les Nomades* zwei Handlungsstränge mit unterschiedlichen ProtagonistInnen gegenüber. In den ersten großen Kapiteln werden die Geschichten von Philippes bzw. Adalies Familie erzählt; im Unterschied zu Zagolins erstem Buch wird dabei auf die ‚Kinder der Migration' fokussiert. Philippes und Adalies Kindheit in Italien sowie ihre Adoleszenz in Vancouver bzw. Montréal erscheinen hier wie Antithesen. Im dritten und vierten Teil schildert Zagolin das Zusammentreffen der beiden Figuren in Montréal, ihre Liebesbeziehung und deren allmähliches Scheitern. Die Chronologie wird insbesondere in diesen beiden Abschnitten immer mehr aufgebrochen; der Synthese in der Grobstruktur des Textes steht eine narrative Fragmentarisierung der Kapitel gegenüber. Sie enden mit der Trennung sowie dem Fazit, dass beide durch die Beziehung gereift, aber als urbane Nomaden letztlich auf sich selbst zurückgeworfen sind. *Les Nomades* greift somit die Handlung von *Une femme à la fenêtre* wieder auf, aber im Zentrum steht nicht Aurores Geschichte in Montréal, sondern einerseits die Kindheit Adalies in Italien, andererseits deren Montréaler Biographie nach dem Tod der Mutter. Doch wie *Une femme à la fenêtre* die Geschichte von *Maria Chapdelaine* in sich trägt, so scheint durch den Plot von *Les Nomades* die Geschichte von Aurore palimpsestartig hindurch: Adalie wird hier als eine neue Aurore beschrieben, die im Vergleich zur Mutter eine bessere psychische und emanzipatorische Ausgangslage hat, also nicht deren Hang zur Selbstisolation und Selbstzerstörung teilt, sondern von einem ausdrücklichen Lebenswillen und Streben nach Selbständigkeit geprägt ist. Im Gegensatz zu ihren älteren Schwestern erobert sie aber keinen anglophonen dritten (Zwischen-) Raum, der Platz für ihre subjektive Differenz und das Aushandeln ihrer Identität „ohne eine übernommene oder verordnete Hierarchie" (Bhabha 1997: 127) lassen würde; sie beginnt kein unabhängiges Leben in einer selbst gewählten Umgebung mit einer eigenen Familie. Stattdessen muss Adalie die Krise der Mutter, das „vivre en marge d'elle-même" (Zagolin 2001: 154), noch einmal selbst durchleben, bevor sie zu einer möglichen selbständigen Existenz gelangen kann. Adalie wird so schon am Ende von *Une femme à la fenêtre* als (psychische) Statthalterin von Aurore beschrieben, die auch an deren ‚Familiensitz' wohnhaft bleibt: „La démence a aboli pour Aurore la saison édénique de la légende. Une nouvelle héroïne surgira pour prendre la relève, et cette héroïne, ce sera Adalie." (Zagolin 1988: 189)

Zagolin greift mit diesem Mutter-Tochter-Komplex ein aus vielen rezenten Québecer Romanen bekanntes Motiv auf (Verduyn 1996: 136-142). Sie legt aber den Akzent nicht auf eine migrationsbedingte Traumatisierung oder einen Generationenkonflikt im Sinne eines Zerrissenseins zwischen familiärer Tradition und großstädtisch-kosmopolitischer Sozialisation wie beispielsweise Antonio D'Alfonso in seinem 1990 erschienenen Roman *Avril ou l'anti-passion*. In *Les Nomades* erscheint die Biographie der Tochter in Anlehnung an Gérard Genette (Genette 1992) vielmehr als ‚vie au second degré', als integrativer Neubeginn, der emanzipatorische Chancen eröffnet. Die Palimpseststruktur des Romans ist weniger interkulturell als vielmehr generationell geprägt: An die Stelle der Flucht in das (Québecer) Imaginäre bei Aurore treten bei Adalie soziale (Integrations-) Herausforderungen. Während die Mutter fast nur über ihre innere Realität beschrieben wird und mit dieser vollauf beschäftigt ist, kann die Tochter äußere Realitätsanteile wahrnehmen und integrieren. Diese Akzentverschiebung in Richtung Außenwelt, die den zweiten Roman prägt, wird schon in *Une femme à la fenêtre* angedeutet: Für Adalie gibt es kein „lointain pays" und keine „routes fabuleuses" mehr (Zagolin 1988: 189). Die Zeit der Legenden und der Flucht in innere Welten der Passivität ist vorbei: „les damoiselles n'attendent plus dans leur tente dorée un chevalier errant en quête d'aventure" (Zagolin 1988: 189).

Vancouver im Panoramablick

Diesem zwischen Friaul und Montréal angesiedelten Mutter-Tochter-Komplex wird der Abstieg von Philippes franko-europäischer Aristokrat-Innenfamilie gegenübergestellt, die ihre letzten Jahre in Italien verbracht hat und deren Besitztümer im Laufe der Jahrhunderte einmal französischem, einmal englischem und einmal deutschem Territorium zugerechnet wurden. Mit Philippe tritt bei Zagolin zum ersten Mal eine männliche Figur auf, deren Biographie durch einen Roman hindurch verfolgt wird. Seine Familie bildet, wie erwähnt, eine Antithese zu der von Adalie; im Zentrum der Beschreibungen stehen so die familiären Unterschiede und die inneren Ähnlichkeiten zwischen den ProtagonistInnen: Wie Adalie ist Philippe ohne Vater aufgewachsen; er war lange vor der Übersiedlung nach Kanada verstorben. Während Adalies Kindheit in Italien als glücklich geschildert wird, wächst Philippe umgeben von seinen dominanten (Groß-) Müttern Marie-Elisabeth und Clara auf, die emotional wenig Bezug zu ihm haben. Seine Jugend in Kanada ist von zerfallenden Familienstrukturen und dem krampfhaften Festhalten an Traditionen bestimmt – wie es im Roman heißt – „comme dans un film de Buñuel" (Zagolin 2001: 26). Die ‚Mütter' haben vor allem das Anliegen, die aus Europa mitgebrachten aristokratischen Traditionen und Besitzstände zu wahren: „Dans la maison de Philippe se déroulait un perpétuel théâtre; la vie y étouffait, se décomposait petit à petit. Le monde courait à sa ruine, il va sans dire, mais chez lui, tout allait toujours pour le mieux; on mangeait en famille en parlant du beau temps et des délices du repas." (Zagolin 2001: 23).

Philippe ist gezwungen, in diesem Alltagstheater mitzuspielen und seine Gefühle zu unterdrücken. Den Seelenzuständen Aurores in Zagolins erstem Roman steht hier die Psyche einer Familie gegenüber: „Dans leur mouvance et leurs déplacements continuels, ils espèrent préserver leur passé, le perpétuer et accentuer ainsi leur refus de la modernité." (Marchese 2006: 61)

Die Frage des äußeren Exils ist vor dem Hintergrund der Familienbiographie kaum Thema und erscheint mehr als ein sich regelmäßig wiederholendes Ritual, das dazu dient, vom Verfall des blaublütigen Clans abzulenken. Nur Philippe ist in der Schule mit Integrationsproblemen und Italien-Klischees konfrontiert, die eher beiläufig geschildert werden. Als Anlass, wohl aber kaum Grund für das kanadische Exil wird der bevorstehende Militärdienst Philippes genannt. Vor dem Hintergrund des Todes von Philippes Vater in einer Schlacht, sollte diese staatliche Verpflichtung umgangen werden. Deshalb kam nur ein Land ohne Wehrpflicht als Fluchtort in Frage: Kanada und insbesondere der gewählte Wohnort Vancouver scheinen von Europa weit genug entfernt zu sein, um den aristokratischen Schein ohne Gesichtsverlust aufrechterhalten zu können. Zudem bietet die Stadt am Pazifik die gewünschte Mischung aus modernem Luxus und Abgeschiedenheit, fern von den Unannehmlichkeiten des Großstadtlebens. Das Vancouver der 1960er Jahre ist von den Dimensionen her, aber auch klimatisch, – im Vergleich zu Montréal – eine „ville aux dimensions plus humaines" (Zagolin 2001: 64), eine saubere, reiche und junge Provinzstadt, die alle Hoffnungen des Clans inkorporieren zu scheint. Für dieses Vancouver gilt, was Michel de Certeau für New York festgehalten hat: Es hat „nie die Kunst des Alterns und des spielerischen Umgangs mit den Vergangenheiten erlernt" (de Certeau 2001: 264).

Wie bei Zagolin üblich, wird die Stadt nur in wenigen kurzen Passagen beschrieben und nicht als urbanes Subjekt des Alltags, sondern als aus der Distanz wahrgenommener ‚natürlicher' Ort gezeichnet: „sous les brouillards de mer et s'abritant du vent des plaines contre la barrière des Rocheuses" (Zagolin 2001: 64). Entsprechend der Charakterisierung von Philippes Familie, der der Schein und das Design wichtiger sind als das (Bewusst-) Sein, kommt der zwar fast provinzielle, aber reiche Charakter der Stadt in spektakulärer Lage über eine Panoramasicht zur Geltung: „Les bungalows y alternaient avec les chalets au toit de bardeaux et les villas aux portiques de style colonial. Ces demeures s'étageaient vers les premières hauteurs qui, la nuit venue, s'allumaient de clignotements, prolongeant la silhouette urbaine jusqu'aux frontières de l'espace." (Zagolin 2001: 69-70).

Nach de Certeau kann man feststellen, dass die Stadtperspektive, welche den Leser der Masse und des Alltags enthebt, die Illusion der ‚Lesbarkeit' der Stadt vermittelt und das urbane Gewebe Vancouvers „zu einem transparenten Text gerinnen lässt […]. Die Panorama-Stadt ist ein

‚theoretisches' (das heißt visuelles) Trugbild, also ein Bild, das nur durch ein Vergessen und Verkennen der praktischen Vorgänge zustande kommt." (de Certeau 2001: 266) Die Kulisse aus vorstädtischen Häusern und Villen im Kolonialstil, beleuchteter Hügellandschaft und der Unendlichkeit des Raums verkörpert die (bald enttäuschten) Erwartungen des Exil-Clans an die neue Welt (de Certeau 2001: 264-267).

Auf der Straße gehen: Montréal

Montréal wird ähnlich wie Vancouver nur in einigen kurzen Passagen geschildert; auch hier überwiegen Naturelemente wie Parks und Alleen im Zeichen der wechselnden Jahreszeiten (Zagolin 2001: 133, 167). Montréal ist aber nicht der Ort des familiären Scheins und des Rückzugs; Philippe flüchtet sich vielmehr aus dem Buñuel'schen Familienfilm in die Metropole am anderen Ende Kanadas. Für ihn, der von außen und aus der Provinz kommt, verkörpert die Stadt des kanadischen Ostens den amerikanischen Traum. Sie ist für Philippe der Ort, an dem man sich (scheinbar) von familiären Traditionen freimachen und in der Anonymität verschwinden kann. Ganz in der Linie des Großstadtromans ist die ‚westliche' Metropole Symbol der Freiheit, allerdings ohne in der Darstellung eine tragende Rolle als urbanes Subjekt zugeschrieben zu bekommen. Montréal wird in *Les Nomades* zwar kaum repräsentiert, und Stadtsymbole sowie lokale mentalitätsspezifische Eigenheiten ihrer BewohnerInnen, die das urbane Imaginäre in kondensierter Form vermitteln könnten, fehlen vollständig (Lindner 1999: 289ff.). Aber die Stadt ist als selbst gewählter Wohnort von Philippe sowie als Begegnungsstätte von ihm und Adalie selbst Symbol für ein erhofftes selbständiges und neues Leben von gestrandeten und dem urbanen Alltag enthobenen NomadInnen:

> Il avait pensé qu'il suffisait de partir. Pendant toute sa vie, la révolte l'avait consumé; elle lui tenait lieu de respiration et d'identité, toujours contre quelqu'un ou quelque chose. Peut-être était-il trop simple de croire qu'on était libre uniquement parce qu'on avait claqué la porte. Seul dans une ville étrangère, Philippe abordait, encore une fois, aux rivages du passé. [...] Ce souvenir réconfortait Philippe dans l'appartement minuscule où il revenait se terrer à la fin des après-midi passés à errer dans les rues de Montréal. Il s'y enfermait avec sa musique dans la fumée de cigarette; soir après soir, il regardait, sans allumer, l'agitation nocturne par la fenêtre. (Zagolin 2001: 172)

Montréal ist für Philippe eine vertraute Stadt, die den Wunsch nach einem selbständigen Leben verkörpert und ihn architektonisch und vom Lebensstil her an seine europäische Kindheit erinnert. Er bewegt sich mitunter in ihr, sie wird allerdings nur über anonyme und nicht näher beschriebene „coins oubliés" (Zagolin 2001: 167) repräsentiert, nicht über Milieus oder Stadtsymbole. Montréal tritt Philippe nicht als pulsierender

Organismus, als Ort des interkulturellen Dialogs entgegen, sondern nur als peripherer und unbestimmter Ort, spiegelbildlich zu seiner Existenz als ‚urbaner Nomade': „Philippe, ainsi qu'il l'a toujours fait pour se pro-téger, refuse toute continuité qui donnerait un sens aux choses, même à la douleur, et préfère se tenir en un équilibre précaire au bord du vide." (Za-golin 2001: 195)

Diesem Identitätskomplex entsprechend wird Montréal nur ein einzi-ges Mal über eine konkrete Ortsreferenz charakterisiert. Als Philippe und Adalie zum ersten Mal ausgehen, unternehmen sie einen Spaziergang und in der Folge wird die Innenstadt vom Mont Royal aus, fern von geschäfti-gem Treiben, über das Blinken der abendlichen Lichter wahrgenommen (Zagolin 2001: 150). Von diesem Moment der Romanze abgesehen findet sich die Metropole Montréal aber in Zagolins Roman wie die Protagonist-Innen spiegelbildlich „en marge d'elle-même" (Zagolin 2001: 154). Die Identität der ‚urbanen Nomaden' erscheint im Roman ähnlich fragmenta-risiert wie die der Metropole Montréal selbst. Ein Beispiel dafür sind die soziale Ost-West-Teilung und die städtebauliche Amerikanisierung des Zentrums in den letzten Jahrzehnten. Wie Gilles Senecal anmerkt ist der Wohnraum Innenstadt zum Kontroll- und Spekulationsraum geworden, wo sich vor allem große lokale und internationale Firmen, Banken und Kulturinstitutionen in modernen Prestigegebäuden niedergelassen haben. Den Finanz- und Kultureliten stehen die gesellschaftlich Marginalisierten gegenüber (Senecal 1991: 69-84). Verglichen mit Zagolins erstem Ro-man zeigt sich hier also trotz der nur peripheren literarischen Repräsenta-tion Montréals ein quantitativer Sprung der symbolischen Bedeutung des Handlungsortes Stadt. Die Metropole wird als heiß, verlangsamt und ru-hig beschrieben; vereinzelt erschallt aus Wohnungen laute Musik; das Straßenleben kehrt in den wenigen sonnigen Monaten zurück nach Mont-réal. Diese passagenweise auftretenden Beschreibungen der Außenwelt entsprechen, ähnlich wie in *Une femme à la fenêtre*, der inneren Verfasst-heit der ProtagonistInnen. Aber im Gegensatz zu den leitmotivartigen Winter- und Kälte-Assoziationen erscheint Montréal hier als (be-)lebba-rer Ort, die ProtagonistInnen werden nicht in eine Existenz „derrière une vitre givrée" (Zagolin 1988: 10) verbannt, wo sie auf eine unbestimmte Befreiung warten. Im Vergleich zu Vancouver erscheint die Stadt als Ort des Alltags, fern von spektakulären Panoramaperspektiven.

Ville d'immigration ou ville tout court?

Es wird deutlich: Städte sind bei Zagolin auch als real geschilderte Enti-täten in erster Linie nicht Orte des sozialen Lebens, sondern vor allem Projektionsstätten von Lebenswünschen der ProtagonistInnen. Dies wird in *Les Nomades* über die geschilderten Stadtdarstellungen hinaus an einem Leitmotiv des Romans erkennbar, das an die Stelle der Todes- und Wintermetaphorik in *Une femme à la fenêtre* tritt. Zagolin stellt den der Familien- und Beziehungsgeschichte von Philippe und Adalie gewidmeten vier Kapiteln einen Prolog voran (Zagolin 2001: 11-15), der den Besuch Philippes bei einer Wahrsagerin in der Chinatown Torontos schildert. Dieser Text stellt durch seine Evokation des exotischen Ambientes des Viertels die einzige Repräsentation eines kosmopolitischen Stadtraums im Roman dar. Vor Philippes Weggang nach Montréal taucht noch einmal am Ende des Kapitels über seine Jugend eine kurze Bezugnahme auf diese Episode auf (Zagolin 2001: 86-87):

> Lorsqu'il émergea dans la rue, les enseignes de Chinatown l'assaillirent de leurs messages cryptiques; sous le soleil de midi, les dragons de laque se dressaient aux devantures des restaurants dans un miroitement d'étincelles. La foule se pressait sur les trottoirs. Philippe y chercha longtemps un visage sur lequel fixer l'oracle. Mais il n'était pas encore temps; les grands espaces restaient à franchir. (Zagolin 2001: 14)

Die kosmopolitisch-urbane Komponente vermischt sich hier mit der transzendentalen Welt der Wahrsagerin. Mme McClaughry fordert Philippe dazu auf, die Verbindungen zu seiner Familie abzubrechen, sagt ihm voraus, dass er den Kontinent quer durchreisen wird und rät ihm, diesmal mit seinem Schicksal nicht leichtsinnig umzugehen, da er sonst alles verlieren würde. Diese Voraussagung ist für Philippes Entscheidung zur Fahrt nach Montréal bestimmend, zugleich ist sie insofern von Bedeutung als die Befürchtung der Wahrsagerin letzten Endes eintrifft. Dementsprechend tritt das Leitmotiv auch nach seiner Ankunft in Montréal weitere vier Male auf, allerdings in Form einer Erinnerung Philippes, die sich durch fast alle Kapitel des Romans zieht, sowie Krisen- und Umbruchstationen des Protagonisten markiert. Allerdings wird mit einer Ausnahme das Leben in den Straßen des chinesischen Viertels zugunsten des transzendentalen Aspekts des Erlebnisses reduziert. Dies entspricht Zagolins Fokus auf die innere Realität, aber auch dem Stellenwert Chinatowns im Roman, wo es weniger für urbanen Alltag als für eine Fluchtwelt steht. Der Besuch bei der Wahrsagerin kommentiert so die ersten Beziehungsschwierigkeiten zwischen Philippe und Adalie (Zagolin 2001: 171). Im Kontext von Philippes existentieller Krise wird das Erlebnis noch einmal erwähnt, wobei klar wird, dass er generell eine Schwäche für Magier hat und diese häufig in schwierigen Momenten aufsucht. Die hier gefundene Spiritualität ist für ihn, „enfermé dans son être de pierre" (Zagolin 2001: 198), eine Möglichkeit, die (urbane) Gegenwart und die Auseinandersetzung mit sich selbst gegen Zukunftsversprechungen einzutauschen. „Car dans l'entre-deux de la nostalgie, imbibé de parfums et de sons auxquels il n'appartient plus et qui, à cause de cela, le blessent moins que ceux d'ici et de maintenant, l'étranger est un rêveur qui fait l'amour avec l'absence, un déprimé exquis." (Kristeva 1988: 20-21)

Schließlich kehrt die Erinnerung noch einmal wieder – als sich Adalie endgültig von Philippe trennt – und inkorporiert die erinnerte Stadterfahrung (Zagolin 2001: 204): Mit der Verbindung zwischen Philippe und Adalie scheitert der symbiotische Rettungsversuch zweier fragiler Persönlichkeiten, die eine Reihe von biographischen Erlebnissen geteilt haben. Adalie verlässt Philippe, weil sie nicht wie er ‚Opfer' der Vergangenheit werden, sondern aus dem Schicksal der Elterngeneration lernen, das Gefühl der Depersonalisierung überwinden will. Der Philippe von der Wahrsagerin prophezeite Verlust aller inneren Sicherheiten sowie der Möglichkeit eines selbständigen (Familien-) Lebens fern der Eltern tritt nun ein und macht die massive Identitätskrise von Philippe deutlich. Sie spiegelt sich in seiner äußeren Welt wider: Philippe ist nun wieder auf sich selbst und seine blaublütige Familie und deren Geschichte zurückgeworfen; Vancouver'sche Vergangenheit hat ihn wieder: Seine Mutter Elisabeth-Marie zieht nach dem Tod ihrer Eltern in seine Nähe; die „Chronique en noir et blanc" schildert, wie Philippe eines Sonntags seine Mutter in der Nähe von Montréal besucht und von den alten Besitzständen und den ihn einengenden Erinnerungen umgeben ist. Aus diesem erstickenden Ambiente kann er sich nur noch kurz in die Nostalgie, in die Erinnerung an das exotische Chinatown flüchten:

> Le poids de l'héritage aurait eu raison de lui aussi; il s'accomplissait en sa personne, non pour l'enrichir, mais pour l'effacer, l'abîmer à son tour dans le secret de l'oubli. [...] Philippe est enchaîné. Du souvenir surgit le miroitement des dragons écarlates dont le soleil de septembre avait jadis pailleté les écailles. Il se rappelle une ville aux allures de pionnière, un quartier exotique où tous les espoirs étaient permis. Grands pourvoyeurs d'énergie, les serpents de laque enroulent et déroulent leurs queues puissantes au sommet d'enseignes qui ne cessent de clignoter, attirant les passants dans leur magie. De leur gueule fertile une voix de femme lui prédit le bonheur. (Zagolin 200: 208)

Vor dem Hintergrund seiner desillusionierten Existenz haben Montréal und Vancouver keinen symbolischen Gehalt mehr, sie haben als Orte der Projektion ausgedient. Zagolins Fokus auf die inneren Welten lässt keine Ersatzidentifikationen zu. Philippe ist nun klar, dass es, um ‚frei' zu werden, mehr an Anstrengung bedurft hätte, als Vancouver zu verlassen. Weder die Flucht in die Beziehung noch in die kosmopolitischen Stadtwelten konnten die Identitätsproblematik – die Suche nach dem abwesenden Vater und einem eigenen zuhause – lösen (Verduyn 1996: 136-142). Das bittere Lebensresümee ist Ergebnis der Flucht vor sich selbst. Am Ende sind beide ProtagonistInnen ihrer Existenz als ‚urbane Nomaden' ausgesetzt, denen aber im Vergleich zu ihrer Elterngeneration eine selbständige psycho-soziale Existenz als Alternative zum Tod noch offensteht. Der kurze Prolog des Romans deutet dies an: Er überträgt Philippe die Erzählerstimme und lässt ihn, wenn auch aus der Ferne, Adalie noch einmal im Stadtraum erhaschen. Er macht sich klar, dass er der Beziehung mit ihr den Kontakt zu sich selbst und das Eingestehen seiner Ich-Schwäche zu verdanken hat: „aux côtés d'Adalie il fallait se départir des masques et accepter que la vie vous déroute" (Zagolin 2001: 211). Mit dieser Erkenntnis und der inneren Gewissheit, dass sie mit ihm im Stadtraum atmet, kann er auf eine zu nichts führende Begegnung mit ihr, eine nostalgische Flucht in die verlorene Beziehung verzichten. Er weiß nun: „Le paradis perdu est un mirage du passé qu'il ne saura jamais retrouver." (Kristeva 1988: 20)

L'art pour l'art?

Auch diese ‚urbane' Verortung der ProtagonistInnen lässt sich als deutliche Absage an kollektive (ethnische) Identitätskonstruktionen in einer globalen und fragmentierten Metropole lesen. Zagolin positioniert sich in ihren Romanen indirekt, aber ebenso deutlich wie in ihren Essays im Kontext der, besser gesagt: in Abgrenzung zur Québecer ‚littérature migrante'. Die von ihr thematisierten Identitätsproblematiken sind zutiefst individuell und somit universell angelegt; sie tragen kaum lokalspezifische Spuren und sind nur bedingt migrationsspezifisch motiviert. Die ‚urbanen Nomaden' Adalie und Philippe erscheinen wie ihre Familien aus mehreren Gründen eher als Vertreter eines „peuple des infidèles: ceux qui partent à la guerre, au travail, à l'étranger, sur des routes dont il ne reviennent plus" (Zagolin 1988: 123) und stellen keine ‚typischen' Migrationsschicksale dar: eine gutbürgerliche Familie aus dem Friaul, die einem Onkel nach Montréal folgt und dort im frankophonen Umfeld aufwächst; eine aristokratische Familie aus der Normandie mit wechselnden Wohnsitzen in Europa. Kurz: Zagolin hinterfragt mit ihren Romanwelten die Reduzierung der Exilthematik auf soziale und schichtspezifische Fragestellungen. Sie wendet sich aber besonders gegen eine (wissenschaftliche) ‚vogue ethnique', die kollektive und ethnische Identitätsdebatten gegenüber Einzelschicksalen und deren Innenwelten bevorzugt. Sie problematisiert, ähnlich wie Régine Robin, die „pièges d'une fausse réponse identitaire, ethnique" (Robin 1992: 36) und bezieht explizit Position gegen eine Vereinnahmung ihrer Person für die gemeinsame (italo-québecer) ‚Sache'[14]. Allerdings verfolgt sie im Gegensatz zu ihrer Kollegin

---

14 Vgl. zu dieser Fragestellung Enoch Padolskys Aufsatz „„With single camera view upon this earth', ou comment regarder la multiplicité canadienne sans se fatiguer", in: Lequin 1996: 13-22.

dabei eine Argumentation, die gesellschaftliche Fragestellungen wie die der Globalisierung und der sozialen Integration beiseitelässt und den Kunstcharakter der Literatur betont:

> Je ne suis ni sociologue, ni documentariste. Je ne parle au nom d'aucune communauté, je ne me veux le porte-parole d'aucune ethnie. [...] La narration romanesque n'exige qu'une sorte de fidélité, celle qu'on doit à ses personnages. [...] je n'y ai guère tenté de décrire une société patriarcale, ni d'offrir des solutions aux problèmes du déracinement. (Zagolin 1993: 59-60)

Sie tritt so für eine Rückkehr zu ‚originär‘ literarischen Fragestellungen ein und vertritt damit Positionen, die mitunter etwas elitär und essentialistisch anmuten – in der guten Intention, nicht in die ‚ethnische Falle‘ zu tappen (Moisan/Hildebrand 2001: 314-315).

Bibliographie

Boivin, Aurélien 1996, „Maria Chapdelaine ou l'éloge de la survivance française en Amérique", in: Boivin, Aurélien, *Pour une lecture du roman québécois. De Maria Chapdelaine à Volkswagen Blues*, Québec. 11-38.

Bhabha, Homi K. 1997, „Verortungen der Kultur", in: Bronfen, Elisabeth/Marius, Benjamin/Steffen, Therese (Hg.), *Hybride Kulturen. Beiträge zur anglo-amerikanischen Multikulturalismusdebatte*, Tübingen. 123-148.

Caucci, Frank 1996, „Aurore au pays de Québec. L'exil chez Bianca Zagolin", in: Lequin, Lucie/Verthuy, Maïr (Hg.), *Multi-culture, multi-écriture. La voix migrante au féminin en France et au Canada*, Paris. 83-89.

Ceccon, Jérôme 2003, „Les écrivains italo-québécois dans leur rapport à la langue et à la culture ou comment se positionner comme écrivain à part entière dans le contexte québécois", in: *InterFrancophonies 2*, URL: www.interfrancophonies.org/ceccon.pdf (26.05.06).

de Certeau, Michel 2001, „Die Kunst des Handelns. Gehen in der Stadt", in: Hörning, Karl H./Winter, Rainer (Hg.), *Widerspenstige Kulturen. Cultural Studies als Herausforderung*, Frankfurt a.M. 264-291.

Chartier, Daniel 2003, *Dictionnaire des écrivains émigrés au Québec. 1800-1999*, Montréal.

De Luca, Anna Pia/Dufiet, Jean-Paul/Ferraro, Alessandra 1999, „Presentazione", in: De Luca, Anna Pia/Dufiet, Jean-Paul/Ferraro, Alessandra (Hg.), *Palinsesti culturali. Gli apporti delle immigrazioni alla letteratura del Canada*, Udine. 9-10.

Genette, Gérard 1992, *Palimpsestes. La littérature au second degré*, Paris, Seuil.

Groß, Konrad/Klooß, Wolfgang/Nischik, Reinhard M. (Hg.) 2005, *Kanadische Literaturgeschichte*, Stuttgart.

Hémon, Louis 1954, *Maria Chapdelaine. Récit du Canada français*, Paris.

Kristeva, Julia 1988, *Étrangers à nous-mêmes*, Paris.

Lequin, Lucie 1992, „L'épreuve de l'exil et la traversée des frontières. Des voix de femmes", in: *Québec Studies* 14. 31-39.

Lequin, Lucie/Verthuy, Maïr 1996, „Multi-culture, multi-écriture. La migrance de part et d'autre", in: Lequin, Lucie/Verhuy, Maïr (Hg.), *Multi-culture, multi-écriture. La voix migrante au féminin en France et au Canada*, Paris. 1-12.

Lindner, Rolf 1999, „The Imaginery of the City", in: Bundesministerium für Wissenschaft und Verkehr/Internationales Forschungszentrum Kulturwissenschaften (Hg.), *The Contemporary Study of Culture*, Wien. 289-294.

Marchese, Elena 2006, „L'exil chez Bianca Zagolin et Abla Farhoud. La recherche d'un espace habitable entre passé et présent", in: Chartier, Daniel/Pepin, Veronique/Ringuet, Chantal (Hg.), *Littérature, immigration et imaginaire au Québec et en Amérique du Nord*, Paris. 51-69.

Moisan, Clément/Hildebrand, Renate 2001, *Ces étrangers du dedans. Une histoire de l'écriture migrante au Québec (1937-1997)*, Montréal.

Pivato, Joseph o.A., „A History of Italian-Canadian Writing", URL: www.athabascau.ca/cll/research/hisitcan.htm (26.05.06).

Reinke, Kirstin 2005, „Italienische Sprache und Identität im mehrsprachigen Kontext der Metropole Montréal", in: Erfurt, Jürgen (Hg.), *Transkulturalität und Hybridität. L'espace francophone als Grenzerfahrung des Sprechens und Schreibens*, Frankfurt a.M. 59-79.

Ringuet, Chantal 2005, „Impact des voix migrantes sur les représentations de l'identité dans la littérature québécoise au tournant du XXIe siècle", in: *Neue Romania* 33. 309-320.

Robin, Régine 1992, „Sortir de l'ethnicité", in: Caccia, Fulvio/Lacroix, Jean-Michel (Hg.), *Métamorphoses d'une utopie*, Paris. 25-41.

Salvatore, Filippo 1999, *Ancient Memories, Modern Identities. Italian Roots in Contemporary Canadian Authors*, Toronto.

Senecal, Gilles 1991, „Lieux et symboles de l'espace culturel montréalaise", in: Gasquy-Resch, Yannick (Hg.), *Marseille-Montréal. Centres culturels cosmopolites*, Paris. 66-84.

Verduyn, Christl 1996, „Écriture et Migration au féminin au Québec. De mère en fille", in: Lequin, Lucie/Verthuy, Maïr (Hg.), *Multi-culture, multi-écriture. La voix migrante au féminin en France et au Canada*, Paris. 131-144.

Volkan, Vamik D./Ast, Gabriele 1994, *Spektrum des Narzissmus*, Göttingen.

Zagolin, Bianca 1988, *Une Femme à la fenêtre*, Paris, Robert Laffont (*Una donna alla finestra*, Padova. Übersetzt von Bianca Zagolin und Concetta Kosseim).

Zagolin, Bianca 1990, „L'histoire d'un déracinement", in: *Écrits du Canada français* 68. 175-192.

Zagolin, Bianca 1993, „Littérature d'immigration ou littérature tout court?", in: *Possibles* 17/2. 57-62.

Zagolin, Bianca 1999, „Le métissage culturel et littéraire. Une réflexion personnelle", in: De Luca, Anna Pia/Dufiet, Jean-Paul/Ferraro, Alessandra (Hg.) 1999, *Palinsesti culturali. Gli apporti delle immigrazioni alla letteratura del Canada*, Udine. 19-26.

Zagolin, Bianca 2001, *Les Nomades*, Montréal.

Downtown, Toronto © Verena Berger

Kurzbiographien

VERENA BERGER lehrt Hispanistik/Iberoamerikanistik (Literatur-, Kultur- und Medienwissenschaften) am Institut für Romanistik der Universität Wien. Forschungsschwerpunkte: Mehrsprachigkeit in Literatur und Film; Filmgeschichte (Spanien, Kuba, Mexiko und Argentinien); Migrations- film; Stadtfilm und Stadtkultur (Spanien und Iberoamerika). Publikationen: *Theater und Sprache. Das katalanische Theater zwischen Diktatur und Demokratie*, Wien 1999; zahlreiche Artikel zum spanischen und iberoamerikanischen Film. Laufende Forschungsprojekte zur Migration im Film der europäischen Romania, und zur Intermedialität im spanischen Theater/Film.

ROBIN CURTIS, geboren in Toronto, ist Filmemacherin, Kuratorin (Son- derprogramm ‚Out of Time' Oberhausen 2001; Werkleitz Biennale 2002) und Filmwissenschaftlerin. Derzeit wissenschaftliche Mitarbeiterin an der Freien Universität Berlin im Sonderforschungsbereich ‚Kulturen des Per- formativen' (Projekt ‚Synästhesie-Effekte: Kinetische und farbliche Di- mensionen des Films'). Promotion 2003 an der Freien Universität Berlin zur Räumlichkeit in der filmischen Autobiographie. Arbeitet an einer Ha- bilitation zum Thema „Filmic Immersion". Zahlreiche Publikationen zu medialer Erinnerung, zur Emotionalität des bewegten Bildes und zur fil- mischen Avantgarde.

ELISABETH DAMBÖCK arbeitet derzeit an einer Dissertation zu „Memory Writing in North-America: The Deconstruction of Cultural Memory in Indian Diaspora Writing" am Institut für Anglistik und Amerikanistik der Universität Wien. Sie ist seit 2001 am Zentrum für Kanada-Studien der Universität Wien tätig und war von 2002 bis 2006 dort FWF-Projektmit- arbeiterin zum Themenbereich ‚Transatlantische Erinnerung in der kana- dischen Literatur'. Seit Februar 2006 im Leitungteam des Nachwuchsfo- rums der Gesellschaft für Kanada-Studien in den deutschsprachigen Län- dern.

LUDWIG DERINGER ist Professor für Amerikanistik und Kanadistik an der Rheinisch-Westfälischen Technischen Hochschule Aachen. Bereiche: Sprache, Literatur und Kultur von den Anfängen bis zur Gegenwart. For- schungsschwerpunkte: Willa Cather, das koloniale Zeitalter, Lyrik, Re- gionalismus, kanadisch-amerikanische Literatur- und Kulturbeziehungen. Bücher zu dem Lyriker Jones Very, zum Pazifischen Nordwesten in ver- gleichender Sicht, zur Fremdsprachendidaktik. Mitherausgeber der Buch- reihe ‚Aachen British and American Studies.' U.a. Gutenberg-Stipendiat der Stadt Mainz (1973); American Council of Learned Societies Research

Fellow (1985-86); Invited Research Scholar, John Carter Brown Library, Providence, Rhode Island (2004); Visiting Researcher, Harvard University (2004).

JÜRGEN ERFURT ist Professor für Romanische Philologie (Linguistik) an der Johann Wolfgang Goethe-Universität Frankfurt am Main. Mitglied des Zentrums für Nordamerika-Forschung (ebendort). Forschungsschwerpunkte: Soziolinguistik mit Schwerpunkt auf Frankophoniestudien (insbesondere die Frankophonie im Minderheitenmilieu Kanadas), Varietätenlinguistik der romanischen Sprachen, Sprachpolitik in der Romania, Spracherwerbsforschung. Aktuelle Publikationen: *Frankophonie. Sprache – Diskurs – Politik*, Tübingen 2005; als Herausgeber *Transkulturalität und Hybridität. L'espace francophone als Grenzerfahrung des Sprechens und Schreibens*, Frankfurt a.M. u.a. 2005; Herausgeber der Reihe *Sprache, Mehrsprachigkeit und sozialer Wandel* bei Peter Lang; Mitherausgeber der Reihe *Osnabrücker Beiträge zur Sprachtheorie* sowie der Zeitschrift *Grenzgänge. Beiträge zu einer modernen Romanistik*.

KLAUS-DIETER ERTLER ist Professor für Romanische Philologie an der Karl Franzens-Universität Graz. Leiter der Zentren für Kanada- und Mexiko-Studien (ebendort) sowie Präsident der Gesellschaft für Kanada-Studien in den deutschsprachigen Ländern. Forschungsschwerpunkte: Frankokanadische und lateinamerikanische Erzählliteratur, Jesuitenberichte zu Beginn der französischen Kolonisation in Nordamerika, moralische Wochenschriften des 18. Jahrhunderts, spanische Aufklärungsliteratur. Neueste Publikationen: Ertler, Klaus-Dieter/Löschnigg, Martin (Hg.) 2004, *Canada in the Sign of Migration and Trans-Culturalism/Le Canada sous le signe de la migration et due transculturalisme*, Frankfurt a.M. u.a. 2004; Ertler, Klaus-Dieter/Humpl, Andrea Maria/Maly, Daniela (Hg.) 2005, *Ave Maris Stella. Eine kulturwissenschaftliche Einführung in die Acadie*, Frankfurt a.M. u.a.; als Herausgeber *Migration und Schreiben in der Romania*, Münster 2006.

FRITZ PETER KIRSCH praktiziert in Lehre und Forschung eine romanistische Literaturwissenschaft interkultureller Orientierung im Spannungsfeld von Hermeneutik, Soziokritik und Geschichte.Wichtigstes Arbeitsgebiet: Literaturgeschichte Frankreichs und der anderen Frankophonien – neben den traditionellen Standardthemen der Französistik – mit Schwerpunkt auf dem literarischen Geschehen innerhalb des okzitanischen Sprachgebietes und den vom Kolonialismus geprägten Überseegebieten (speziell Maghreb, Westafrika und Québec); weitere Schwerpunktsetzungen im Bereich der Italianistik und der Hispanistik/Katalanistik. Neuere Publikationen: *Epochen des französischen Romans*, Wien 2000; *Écri-*

vains au carrefour des cultures, Bordeaux 2000; Arend, Elisabeth/Kirsch, Fritz-Peter (Hg.) 1998, *Der erwiderte Blick. Frankreich und der Maghreb im Lichte literarischer Begegnungen und Konfrontationen*, Würzburg; Hönigsperger, Astrid/ Kirsch, Fritz Peter (Hg.) 2005, *Ethnizität und Stadt. Interdisziplinäre Beiträge zum Spannungsfeld Mehrheit/Minderheit im urbanen Raum*. Wien; Kirsch, Fritz Peter/Vigh, Arpád (Hg.) 1991-2001, *Cahiers francophones d'Europe Centre-Orientale*, Pécs/Wien.

PETER KLAUS lehrte am Institut für Romanische Philologie der FU Berlin und am John F. Kennedy-Institut für Nordamerika-Studien franko-kanadische Literatur- und Landeswissenschaften. Derzeit Leiter der Sektion ‚Französisch-Kanadische Sprache und Literatur' der Gesellschaft für Kanada-Studien in den deutschsprachigen Ländern. Neuere Publikationen: Mitarbeit am *Dictionnaire des Œuvres Littéraires du Québec* (DOLQ); als Herausgeber „Québec-Canada. Cultures et littératures immigrées", *Neue Romania* 18, Berlin, 1997; *Conteurs franco-canadiens contemporains*, Stuttgart 2000; „Acadie 1604-2004", *Neue Romania* 29, Berlin, 2004; Bazié, Isaac/Klaus, Peter (Hg.) 2005, „Canon national et constructions identitaires: les nouvelles littératures francophones. Afrique, Océan Indien, Caraïbe, Haïti, Canada/Québec", *Neue Romania* 33.

MARTIN KUESTER studierte Anglistik und Romanistik in Deutschland (Aachen, Trier), Frankreich (Caen) und Kanada (Vancouver, Winnipeg). Seit 1999 Professor für Anglistik/Literaturwissenschaft an der Philipps-Universität Marburg und Leiter des Marburger Zentrums für Kanada-Studien. Forschungsschwerpunkte: Literaturtheorie, englische Literatur des 17. Jahrhunderts und kanadische Literatur. Neuere Publikationen: Kuester, Martin/Wolff, Andrea (Hg.) 2000, *Reflections of Canada: The Reception of Canadian Literature in Germany*, Marburg; Keller, Wolfram R./ Kuester, Martin (Hg.) 2002, *Writing Canadians: The Literary Construction of Ethnic Identities*, Marburg.

URSULA MATHIS-MOSER ist Professorin für Romanische Philologie an der Leopold-Franzens-Universität Innsbruck, Leiterin des Zentrums für Kanada-Studien und des Forschungsschwerpunktes ‚Kulturen in Kontakt' (ebendort). Forschungsschwerpunkte: Migrationsliteraturen in der Romania, französischer Existentialismus, Frauenliteratur in Frankreich und Spanien, frankokanadische Erzählliteratur und Lyrik sowie Wechselbeziehungen zwischen Literatur und Musik. Trägerin des ‚Prix Jean Éthier-Blais 2004' für ihre Monographie zu Dany Laferrière. Neuere Publikationen: *Dany Laferrière. La dérive américaine*, Montréal 2003; als Herausgeberin *Nouveaux regards sur la littérature québécoise*, Innsbruck 2004; *Österreich – Kanada: Kultur- und Wissenstransfer 1990-2000/Austria – Cana-*

da: Cultural and Knowledge Transfer 1990-2000/Autriche-Canada: Le transfert culturel et scientifique 1990-2000, Innsbruck 2003; Mathis-Moser, Ursula/Mertz-Baumgartner, Birgit/Fuchs, Gerhild/ Eibl, Doris (Hg.) 2000, *Blumen und andere Gewächse des Bösen in der Literatur*, Frankfurt a.M. u.a.; in Vorbereitung ist ein Lexikon französischer MigrationsautorInnen der ersten Generation.

PAUL MORRIS ist Privatdozent an der Universität des Saarlandes, wo er nordamerikanische Literatur und Kultur lehrt. Er ist der Verfasser verschiedener Studien zur nordamerikanischen Literatur, unter anderem zahlreicher Artikel zur kanadischen Literatur. Sein neuestes, demnächst erscheinendes Buch befasst sich mit der russischen und englischen Lyrik Nabokovs und dem Einfluss seiner ‚lyrischen Sensibilität' auf das gesamte Œuvre.

LUTZ SCHOWALTER studierte Anglistik, Germanistik und Kanadistik an den Universitäten Mannheim, Manitoba (Winnipeg, Kanada) und Trier. Leiter von Lehrveranstaltungen im Bereich der Kanadistik und Amerikanistik. Februar 2005 bis 2007 einer der Leiter des Nachwuchsforums der Gesellschaft für Kanada-Studien. 2005: Abschluss der Dissertation „City Life. Narrations of the Urban Experience in Contemporary American and Canadian Literature" mit Schwerpunkt auf literarischen und kulturgeschichtlichen Entwicklungen im Kontext der bzw. anschließend an die Postmoderne. Weitere Forschungsinteressen: der zeitgenössische englischsprachige Roman, Wechselbeziehungen zwischen Kultur und Religion in Nordamerika sowie Erscheinungsformen des literarischen Realismus.

MAGDALENA SCHWEIGER studierte Romanistik an der Universität Wien und der Université de Montréal. Auszeichnung der Diplomarbeit „Appropriation locale d'un phénomène global: le rap montréalais" mit dem ‚Prix d'excellence du gouvernement du Québec' (2005). Forschungsschwerpunkte: Sprachkontakt, HipHop-Kultur und Jugendsprache im Montréal-Rap. 2003/ 2004: Forschungspraktikum am CEETUM (Centre d'Études Ethniques des Universités Montréalaises); 2005/2006: Abschluss des Master ‚Français langue étrangère: L'analyse des représentations de la francophonie, de la langue et de la culture française' an der Universität Nantes.

DANIEL WINKLER studierte Französisch, Vergleichende Literaturwissenschaften und BWL an den Universitäten Aix-en-Provence, München und Wien. Doktoratsstudium an den Universitäten Sorbonne-Panthéon, Regensburg und Wien; Titel der Arbeit: „Im Dickicht von Marseille. Eine Mittelmeermetropole im Film" (Abschluss 2005; erscheint 2007 bei Transcript, Bielefeld). Seit 2003 wissenschaftlicher Mitarbeiter am Institut für

Romanistik der Universität Wien; seit 2005 Mitglied der Arbeitsgruppe Kulturwissenschaften (ebendort) sowie Co-Leiter des Nachwuchsforums der Gesellschaft für Kanada-Studien in den deutschsprachigen Ländern. Schwerpunkte in Lehre und Forschung: französische Filmgeschichte, Exil-literatur und Migrationsfilm (Frankreich, Italien und Kanada), Stadt- und Regionalismusforschung.

CNN-Tower und Downtown, Toronto © Verena Berger

Résumés

Verena Berger

Dans son premier roman *Côte-des-Nègres*, Mauricio Segura brosse le tableau de la situation socioculturelle des jeunes migrants installés à Côte-de-Neiges, un quartier de Montréal dont le caractère multiethnique est particulièrement prononcé. Paradoxalement, les protagonistes de Segura, confrontés quotidiennement à la diversité des langues, des origines et des cultures de leurs semblables, ne s'adaptent que difficilement à leur entourage pluriethnique. Au lieu de s'ouvrir, de pratiquer pour ainsi dire le transculturel, les jeunes latino-américains et haïtiens forment des bandes au sein desquelles l'ethnicité et la nationalité jouent un rôle majeur. Ces bandes pourvues d'étiquettes telles que „Latino Power" ou „Bad Boys", s'opposent en des luttes acharnées et parfois sanglantes lorsqu'il s'agit de „conquérir" certains avantages sociaux ou certains quartiers de la ville. Rien d'étonnant à ce que ces jeunes soient totalement étrangers aux problèmes linguistiques des Québécois et aux conflits politico-culturels qui opposent ceux-ci au gouvernement fédéral. Le Québec officiel fait, dans ce contexte, plutôt figure de système de normes et de contraintes. En comparant le roman de Segura au film documentaire *Zéro Tolérance* de Michka Saäl (2004), on peut observer les mécanismes d'exclusion et/ou d'inclusion des immigrés de la deuxième ou troisième génération. Rien de plus ambivalent que leurs attitudes par rapport à leur culture d'origine, aux autres groupes d'immigrés et à la majorité dominante du Québec.

Robin Curtis

Si le multiculturalisme constitue une partie intégrante de la vie quotidienne à Toronto, la diversité des origines et des cultures impose néanmoins à ceux qui la vivent des sacrifices parfois considérables. La présente contribution analyse deux films qui traitent les jeux de la mémoire et de l'oubli par rapport à la minorité arménienne au Canada, à savoir *Girl of Moush* de Gariné Torossian et *Calendar* d'Atom Egoyan. Chacun de ces films traite les contradictions qui se manifestent lorsqu'une communauté entend maintenir son identité collective – en l'occurrence par le culte des souvenirs du génocide du début du XXe siècle – tout en subissant la force de l'oubli lorsque les contacts directs avec le pays des ancêtres s'estompent. Le premier des films analysés démontre le caractère artificiel d'une affirmation identitaire fondée exclusivement sur des idées reçues, le deuxième évoque un voyage au pays où les standards ethnicistes se heurtent aux imprévus du vécu individuel.

Elisabeth Damböck

Dans les romans de Mordecai Richler, c'est l'inspiration satirique du moraliste qui prédomine en se doublant toutefois des sentiments nostalgiques de celui qui jette un regard attendri sur le petit monde d'immigrés juifs qui peuplait jadis le quartier autour de la rue Saint-Urbain. Autant dire que la vision du romancier n'embrasse jamais la ville dans sa totalité. Pour l'essentiel, Richler ne décrit que trois communautés qui habitent des quartiers avoisinants: Celle des anglophones plutôt arrogants et hypocrites, du genre WASP, installés à Westmount, la bourgeoisie francophone d'Outremont dont les prétentions „nationalistes" sont ridiculisées sans pitié, et les immigrés vers lesquels va toute la sympathie de l'auteur bien qu'il voie également leurs faiblesses.

Ludwig Deringer

En illustrant une expérience à la fois judéo-ukraïnienne et québécoise, la poésie montréalaise d'A. M. Klein implique la représentation de processus interculturels dans le contexte d'un imaginaire urbain. Dans cette œuvre poétique, les images de Montréal surgissent au rythme de variations qui embrassent les premières visions de l'immigré aussi bien que l'approche du résident permanent faisant l'éloge de la diversité des ethnies et des langues dans sa ville en partant de la critique sociale pour déboucher sur une évocation de Montréal en tant que figure de l'humanité. Dans les textes de Klein, la ville-monde émerge d'une stratification thématique embrassant le shtetl aussi bien que d'autres domaines de la judéïté et de la diaspora, les camps de concentration et les attaques aériennes pendant la Seconde Guerre, ainsi que Jérusalem représentée comme archétype urbain. Le poète polyglotte qui, dans les années 20, faisait partie du mouvement d'avant-garde *Montréal Group of Poets* peut être considéré comme un *poeta doctus* influencé par Ezra Pound. Sa contribution à la percée du modernisme dans la littérature canadienne a été significative. L'analyse de Montréal vu par Klein permet de mieux comprendre les courants et les interférences de la poésie moderniste à une échelle internationale (Grande Bretagne – Irlande – Etats-Unis – Canada).

Jürgen Erfurt

Cette contribution basée sur des recherches ayant trait aux discours, conceptions et méthodes de l'alphabétisation de francophones et de migrants à Toronto et à Montréal ainsi qu'à la pratique de l'acquisition langagière dans des situations de bilinguisme, se consacre aux changements affectant actuellement un centre haïtien d'alphabétisation à Montréal. Le problème qu'il s'agit de mieux cerner ici concerne les chances d'avenir d'un projet du type *alphabétisation populaire* dont le champ d'activité se trouve aujourd'hui très restreint par les réformes politiques actuelles au Québec dans les domaines de l'aménagement linguistique et de l'intégration. Il s'agit notamment de mettre en lumière les répercussions d'une telle politique visant à privilégier les aspects économiques et bureaucratiques de la vie culturelle par rapport aux pratiques d'alphabétisation et aux usages linguistiques chez les migrants. Alors que le centre d'alphabétisation en question mettait l'accent sur l'acquisition de l'écriture (en créole d'abord, en français par la suite) et des compétences sociales, la pratique actuelle de l'alphabétisation obéit de plus en plus souvent aux impératifs d'un discours qui cherche à se justifier par les données du marché du travail. C'est au détriment du créole et de l'alphabétisation populaire qu'une alpha-francisation tend actuellement à s'imposer.

Klaus-Dieter Ertler

Parmi les littératures migrantes écloses au sein de Montréal et constitutives du champ littéraire du Québec, celle dont les écrivains sont d'origine latino-américaine occupe une place particulièrement importante. Dans cette contribution, on se propose d'examiner le discours qui sous-tend cette production en mettant l'accent sur la façon dont les auteurs posent le problème des rapports entre l'immigré et la métropole où il tente d'établir son centre de vie. C'est l'œuvre de Sergio Kokis, écrivain d'origine brésilienne, notamment *Le Pavillon des miroirs (1994)* et *l'Amour du lointain* (2004) qui servira de point de départ à des réflexions concernant les rapports parfois difficiles entre Québécois „pure laine" et immigrés. Si la dichotomie du navigateur et de l'arpenteur qui a suscité jadis des polémiques acerbes n'est plus de saison, il s'agit maintenant de s'interroger sur la portée de la conception de „lieu habité" définie par Simon Harel dans son dernier livre sur la littérature migrante au Québec.

Peter Klaus

Les differences entre la représentation du quartier prolétaire Saint-Henri dans *Bonheur d'occasion* (1945) et dans le recueil de nouvelles *Les Aurores montréales* de Monique Proulx (1996) illustrent l'évolution de la littérature urbaine au Québec pendant la seconde moitié du XXe siècle. Montréal n'a jamais été la ‚patrie' du flâneur dans le sens de Walter Benjamin ou de Franz Hessel. Il suffit de penser aux héros loufoques et marginaux dans *Le Cassé* de Jacques Renaud ou aux nouveaux ‚coureurs des villes' chez Christian Mistral et Michel Michaud. Le roman *La Québé-coite* de Régine Robin montre également une ville multiple, un Montréal déconstruit, dont la base chronotopique est minée en permanence par les narrateurs. Dans plusieurs romans, Gérard Étienne choisit Montréal comme lieu de conflits postcoloniaux. Par contre, l'histoire qui a donné son titre au recueil de Monique Proulx' est racontée sur un ton conciliant. Similaire au roman *In the Skin of a Lion* de Michael Ondaatje, elle montre un héros canadien solitaire que des immigrants soutiennent dans ses efforts de s'intégrer à Montréal.

Martin Kuester

Dans cette étude, on se propose d'analyser quatre textes relevant du théâtre contemporain de langue anglaise et traitant des problèmes de l'hybridation dans le contexte pluriethnique des métropoles Montréal et Toronto. Les pièces dont l'action se situe à Montréal sont *Balconville* de David Fennario (comportant des passages en joual et traduit en français par Michel Tremblay) et *Mambo italiano* de Steve Galluccio. Toronto est représentée par *Lion in the Streets* par Judith Thompson et *Fronteras americanas* de Guillermo Verdecchia. Les personnages de ces pièces évoluent au sein de véritables réseaux de frontières qui ne se constituent pas seulement à partir de la diversité culturelle et linguistique puisque l'orientation sexuelle aussi bien que la cohésion des clans familiaux créent des limitations auxquelles on n'échappe que difficilement. On se demande s'il s'agit là d'une identité pan-américaine émergente, mode de vie d'ailleurs peu commode et plein d'embûches.

Ursula Mathis-Moser

À l'instar de New York, Montréal et Toronto n'ont pas attendu le XXIe siècle pour s'imposer en tant que „topoi" littéraires. Dès la première moitié du XIXe siècle, ces métropoles surgissent par ci et par là dans des textes littéraires. Au cours des années 30 et, de manière plus visible, dans les années 70 du XXe siècle, les écrivains manifestent un intérêt croissant pour Toronto et Montréal. Vingt ans plus tard dans un contexte postcolonial, les deux villes – comme tant d'autres métropoles – prennent l'allure d'espaces d'interférences culturelles.

Parler du métro, ce moyen de transport par excellence des métropoles, revient à s'intéresser à cette dernière phase de la mise en écriture des grandes villes canadiennes. Dans l'ère de la „surmodernité" qui, selon Augé (1994), se caractérise par l'excès, la „surabondance spatiale" produit de soi-disant „non-lieux" dépourvus d'identité, de relation et d'histoire. Le phénomène du métro entre dans cette catégorie aussi bien que l'avion, l'automobile, la gare et le supermarché: l'espace du voyageur peut même figurer en tant qu'archétype du non-lieu. Sur le plan du vécu, le non-lieu est tout d'abord associé aux sentiments de solitude mais il donne également accès aux „joies passives de la désidentification" et au „plaisir plus actif du jeu de rôle". En tenant compte de telles réflexions, la présente étude se propose d'analyser le recueil de textes *Lignes de métro* paru à Montréal en 2002.

Paul Morris

En étudiant la littérature canadienne d'expression anglaise dans l'optique du thème de l'arrivée des migrant/e/s à Toronto, cette métropole pluri-culturelle par excellence, on s'aperçoit d'une évolution significative des constructions identitaires adoptées par les écrivains depuis la Confédéra-tion de 1867. Si les immigré/e/s étaient d'abord censé/e/s s'adapter aux normes culturelles correspondant à l'héritage britannique, on assiste de-puis le début du XXe siècle à l'émergence de conceptions faisant apparaî-tre la ville comme un creuset sur le modèle du „melting pot" américain, conceptions qui finiront par être concurrencées par la doctrine du multi-culturalisme canadien. Au cours des dernières décennies, par contre, une nouvelle vision tend à s'imposer, à savoir celle qui, au lieu de confronter l'immigré/e à des standards identitaires préétablis lui laisse la liberté de se réinventer lui-même en prenant ses distances par rapport à ses origines et en contribuant, en même temps, au renouvellement du pays qui l'ac-cueille.

Lutz Schowalter

Selon une idée reçue fort répandue dans les milieux universitaires, les thèmes de la vie urbaine ont joué un rôle insignifiant dans la littérature anglo-canadienne. Si cette conception n'est pas totalement fausse lors-qu'on se penche sur les débuts de cette littérature, il faut néanmoins cons-tater que, dans l'ensemble, l'espace urbain n'est jamais complètement ab-sent dans les textes produits par la grande majorité des auteurs anglo-canadiens. Très souvent, les thèmes de la vie urbaine à Toronto ou Mon-tréal vont de pair avec le traitement de l'(im)migration, ce sujet central de la littérature anglo-canadienne en général. Certains écrivains, comme par exemple Brian Moore (dans *The Luck of Ginger Coffey*) soulignent les difficultés d'ordre économique auxquels se heurtent les nouveaux-venus, alors que d'autres auteurs (Clark Blaise, M.G. Vassanji) mettent l'accent sur les problèmes identitaires qui surgissent dans un milieu pluriethnique.

Magdalena Schweiger

Le rap montréalais ne ressemble ni à la culture hip-hop des Etats-Unis dont il tire son origine ni à la musique des jeunes Français, beurs et autres. Cette étude veut démontrer le processus d'émancipation qui caractérise ce genre dans le contexte de la métropole québécoise et définir sa spécificité locale qui reflète la diversité linguistique et culturelle de Montréal. En s'appuyant sur un choix de textes et des interviews réalisées auprès de plusieurs rapeurs, en tenant compte notamment des techniques de la représentation, on s'interroge sur la façon dont ces jeunes se situent par rapport à leurs origines et à leur vie présente en milieu urbain.

Daniel Winkler

L'auteure Bianca Zagolin, d'origine frioulane, appartient à la seconde génération d'écrivains italo-québécois installés à Montréal. Contrairement à d'autres membres de sa communauté qui ont acquis la célébrité en tant qu'intellectuels anticonformistes (par exemple Marco Micone ou Antonio D'Alfonso), elle ne s'est jamais considérée comme une porte-parole de la littérature migrante. Dans ses trois romans publiés entre 1988 et 2006, le thème de la migration est bien à l'ordre du jour. Mais au lieu de confronter ses protagonistes, selon les recettes éprouvées de l'écriture migrante, aux problèmes d'adaptation et d'intégration, elle s'applique à brosser le tableau de la condition humaine (et plus spécialement féminine) qui, selon Bianca Zagolin, est la même au Québec et en Italie. À la recherche d'une vie à la fois active et équilibrée, les héroïnes échouent à Montréal comme elles ont échoué jadis au-delà de l'Atlantique.

Abstracts

Verena Berger

In his first novel *Côte-des-Nègres* (1998), Mauricio Segura draws a realistic picture of the socio-cultural situation of migrant youths in Côte-des-Neiges, one of the most important multi-ethnical quarters of Montreal. Canadian literary critics have praised the debut novel of this Canadian author of Chilean heritage as the Qeébec equivalent of Michael Tremblay's novel *La grosse femme d' à côté est enceinte* about the francophone working-class environment at Plateau-Mont-Royal, published 20 years earlier. In Segura's predominantly autobiographical novel, the integration of young migrants in Montreal is presented as a conflict: The everyday life of the protagonists in *Côte-des-Nègres* is characterized by multilingualism, pluriethnicity and transnationalism in urban space. The heroes of the novel are young people who are used to the physical and psychological crossing of borders and cultures, as well as to the coexistence of languages and identities. Nevertheless, concepts like identity, ethnicity and nationality play a supreme role in their lives: The „Latino Power" and the „Bad Boys", Latin American and Haitian youth gangs, are not only in conflict with the Franco-Canadian culture. Rather, Segura's novel deals with a violent inter-ethnical controversy over a district in Côte-des-Neiges, as well as with the appropriation of social and urban space. By contrasting the novel *Côte-des-Nègres* by Mauricio Segura with the documentary film *Zéro Tolérance* (2004) by Michka Saäl, mechanisms of exclusion and inclusion and attitudes of the second and third generations of immigrants both towards their old and new cultural surroundings and towards other migrant cultures in urban Montreal can be observed.

Robin Curtis

A multicultural city is, by definition, peopled by inhabitants with a wide range of past experiences, which often stand in stark contrast to their present-day lives. This paper addresses the manner in which collective memory is, by definition, a question of divided allegiance. Two films by the Canadian filmmakers Atom Egoyan and Gariné Torossian (*Calendar* and *Girl from Moush*), which both deal with the continued emotional significance of Armenia for the members of the Armenian Diaspora, highlight such conflicts, while making a case for the value of forgetting.

Elisabeth Damböck

Mordecai Richler's novels are witty satires, yet they are also moralistic tales that display a certain nostalgic, pastoral backward glance. His novels present ‚Mordecai's Version' of Montreal and of the world according to St. Urbain Street. This is to say he depicts neither Montreal, nor even parts of Montreal as a place. The strength of Richler's plots is the depiction of (Canadian) human follies, and in order to do so he chooses three neighbourhoods, or rather ethnic or linguistic communities, of his hometown as representatives: The middle-class French of Outremont to ridicule Quebecois nationalism and the language laws, ‚WASP' Westmount to expose sins like greed, arrogance and hypocrisy, and most important of all, the Jewish immigrant ‚ghetto' around St. Urbain street, where his likeable, yet despicable crowd of ‚pusherke' Jewish protagonists was formed.

Ludwig Deringer

A differentiated representation of intercultural processes, the Montreal poetry of A.M. Klein reflects Jewish-Ukrainian and Quebecois experience by means of an urban imagination. Klein's images of Montreal vary from his early immigrant views to those of the lifelong resident celebrating the city's multiethnicity and multilingualism; from social criticism to the evocation of Montreal as a metonym of universal mankind. Across Klein's poetic oeuvre, the cosmopolis emerges against the multiple foils of the shtetl, of Judaic and diasporic places, or of the sites of concentration camps and World War II air raids, with Jerusalem figuring as the archetype of cities. Multilingual Klein, a member of the avantgarde Montreal Group of Poets of the 1920s, can be read as *poeta doctus* (influenced by Ezra Pound) who significantly contributed to the breakthrough of modernism in Canadian literature. Thus, from a comparatist perspective, the examination of Klein's Montreal adds to our understanding of the international (cross)currents of modernist poetry in which poets in Great Britain, Ireland, the United States, as well as Canada, had their part.

Jürgen Erfurt

Building on earlier investigations of discourses, concepts and methods of adult alphabetization of Francophone citizens and migrants in Toronto and Montreal and the practice of bilingual language appropriation, this contribution deals with the current changes in a Haitian center of alphabetization in Montreal. The essay focuses on the question to what extent (if any) a continuation of community projects like the *alpabétisation populaire* is possible in the context of the recent reforms in Quebec's language and immigration policies.

Therefore, one has to explore the consequences resulting from the economization and the bureaucratization of the education discourse for the spreading of literacy and linguistic usage in migrant environments. While during the nineties the objective of this center for alphabetization was the acquisition of literal abilities, first in Creole and then in French, as well as of social competence, nowadays the current practice of the spreading of literacy is increasingly influenced by the need for justification in light of labor policies. Disfavoring Creole and the concept of an *alphabétisation populaire,* the *alpha-francisation* is actually coming to the fore.

Klaus-Dieter Ertler

Since the eighties, the phenomenon of the ‚écritures migrantes' has marked the development of the literary system of Quebec. Our analysis will be dedicated to the discourses of Latin America in that manner of writing, so that a better definition of the role and the position of these influences is possible. We are focusing our interest on Sergio Kokis, especially on his novel *The Pavillon des miroirs* (1994) and his latest autobiographical essay *L'Amour du lointain* (2004), to illustrate the impact of his literary work in the Quebec setting. In doing so, we try to get away from traditional dichotomies of the question, so that the concept of the metropolis – as it was recently developed by Simon Harel – takes on a more important position in the discussion.

Peter Klaus

It is a long way from the proletarian Saint Henri of *Bonheur d'occasion* to Moniques Proulx's collection of short novels *Les Aurores montréales.* In fact, Montreal has never been the stage for the ‚flaneur' in the fashion of Benjamin or Franz Hessel. One only has to think of the freaks who are the marginalized heroes in *Le Cassé* by Jacques Renaud or the new ‚coureurs des villes' such as Christian Mistral and Michel Michaud. In *La Québécoite* by Régine Robin, we experience a multi-layered Montreal, a deconstructed Montreal, whose chronotopical basis is repeatedly undermined by the storytellers. Gérard Étienne chooses Montreal in some of his novels as the scene of post-colonial conflicts, whereas the title story of Proulx's *Les Aurores montréales* strikes a more conciliatory chord. Similar to Michael Ondaatje's *In the Skin of a Lion*, here, too, the isolated Canadian hero is integrated by the immigrants into his new homeland, Montreal.

Martin Kuester

This essay deals with contemporary dramatic texts set in Montreal and Toronto which focus on the role of linguistic and ethnic hybridity in a multicultural context. Plays chosen to represent Montreal are David Fennario's *Balconville*, supposedly the first bilingual Canadian play, and Steve Galluccio's *Mambo Italiano*, in which the Anglophone, Francophone and Italian communities within the metropolis are represented, but in which we can also see that linguistic and ethnic communities are no longer the only groups inspiring a feeling of identity. Toronto is represented by Judith Thompson's *Lion in the Streets* and Guillermo Verdecchia's *Fronteras Americanas*, which also show that the important borders of today are not so much those on topographical maps, but rather those within contemporary North American society.

Ursula Mathis-Moser

Montreal and Toronto, like New York, are not merely topoi of contemporary literature. Early literary treatments date back to the first half of the nineteenth century; the 1930s and, later on, the 1970s, increasingly pay attention to Toronto and Montreal, before they became, like other cities, spaces of cultural interference in a post-colonial context.

To look at the means of transportation in the metropolis, the subway, means to deal with this last period of literary representation of city topics. In the age of ‚surmodernité‘ (Augé 1994), whose most important feature is excess, the ‚repletion of space‘ generates ‚non-places‘, which lack characteristics such as identity, relation, and history. Like airplanes and cars, the railway station and the shopping mall, the phenomenon of the subway is also a non-place. In fact, the space of the traveler can be considered as an archetype of a non-place. As an experience it is related to the feeling of solitude, but at the same time it also enables the experience of ‚the passive joys of anonymity and the active joys of the game of roles‘. Based on these considerations, the anthology *Lignes de métro*, published in Montreal in 2002, will be analysed.

Paul Morris

This paper is concerned with the literary treatment of two of the most important social developments in Canada – immigration and Canada's increasing urbanisation. With the example of literary depictions of immigration to Canada, and in particular to Toronto, this article describes the development of a new paradigm of national identity in Canada. Morris suggests that the current paradigm of multiculturalism is gradually being replaced to make way for a new, „post-ethnic" paradigm wherein the generalising categories of ethnicity, nationality and religion play a subordinate role. With literary examples from authors such as Ondaatje, Mistry, Vassanji and Brand – all of which deal with the question of immigration and the creation of a new identity – this article demonstrates how more recent depictions of immigration to Toronto suggest the gradual development of a new paradigm of national identity.

Lutz Schowalter

There seems to be a virtual agreement in academic and non-academic circles that the metropolis has played an insignificant role in Anglo-Canadian literature. While this thesis is to some degree a justified one, one also has to state that the urban space is by no means completely absent from texts written by Anglo-Canadian authors. Literary depictions of (im)migration to Toronto and Montreal, for example, are so numerous that a single essay can hardly provide more than a sampling of the large corpus, as (im)migration can be regarded as one of the central themes of Anglo-Canadian literature in general. The sampling of texts undertaken for the essay shows that some texts (e.g. Brian Moore's *The Luck of Ginger Coffey*) emphasize the economic aspects of migration, while others, by authors of European and non-European descent (e.g. Clark Blaise & M.G. Vassanji), put a much larger stress on questions of identity and of how living together with other ethnicities works in a new environment.

Magdalena Schweiger

This article concerns Montreal's rap as a hybrid cultural form. The objective is a dual one: On the one hand, it is to demonstrate the procedure of empowerment from its original and global form (the US rap). On the other, it is to describe the rap's local form having its specificity in a heterogenic and hybrid form which reflects the linguistic and cultural diversity of Montreal. Rap lyrics and interviews with rappers from the ‚underground' Montreal hip-hop scene will be taken as examples to demonstrate this. Through the idea of ‚reterritorialization', local and individual problems are analysed, with the technique of representation playing an important role.

Daniel Winkler

The writer Bianca Zagolin is part of the second generation of Italo-Quebec writers. But in contrast to well known intellectuals of this generation, like Antonio D'Alfonso or Marco Micone, she does not consider herself a representative of the Italo-Quebecois milieu of Montreal. Zagolin teaches French literature at university and rarely engages exclusively in writing. Until now she has written three novels, which have been published in rather wide intervals: *Une femme à la fenêtre* (1988), *Les Nomades* (2001) et *L'année sauvage* (2006). Furthermore, she differs from the above mentioned authors by her preferred literary themes: Her novels hardly mention the social effects of immigration and exile; Zagolin is not interested in conceptions like migrant literature or transculturality in the fist place. Rather, the identity question in a psychological sense makes up the core issue of her books *Une femme à la fenêtre* and *Les Nomades.* Her protagonists Aurore and Adalie fail in their search for an active and stable life, both in Italy and in Quebec, due to the impossibility of communicating within the family.